채용이 바뀐다
교육이 바뀐다

채용이 바뀐다 교육이 바뀐다

초판 1쇄 펴낸날 2021년 10월 27일
초판 4쇄 펴낸날 2022년 10월 12일

지은이 재단법인 교육의봄 외 16인
펴낸이 홍지연

편집 홍소연 고영완 전희선 조어진 서경민
디자인 전나리 박해연
마케팅 강점원 최은 신종연
경영지원 정상희

펴낸곳 (주)우리학교
출판등록 제313-2009-26호(2009년 1월 5일)
주소 03992 서울시 마포구 동교로23길 32 2층
전화 02-6012-6094
팩스 02-6012-6092
홈페이지 www.woorischool.co.kr
이메일 woorischool@naver.com

ⓒ재단법인 교육의봄 외 16인, 2021
ISBN 979-11-6755-011-8 03370

채용이 바뀐다 교육이 바뀐다

바뀐다

바뀐다

• 교육의봄 외 16인 지음 •

우리학교

들어가는 말

채용과 교육에 불어오는 새로운 바람

'재단법인 교육의봄'에서 기업체 채용과 관련한 책을 낸다고 하니 뜻밖이라고 의아해하는 분들이 계실지 모르겠습니다. 이 책은 저희의 교육에 대한 참으로 깊고도 오래된 문제의식에서 빚어진 결과입니다. 꼭 나와야 할 책이 이제야 나왔다고 말하는 게 옳을 것입니다.

통계청에서는 2009년부터 사교육비 관련 조사를 실시해오고 있습니다. 2009년부터 2013년까지 사교육비를 지출하는 이유에 대해 물었을 때 부동의 1위는 '기업체 채용에서 출신 대학을 중시하기 때문'이라는 것이었습니다.

부모는 아이가 경쟁 사회에서 도태되지 않고 어떻게든지 살아남기를 원합니다. 물론 우리는 아이가 학교에서 사람다운 사람이 되는 교육을 받기를 원하는 마음이 있습니다. 그러나 그것보다 더 절박한 것은 아이가 경쟁에서 살아남는 것입니다. 우리는 오랜 경험을 통해 사회가 경쟁에서 도태된 사람이나 약자를 제대로 돌보지 않는다는 것을 직감합니다. 국가는 마땅히 사회에서 소외된 사람들을 책임지는 부모와 같은 존재여야 합니다. 북유럽은 시민들이 국가를 부모와 같이 믿고 의지할 존재로 인식합니다. 그러나 우리 사회에서는 국가에 대한 기대와 신뢰가 그리 높지 않습니다.

부모는 자신이 살아 있는 동안에는 어떻게든 자녀를 책임질 수 있습니다. 그러나 언젠가는 자녀가 부모의 품을 떠나 독립할 것이고, 또는 부모가 먼저 자녀의 곁을 떠날지도 모릅니다. 그때 부모의 역할은 무엇입니까? 이 경쟁 사회에서 자녀가 존중받으며 경제적으로도 가족을 지키며 살 수 있도록 돕는 것입니다. 그렇게 하기 위해서 필요한 것은 바로 자녀가 돈과 안정성이 확보된 좋은 직장에 취업하는 것입니다. 그래야 안심이 됩니다.

부모의 관심은 더 뻗어갑니다. 그렇다면 어떻게 하면 그 일자리를 얻을 수 있겠는가. 학벌이 좋아야 합니다. 이것은 자신의 오랜 경험과 주변 사람들의 이야기, 기업의 채용 흐름을 몸소 겪은 기성세대로서 너무도 당연한 생각입니다. 그 출신학교 스펙이 있으면 돈과 안정성이 보장되는 기업에 들어갈 수 있고, 사회적 학맥을 쌓아 직업 속에서 밀어주고 당겨주는 안전한 지지대를 확보할 수 있습니다.

한국의 부모들은 자녀들의 사회적 생존에서 출신학교 스펙이 가장 중요하다고 보고 그 스펙을 쌓기 위한 경쟁에서 좀처럼 물러나려 하지 않습니다. 좋은 기업에 들어가기 위해서는 명문 대학 스펙이 필요하고 그래서 대학 입시에 몰두합니다. 또한 가만히 보니까 대학 입시에서 유리하려면 먼저 고등학교 입시에서 승리해야 한다는 것을 알아챘습니다. 특목고나 영재고, 자사고 입시 경쟁에 몰두하는 것은 그 때문입니다. 중학교 시절부터 철저하게 내신 관리를 하며 남들보다 한 등급, 한 문제라도 더 맞아 고교 입시 경쟁에서 이기기 위해 최선을 다합니다. 사교육에 투자하는 것은 결코 아까운 게 아닙니다.

그러니까 국민들이 보기에 결국 입시 교육과 사교육 투자는 좋은 기업에 취업하기 위한 학벌 경쟁의 가장 좋은 전략인 것입니다. 문제는 무엇입니까? 그런 학벌을 얻기 위한 입시 교육에 적응된 아이들의 삶의 빈곤입니다. 부모는 자녀의 미래 생존을 위해 사교육에 투자했는데, 그렇게 아이를 키운 결과가 과연 아이의 미래를 지켜줄 것인가의 고민입니다. 학벌 스펙을 갖추기 위해 어릴 때부터 입시와 사교육 경쟁에 아이들을 밀어냄으로써 실제로 기대하는 스펙을 갖춘 경우는 소수이며, 그 소수도 스펙은 갖추었지만 정작 인생을 살아가는 데 꼭 필요한 능력을 갖추었느냐고 묻는다면 '네'라고 자신 있게 말할 사람들은 생각보다 많지 않습니다. 2013년 앨빈 토플러는 한국에 와서 작심하고 이런 경고를 했습니다. "한국 학생들은 미래에 존재하지도 않을 직업과 필요하지도 않을 지식을 위해 매일 10시간씩 인생을 낭비하고 있다."

그 경고에도 불구하고 한국 사회는 학벌 경쟁을 멈출 것 같지 않습니다. 미래에 필요한 지식과 기업이 어떻게 존재할지 고민스럽지 않은 것은 아니지만, 그것은 한가한 소리이고 여전히 눈앞의 학벌 경쟁이 더 중요하고 급하다고 봅니다. 일단 학벌 경쟁을 갖추어 숨을 돌리고 나서 나머지는 그때 가서 생각해야겠다고 합니다.

그러나 학벌 경쟁에서 이기고 나서 토플러가 말한 그 '낭비'의 문제를 보게 되면 그때는 이미 늦을 것입니다. 아이들 생의 굽이굽이에서 우리는 아이들에게 학벌을 갖출 기회를 줄 것인가, 아니면 다른 것을 줄 것인가를 생각할 수밖에 없습니다. 그리고 그 선택, 그 결정이 차곡차곡 쌓여서 아이들의 현재를 이루고 미래를 결정합니다. 하나를 선택하면 다른 것을 취할 기회가 사라진다는 면에서, 선택은 참으로 위험한 일입니다. 20년간 아이들을 키우면서 오직 학벌을 위한 길만 열어주었는데 토플러가 말한 그 경고가 정말이라면 우리는 아이들에게 필요가 없는 것을 주기 위해 애써왔고, 반드시 주어야 할 것을 주지 못한 세월을 보낸 셈입니다.

언젠가부터 기업에서 사람을 채용하는 방식에 심상치 않은 변화가 시작되었다는 이야기가 들려왔습니다. 누구나 알 만한 유명 기업에서 외국 대학 출신 지원자들을 채용 과정에서 우대했다가 기대하는 성과가 나오지 않아서 이제 그런 선택에 신중하게 됐다고 했습니다. 서울 강남에서 태어나 특목고를 거쳐 SKY대를 나온 사람, 이른바 3대 스펙을 갖춘 이들을 대기업들이 이제는 조심스러워하거나 기피하기 시작했다는 말도 들렸습니다. '스펙은 화려하지만 협업 능력이나 일머리가 부족하다'는 이유였습니다. 어느 고교의 교원 채용 과정에서, S대학 출신이라서 반가웠는데 인터뷰할 때 아버지와 함께 온 것을 보고 실망해서 탈락시켰다는 말도 들은 적이 있습니다. 과거에는 스펙이 능력이라는 신념이 강했는데 이제는 스펙과 능력 사이에 균열이 시작되었다는 징후였습니다.

그러나 그런 이야기는 에피소드 중심이었고 증거는 부분적이었습니다. 어떤 특정 기업군에 적용되는 이야기인지 전면적 현상인지 그것도 알수가 없었습니다. 그런 이야기가 간혹 들려도 나와 내 지인들이 삶에서 겪은 증거로 얼마든지 반박할 수 있었습니다.

그럼에도 기업의 이런 변화와 더불어 교육계도 신선한 변화가 서서히 시작되었습니다. 20년 전부터 기존의 입시 교육의 대안으로 대안교육이 시작되었습니다. 십 수 년 전부터는 경기도를 중심으로 혁신교육이 들불처럼 번지더니 이제는 자유학기제, 미래교육, 학점제 교육과정 등 새로운 교육의 흐름이 봇물 터지듯 쏟아지고 있습니다. 이들 교육이 주장하는 것을 가만히 들어보면 한결같이 아이들을 종전의 입시 교육에서 길렀던 방향과는 다른 존재로 키워내겠다는 것이고, 토플러가 경고한 그 '낭비'의 문제를 풀겠다는 의지였으며, 기업체 채용에서 일기 시작한 변화와 일맥상통하는 것이었습니다.

그러나 이러한 새로운 교육의 흐름은 초등학교를 제외하고 구체적인 교육 현실 속에서는 별로 환영받지 못하고 오히려 중학교와 고등학교로 올라가면서 학부모들로부터 다소 그 효능에 의심을 샀습니다. "혁신교육이 교육적으로 맞을지는 모르겠지만, 일단 입시 경쟁에서 우리 아이들이 살아남아 학벌을 갖추어 좋은 기업에 들어가는 것이 가장 중요합니다. 그러니까 혁신교육 이전에 생존 교육이 필요합니다. 괜히 혁신교육을 한다면서 아이들을 혼란스럽게 하지 말고 고등학교 입시 교육에 집중해주십시오. 학점제 교육과정에 맞는 대학 입시를 설계하느라 괜히 입시를 흔들지 마십시오. 공정한 것이 최고입니다." 이런 주장을 하는 학부모에게는 변함없이 굳건한 전제가 한두 가지 있습니다. "지금 기업의 채용에서 가장 중요한 것은 학벌이다. 학벌을 갖추지 않으면 좋은 기업에 들어갈 수 없다. 좋은 기업에 들어가지 못하면 우리 아이는 이 땅에서 사람 대접 받으며 성공한 인생으로 살 수 없다."

이 주장에 우리는 이견을 갖고 있습니다. 이른바 돈과 안정성이 확보되는 '좋은 일자리(decent jobs)'를 얻어야 성공한 인생이라는 관점에 동의하지 않습니다. 사람의 성공은 돈과 안정성의 기준에서 남들보다 앞서야 주어지는 것이 아닙니다. 그 낡은 기준을 붙들고 사느라 수많은 아이들이, 이른바 스펙 좋은 아이들조차 삶에서 실패를 경험했습니다. 그에 대한 수많은 증거를 갖고 우리는 지난 10년간 줄기차게 외쳐왔습니다.

그러나 이 책에서는 새삼 그 주제를 다루지는 않습니다. 오히려 좋은 일자리의 기준이 무엇인가를 다투는 일을 멈추고, '좋다, 돈과 안정성을 확보하는 것이 좋은 일자리의 기준이라고 인정하자. 그렇다면 그 일자리에서 사람을 채용할 때 과연 학벌 스펙을 가장 중요하게 취급하는가?'라는 점을 확인하려는 것입니다.

만약 학벌 중심의 채용이 아직도 불변의 사실이라면 혁신교육이니 미래교육이니 또는 학점제 교육과정, 그리고 그와 연계된 대입제도 등은 멈추어야 하거나 멈추지 않더라도 국민들로부터 외면을 받을 것입니다. 그러나 기업의 채용이 종전의 학벌 중심 채용에서 큰 변화가 시작되었다면 교육에 대한 기대와 요구도 달라져야 할 것이며, 그 이전에 아이들을 어떻게 바라볼 것인가 하는 관점도 달라져야 할 것입니다.

그렇다면 지금 기업의 채용이 어떻게 이루어지고 있으며, 변화가 있다면 어느 수준으로 어떻게 진행되고 있는지를 확인하는 것이 중요합니다. 그러나 지금껏 대한민국에서 그 누구도 이 문제를 붙들고 그 현황을 조사하고 국민들에게 알린 기관이나 개인이 없었습니다. 교육계는 기업의 채용 상황을 잘 알지 못하고 기업은 자기 영역에만 집중할 뿐 전반적 현상을 알아야 할 필요도 없거니와 이를 교육계에 알릴 이유가 더더욱 없었으니까요. 모두가 자신이 알고 있는 부분적인 경험을 토대로 한 교육적 선택이 옳다고 믿었습니다.

교육의봄은 이 문제를 해결하기 위해 2020년에 창립한 단체입니다. '학벌 중심의 채용에 변화를 만들어내고, 그 변화로 교육도 바꾸자!'라는 모토로 2020년 11월부터 2021년 4월까지 약 6개월에 걸쳐 대한민국 모든 기업군에서 진행되고 있는 채용 현황을 파악했습니다. 그 결과는 참으로 놀라웠습니다. 채용에서의 변화는 우리가 생각했던 것보다 훨씬 빠르고 전면적으로 진행되고 있었습니다. 채용에서 출신학교 스펙이 당락 결정에 필수인 시대는 지났음을 확인했습니다. 물론 어떤 경우는 더러 위험하기도 했지만, 전반적으로는 토플러의 경고가 사실임을 확인할 수 있었습니다. 채용 현실을 알고 이를 바꾸는 운동을 하기로 했는데, 현실을 보니 이미 변화가 큰 폭으로 진행되고 있는 것을 보고 우리는 지금까지의 내용을 알리기로 했습니다. 이 책은 그런 취지에서 만들어진 것입니다.

이 책은 2020년 11월부터 2021년 4월까지 각 기업군별 채용 상황을 조사하고 확인한 결과를 담았습니다. 기업의 채용과 관련해 11차례 포럼을 진행했는데, 그중에서 IT 기업, 외국계 기업, 공기업, 은행업, 대기업 등 5개 기업군의 채용 현황을 중심으로 소개하고자 합니다. 말이 5개 기업군이지 우리나라의 거의 모든 주요 기업이 망라되었다고 볼 수 있습니다. 그러니까 이 책 하나만으로도 채용의 전반적 추세를 이해하는 데 어려움이 없을 것입니다.

이 책은 다음과 같이 구성되었습니다. 먼저 각 기업군별 포럼에서 해당 영역 기업의 채용 책임자나 기업 대표의 발표를 소개하고, 이후에 발표된 내용을 토대로 서로 생각이 다르거나 데이터가 일치하지 않은 부분이 있으면 이를 명료화하기 위해 심층 토론을 진행했습니다. 발표와 토론을 그대로 수록했습니다. 그리고 다양한 분들이 발표하고 토론의 내용과 주제가 워낙 방대하여 각 장별로 맨 앞에 일러두기를 만들어 발표와 토론 내용을 읽어갈 때 중심을 잡도록 안내했습니다. 그 내용만 보아도 전반적인 흐름을 이해할 수 있을 것입니다. 그리고 마지막 6장에서는 지금까지의 내용을 다시 정리하면서 이것이 학교와 가정에 주는 교육적 의미를 살펴보았습니다.

이 책이 출간되었을 때 우리 사회에 어떤 반향을 일으킬지 저희는 가늠할 수 없습니다. 기대하건대 이 책이 아이들을 제대로 키우기 위해 오랫동안 중심을 잡고 애써온 부모님들과 선생님들에게 격려가 되기를 바랍니다. 교육도 달라지고 채용도 달라지는데 고교 입시와 대학 입시가 그 중간에서 양쪽의 물길을 막고 있는 형국이라면, 고입과 대입을 바꾸는 일에 나서야 하겠구나, 그렇게 누군가에게 용기를 주는 자극제가 되기를 바랍니다.

또한 우리는 그 일을 누군가에게 떠넘기고 방관하지는 않을 것입니다. 입시 경쟁에서 한 명의 아이들도 죽지 않는 세상, 사교육비를 단돈 1만 원도 낼 필요가 없는 세상, 아이들마다 이 세상에 태어날 때 얻은 생명의 뜻을 발견하고 직업을 통해 그 뜻을 실현하면서 경제적으로도 독립된 삶을 사는 세상, 그런 세상을 아이들에게 물려주기 위해 어떤 길이라도 갈 것입니다. 그 길 위에서 이 책의 독자들을 만나길 기원합니다. 감사합니다.

2021년 10월
재단법인 교육의봄 공동대표 송인수 윤지희

차 례

1장

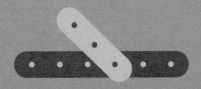

IT 기업
: 열어지는 학벌 스펙

4차 산업의 등장으로 현재 IT 계열의 기업은 급성장하고 있습니다. 전통적으로 IT 계열로 분류되던 기업만이 아닌 모든 기업군에서 개발자를 필요로 하고 있고, 그 결과 IT 개발자들의 몸값은 천정부지로 뛰고 있습니다. IT 산업의 성장세와 구직자의 선호도를 고려할 때, IT 기업 채용의 방향은 국내 채용 문화에 적지 않은 영향을 끼칠 것으로 전망됩니다.

IT 기업의 채용에서 공통적으로 보이는 특징은 학력, 자격증, 어학 점수와 같은 스펙을 중시하지 않는다는 점입니다. 그리고 성과 역량과 성장 가능성을 중요하게 봅니다. 대기업 채용에서 출신학교, 학점 등을 중시하는 것과는 대조적인 모습입니다. IT 기업들이 전통적인 채용의 틀에서 벗어나게 된 것은 학벌이 지원자의 직무 역량을 대변하지 못한다는 확신 때문입니다. 이런 점에서 현재 IT 기업 채용의 탈학벌 경향과 직무 역량에 대한 강조는 향후 국내 기업의 채용 방향을 알려 주는 희망적인 부분이라 할 수 있습니다.

발표에 참여한 카카오의 이진원 이사는 우수한 개발자를 확보하기 위해 카카오가 2017년부터 도입한 블라인드 채용을 소개합니다. 카카오의 블라인드 채용은 '일 잘하는 개발자를 뽑고 싶다'는 동기에서 출발했습니다. 보통의 채용 과정에서는 화려한 스펙을 가진 지원자들에게 의식적이든 무의식적이든 더 높은 점수를 주는 일종의 후광효과가 나타날 수 있습니다. 따라서 직무와 관련 없는 편견 요인을 배제하고, 개발자로서의 역량에 집중하기 위해 카카오는 블라인드 채용을 도입하게 되었다고 말합니다. 채용 과정에서 지원자는 기본적인 네 가지 정보(이름, 이메일, 전화번호, 지원 부서)만을 기재하고 두 차례의 코딩 테스트를 통해 개발자로서의 실무 능력을 검증받습니다. 코딩 테스트는 코딩에 관한 단편적인 지식을 묻는 차원이 아니고 실제 개발 환경에서의 문제 해결 능력을 중점적으로 평가합니다.

반면 비개발자 채용은 조금 다릅니다. 비개발자는 블라인드 채용은 아니지만 대부분 수시, 경력직으로 채용을 하고 있어 학벌보다는 지원자의 직무 역량에 비중을 두고 평가합니다. 학력을 기재하는 난은 있지만 필수가 아닌 선택이며, 기재를 안 한다고 해서 불이익을 받지는 않습니다.

마이다스아이티의 최원호 이사는 출신학교뿐만 아니라 대기업이 활용하는 직무 적성 검사나 정부 주도로 도입된 국가직무능력표준(NCS)평가와 같은 답 맞히기 식의 필기시험도 업무 성과와는 큰 상관이 없다고 합니다. 대신 지원자의 역량을 강조합니다. 역량은 성과를 만들어내는 성능에 해당하는 것으로, 특히 네 가지의 공통적인 핵심 역량으로 긍정성, 적극성, 전략성, 성실성을 언급합니다. 이러한 역량을 갖춘 사람이 학벌과 상관없이 궁극적으로 높은 성과를 낼 수 있다는 것이죠. 문제는 이러한 역량은 가시적으로 쉽게 확인되지 않는 영역으로 평가가 쉽지 않다는 데 있습니다. 예를 들어 면접은 면접관의 편향과 편견이 개입될 여지가 있어 적합자를 찾는 데 한계가 있습니다. 그래서 마이다스아이티는 생물학과 신경과학을 토대로 한 AI 채용 솔루션을 개발하여 지원자의 역량을 평가하는 데 활용하고 있습니다.

엔씨소프트의 안용균 센터장 역시 서류 심사 과정에서 지원자의 학벌보다는 역량을 중시한다고 말합니다. 엔씨소프트가 역량 있는 직원을 선발하기 위해 공을 들이고 있는 방식은 현장 중심 채용입니다. 기존의 많은 기업이 인사·채용 부서에서 대규모로 인력을 채용한 뒤 각 부서로 배치했다면, 엔씨소프트는 모집부터 평가 및 채용까지 모든 과정을 부서가 주도하여 진행합니다. 부서에 필요한 인력이 있을 때 채용 공고를 내고, 직무 능력을 확인하는 시험과 문항도 모두 해당 부서가 주관합니다. 1·2차 면접 역시 팀원이 진행하여 실무 역량을 확인합니다. NC TEST라는 별도의 인·적성 검사가 있지만, 이는 참고 사항으로 부서에서 꼭 필요로 하는 역량이 뛰어난 사람이 있다면 인·적성 검사의 결과는 크게 중요하지 않다고 합니다. 엔씨소프트의 현장 부서 중심 채용은 기업이 지원자의 스펙이 아니라 직무 능력이나 역량을 보겠다고 할 때 취할 수 있는 자연스러운 흐름입니다.

위 세 기업이 국내 모든 IT 기업의 채용을 대표하는 것은 아닙니다. 중소기업으로 분류될 수 있는 많은 IT 기업들이 존재하고, 그 기업들의 채용 현실은 이들 기업과는 다를 수 있습니다. 하지만 중소기업 중에도 IT 기술을 핵심 기반으로 성장하는 스타트업의 경우는 일반적인 중소기업과는 또 다른 궤적을 가지고 있습니다. 이 책에서 다루지는 않지만 우리가 살펴본 바에 의하면 스타트업이 인재 확보를 위해 강조하는 점은 학벌이 아닌 실무 능력과 컬처 핏(조직 문화 적합성)이었습니다. 이런 점에서 탈학벌과 직무 역량의 강조는 IT 업계에서 어느 정도 자리 잡고 있는 채용 문화라고 할 수 있습니다.

IT 산업이 대세가 되고 있는 현실을 고려할 때 학벌이 아닌 역량이 미래 인재상의 핵심이라는 사실은 매우 중요한 교육적 함의를 지닙니다. 교육계도 변화하는 시대에 발 빠르게 대처하고 있는 것으로 보입니다. 최근 초등학교 교육과정에 도입된 코딩 교육 의무화를 한 예로 들 수 있습니다. 하지만 역량이 주입식, 암기식의 지식 교육으로 길러질 수 없다는 점에서 저학년 코딩 교육이 과연 적절한지에 대해서는 의구심이 듭니다. 코딩 교육 열풍으로 사교육 시장이 과열된 인도와 중국에서도 단순 암기식의 교육으로 창의력 있는 인재보다 단순 코딩 노동자인 코더를 양산하고 있다는 비판이 제기되고 있습니다. 코딩 지식은 학습을 통해 비교적 짧은 시간에 습득할 수 있어 고등교육 과정에서 다루고, 저학년에서는 창의력, 문제 해결력, 비판적 사고력 등 역량 교육에 집중할 필요가 있는 것 아닌가 하는 의문입니다. 이 책의 2장에서 구글과 마이크로소프트와 같은 세계적인 기업이 어떠한 역량을 강조하는지를 살펴보는 것은 좋은 참고가 될 것입니다.

IT 기업의 채용을 살펴보면서 몇 가지 중요한 쟁점도 발견할 수 있었습니다. 하나는 IT 기업을 필두로 역량 중심 채용으로 가는 추세가 분명하고 대기업들도 이를 강조하고 있습니다. 그런데 이때 강조하는 '역량'의 개념이 기업마다, 말하는 사람마다 다소 차이가 있다는 것입니다. 일반적으로 '역량'이라 할 때는 KSA(지식, 기술, 태도)를 일컫고 지식과 기술은 비교적 단시일에 습득 가능한 가시적 영역을 말하고, 태도는 오랜 시간에 걸쳐 형성되는 비가시적 영역이라고 합니다. 그런데 마이다스아이티에서는 역량을 성과를 낼 수 있는 자질, 기질, 내면적인 힘을 말하면서 이 역량은 모두 비가시적 영역이라 신경과학을 기반으로 하는 AI 역량 검사를 통해 정확도를 높일 수 있다고 합니다. 역량 중심 채용이 강조될 때 이 역량의 개념에 대해 합의할 수 있는지, 업종마다 다르게 볼 것인지 등을 살펴봐야 합니다.

또 하나의 쟁점은 현재 대다수 기업들이 수시, 경력직 채용으로 가고 있습니다. 기업 환경이 어려워지면서 채용 인원이 줄고 들어온 인력이 즉각적인 성과를 내게 하기 위해 경력직 채용으로 가는 흐름은 이해하지만, 경력이 곧 능력이고 역량인가 하는 점에 대해서는 따져볼 필요가 있습니다. 카카오의 경우는 기업 설립 초기에는 곧바로 성과를 낼 수 있는 경력직 중심으로 채용했지만 기업 규모가 커지면서 안정성을 기할 수 있게 되자 신입과 경력을 절반씩 채용해서 역량 있는 신입이 성과를 내기까지 2~3년 기다릴 수 있는 여유가 생겼다고 합니다. 이런 관점에서 경력직 채용이 탈학벌, 탈스펙으로 가는 장점이 있지만, 한편으로 대졸 신입이 갈 자리가 줄어든다는 문제뿐만 아니라 경력이 능력 및 역량을 대변할 수 있는가 하는 지점에 대해서도 살펴봐야 할 것입니다.

학벌 스펙을 보지 않는 카카오의 블라인드 채용

이진원 카카오 인재영입팀 이사

아마 '카카오톡'을 모르는 분은 거의 없을 거라고 생각합니다. 카카오맵, 카카오뱅크, 카카오T, 카카오지하철과 같이 카카오톡에서 파생된 어플도 많습니다. 상대적으로 다른 기업에 비해서 성과를 잘 내고 있고, 영입 브랜딩을 가지고 있기 때문에 취업을 희망하는 많은 분들이 선호하는 기업군에 속합니다. 그래서 저희는 감사한 마음으로 열심히 채용을 하고 있지만 그럼에도 어려운 점이 많습니다.

카카오뿐만 아니라 여러 IT 기업의 특성을 살펴보면 IT 기업에서 가장 중요하게 보는 것이 기술력입니다. 이것은 결국 사람으로 귀결됩니다. 사람이 핵심 가치인 것이죠. 특히 가장 중요한 핵심 역량을 가지고 있는 사람은 개발자라고 볼 수 있습니다. 아무리 주옥같은 기획서나 서비스안이 있어도 실제로 구현하는 것은 개발자입니다. 그래서 저희 회사뿐만 아니라 많은 회사들이 공통적으로 고민하는 문제가 유능한 개발자 찾기입니다. 좋은 기획서와 아이디어는 많지만 이것을 구현해줄 개발자가 부족합니다.

저희 회사를 직군별로 분석해보면 개발자가 절반이 넘는 비중을 차지하고 있고 이 비중은 계속 높아지고 있습니다. 저희는 개발자를 '테크' 직군이라고 부르는데요, 테크 직군 채용 공고는 80개가 넘지만 나머지 직군은 거의 한 자릿수입니다. 그럼에도 테크 쪽은 앞으로도 계속 사람이 부족할 것입니다. 과거에는 이런 개발자 부족 현상이 IT를 주력으로 하는 회사만의 고민이었다면 4차 산업혁명이 진행되면서 전통적인 기업군에서도 나타나고 있습니다. 그래서 금융권이나 전통적인 제조업에서도 IT 인재를 확보하는 데 혈안이 되어 있습니다.

이것은 국내 기업뿐만이 아니라 해외 유수의 기업들도 겪는 어려움이기도 합니다. 얼마 전에 네이버와 카카오의 대표들이 국무총리를 만나서 "사람이 없다. 기술도 있고 돈도 있고 장비도 있는데 사람이 없다"라는 하소연을 했습니다. 그 정도로 기술 인력이 많이 필요합니다.

카카오의 채용 공고 　　　　　 카카오의 개발자 비율

카카오가 채용 때 입력하는 네 가지 정보

카카오는 진작부터 우리 회사에 맞는 인재에 대한 고민을 많이 해 왔습니다. 학력이나 출신학교, 학점, 영어 점수, 자격증과 같은 스펙이라고 부르는 것들이 업무 성과와 직접적으로 연관되지 않는다는 것을 알고 있습니다. 그래서 스펙을 보지 않고 어떻게 채용을 할 것인지 고민한 끝에 결국 개발자라면 자신이 짠 코드로 자신의 가치를 입증할 수 있어야 한다고 결론을 내렸습니다. 과감하게 서류 전형 절차를 많이 생략하고 이 핵심적인 소프트웨어 개발 역량을 판단할 수 있는 코딩 테스트 절차를 좀더 강화하기로 했습니다. 저희는 2017년부터 코딩 테스트를 강화한 블라인드 형태의 채용을 하고 있는데요, 지금까지 네 차례에 걸쳐서 진행을 했습니다. 이런 공채 외에도 인턴십과 수시 영입으로도 채용하는데, 여기에도 동일하게 코딩 테스트를 실시합니다.

블라인드 채용 프로세스에 대해서 좀더 구체적으로 말씀드리겠습니다. 저희 회사는 1차 서류 전형 단계에서 요구하는 지원서에 이름, 이메일, 전화번호, 지원 부서만 적게 합니다. 그다음으로 코딩 테스트를 실시합니다. 그래서 '10초면 지원할 수 있어요'라는 카카오 광고도 있었습니다.

코딩 테스트는 1차는 온라인에서, 2차는 오프라인에서 진행을 했습니다. 그런데 올해는 코로나19 때문에 1차, 2차 모두 온라인으로 진행했습니다. 코딩 테스트 문제들은 단순하게 하나의 단편적인 지식을 물어보는 단답형은 거의 없고 입사해서 나중에 닥칠 개발 환경에서의 문제 해결 능력을 중점적으로 볼 수 있는 문제들로 구성합니다.

이렇게 1차, 2차 코딩 테스트를 모두 통과하면 기본 정보, 경력 정보, 자기소개가 담긴 지원서를 내게 됩니다. 경력 정보는 학교나 다른 곳에서 진행했던 프로젝트와 같은 유형이고, 자기소개 항목은 직무 역량에 관련된 내용에 한정합니다. 대기업은 대학 졸업 시점이 중요하다고 하는데, 저희는 졸업 시점 제한은 없습니다. 그래서 면접 인터뷰를 할 때 지원자의 학력이나 학교 등을 전혀 알 수가 없습니다. 그러다보니 예상치 못한 일이 일어나기도 합니다. 최종 합격자에게는 인사 시스템 등록용으로 나중에 따로 대학 정보를 받는데, 한 분이 대학교 2학년에 재학 중이었습니다. 대부분의 기업은 졸업을 하지 않으면 입사를 진행하지 않습니다. 그런데 이 분이 학교 자퇴를 하고 입사를 하고 싶다고 했고, 저희도 고민 끝에 학력과 졸업 여부가 큰 의미가 없다고 판단을 내리고 채용했습니다.

블라인드 채용 본질, 학벌은 편견 요소!

블라인드라고 하면 무조건 가리고 시작한다는 의미가 강한데, 저희는 가리는 게 초점이라기보다는 본질을 보는 데 방해가 되는 부분은 보지 않겠다는 것입니다. 그리고 일반적으로 기업에서 채용 테스트를 진행하고 난 이후에는 해당 문제를 잘 공개하지 않는데, 저희는 그게 인턴이 됐든 공채가 됐든 이런 형태의 코딩 테스트 기출 문제를 모두 공개를 하고, 문제를 실제로 풀어볼 수 있는 플랫폼도 같이 제공합니다.

저희 회사 블로그에 들어가면 이전에 진행했던 인턴이나 공채의 코딩 테스트를 지금도 직접 풀어볼 수가 있습니다. 군이 검증 목적이 끝났음에도 이런 문제들을 공유하는 이유는 추후에 카카오가 아니더라도 IT 산업으로 진로를 희망하는 분들에게 이정표나 가이드가 되었으면 하는 생각에서입니다. 이런 부분은 카카오의 여러 사회 공헌적인 측면 중에 하나라고 말씀드릴 수 있습니다.

저희가 국내에서는 조금 일찍 블라인드 채용을 진행하다보니 여러 회사에서 벤치마킹 관련 문의를 많이 합니다. 그런데 벤치마킹을 진행하는 인사 담당자의 얘기를 들어보면 본질을 놓치는 경우가 있어서 그 내용을 말씀드리고자 합니다. 인사 담당자들이 찾아와서 블라인드 채용을 하고 싶다고 이야기할 때 왜 블라인드 채용을 하고 싶은지에 대해 물어보면 회사의 임원이 관심이 많다거나 정부에서 요구해서라는 답변이 돌아옵니다. 블라인드 채용의 본질이 아니라 블라인드 채용이라는 형태에 집착하는 것이죠.

기업이 인재를 뽑기 위해 여러 가지 시도를 하는 이유는 결국 일을 잘하는 사람을 뽑고 싶기 때문입니다. 그러한 측면에서 카카오는 블라인드 채용이란 툴을 찾은 것입니다. 무작정 블라인드 채용을 하기 전에 각 기업의 해당 직무 인재를 뽑는 데 정말 블라인드 채용이 최적의 툴인지에 대한 본질적인 고민을 해볼 필요가 있습니다. 블라인드 채용을 고민하는 기업들에게 조언을 한다면 우선 해당 기업이 찾으려는 인재에게 요구해야 하는 직무 전문성이 어떤 부분인지 확실하게 정의를 하는 것이 출발이고, 그 후에 지원자들을 검증할 때 그들의 많은 정보가 제외된 상태에서 직무 전문성에 적합한 인재를 찾는 검증 방법을 고민하고, 그 방법을 찾았다면 검증하는 절차를 탄탄하게 수립하는 것이 성공의 열쇠라고 말씀드리고 싶습니다.

저희는 블라인드 채용이 끝이 아니라고 생각합니다. AI든 다른 영역으로든 더 발전해나갈 수 있는 길목에 서 있습니다. 앞으로 더 우수한 인재를 찾을 수 있는 또 다른 방법이 있다면 그에 맞게 채용을 진행하게 될 것입니다.

경쟁률 1000:1 마이다스아이티가 학벌을 안 보다니!

최원호 마이다스아이티 이사

우리 사회 채용의 새로운 패러다임이라는 주제로 크게 세 가지 방향에서 말씀드리겠습니다. 첫 번째는 현재 기업 채용에 대한 불편한 진실입니다. 채용은 종종 어두운 현실, 슬픈 현실 등으로 표현될 정도로 불편한 진실을 포함하고 있습니다. 두 번째는 IT 기업을 중심으로 새로운 채용의 패러다임으로 전환되고 있는 역량 기반 채용의 본질에 대해서 말씀드리겠습니다. 그리고 마지막으로 AI 기술을 활용한 채용의 가치에 대해서 알려드리겠습니다.

조선시대 인재를 뽑는 과거시험 제도에 대해 잠깐 살펴보겠습니다. 절차에 대한 표현은 조금씩 다르지만 현재의 기업 채용과 거의 같습니다. 지금의 필기시험에 해당하는 1차와 2차 시험을 치릅니다. 3차 시험인 대과는 초시, 복시, 전시로 총 3번에 걸쳐 진행됩니다. 대과 1차는 실무 면접과 같고, 대과 2차는 임원 면접에 해당하며, 대과 3차는 왕 앞에서 최종 과거시험을 보게 되니 지금의 CEO 면접에 해당합니다. 최종적으로 33명의 등수가 정해지고 1등이 장원급제가 되는 방식입니다. 현재의 채용 방식과 절차와 내용이 매우 흡사합니다. 이것을 정리하면 다음과 같습니다.

과거시험은 정기 시험(대과/소과)과 비정기 시험이 있다.
1차 시험은 지역별로 선발한다.(생원 700명/진사 700명) **필기 1차**
2차 시험은 한양에 모여 생원 100명/진사 100명을 선발한다. **필기 2차**
3차 시험인 대과는 총 3차에 걸쳐 진행된다.(초시/복시/전시)
대과 1차는 성균관 유생 50명과 지역인재 190명을 선발한다. **실무**
대과 2차는 지역별 상관없이 최종 33명을 선발한다. **임원**
대과 3차는 왕 앞에서 실시, 정책/삶에 대한 의견을 묻고 답한다. **CEO**
최종 시험의 결과로 33명의 등수가 정해진다.(1등은 장원급제)

조선시대 왕들은 인재를 등용하고 키우는 것에 관심이 많았습니다. 그래서 인사를 전담하는 전조(이조와 병조)를 두었고, 인사 책임자인 정관을 따로 두기도 했습니다. 조선시대 최고의 인사 책임자는 지금으로 말하면 CHO인데, 세종 때 강희맹이라는 사람이 있습니다. 그는 "사람은 누구나 처음 봤을 때 부지런히 일을 하지만 시간이 지나면 게을러지고 방심한다. 얼핏 보면 유능한 것처럼 보이는데, 실상은 일에 익숙해져서 마음을 제대로 쓰지 않는 것이다"라며 인재 채용의 어려움을 말하기도 했습니다. 세종 때 과거시험에 왕이 내린 책문의 문제는 "인재를 분별하고 등용하며 양성하는 방법은 무엇인가?"입니다. 이에 강희맹은 "장점은 살리고 단점은 고치면서 인재의 자질과 특성에 맞게 적재적소에 배치해야 합니다"라고 답했습니다. 이 답은 현재 인사 담당자들 모두가 고민하는 것이기도 합니다.

슬픈 얘기를 좀 할까요? 대한민국 역사와 문화를 통해서 살펴본 인재 채용의 본질과 방식은 조선왕조 500년과 우리나라에서 공채를 처음 시작한 1956년 이후 64년 동안을 포함해서 거의 600년간 거의 변하지 않았다는 것입니다. 앞서 소개한 단계와 내용으로 인재를 채용했죠. 단계가 좀 줄어들거나 늘어나는 정도의 차이가 있을 뿐 서류, 인·적성, 필기시험, 대면 면접을 통해서 인재를 뽑았습니다.

기업 채용의 불편한 진실

먼저 현재 기업 채용에서의 불편한 진실을 말씀드리겠습니다. 첫 번째 단계인 서류 전형에서는 학력, 경력, 자격이 포함된 이력서와 자기소개서를 제출합니다. 이른바 스펙이라고 하죠. 스펙(specification)은 '사양'이라는 뜻으로, 건축과 기계 분야에서의 도구와 공구의 사용을 의미합니다. 이 단어 자체에 사람을 도구나 수단으로 본다는 의미가 포함되어 있습니다. 그런데 과연 학력이나 학벌, 학점, 자격증, 어학 점수, 경력 등이 그 한 사람의 역량이나 성장 가능성을 보장할 수 있을까요? 결론은 그렇지 않다는 것입니다. 글을 잘 쓰는 것과 일을 잘하는 것, 그리고 말을 잘하는 것과 성과를 잘 내는 것은 다른 차원의 얘기입니다. 학교 다닐 때 성적이 좋았다고 해서 회사에서도 성과가 좋은 것은 결코 아닙니다. 학교에서는 정답을 찾는 교육을 받았습니다. 그러나 직장과 사회, 그리고 우리의 인생에는 정답이라는 것이 없습니다. 조직이 원하는 목표를 정하고 성과를 통해 답을 만들어가야 합니다. 답을 찾는 것이 아니라 만들어가야 하는 것이죠. 그런데 스펙은 답을 만들어가는 성과 역량을 보장하지 않습니다. 지식을 기반으로 한 스펙은 가짜 스펙입니다. 지식이 아니라 역량을 기반으로 하는 스펙이 진짜 스펙이라고 할 수 있죠.

그래서 스펙이 나열된 이력서로 그 사람을 판단하는 것이 불공평하고 불공정하기 때문에 정부에서는 스펙을 보지 말라고 합니다. 이것이 블라인드 채용이죠. 솔직히 말씀드리면 기업에서는 블라인드 채용에 대해서 별로 관심이 없습니다. 불공정과 불공평, 그리고 공정과 공평의 이슈는 사회 정의에 관련된 문제이고 이것은 정부에서 원하는 것이지 기업에서 원하는 것은 아닙니다. 정부에서 시행하는 정책이기 때문에 공공기관이나 공기업은 따를 수밖에 없죠.

2018년 조사에 따르면, 민간기업이 블라인드 채용을 하는 비율은 1,000명 이상 기업이 14%, 1,000명 이하 기업이 11% 수준이고, 중소기업은 거의 없다고 합니다. 기업이 원하는 것은 블라인드 채용이 아니라 일을 잘하고 성과를 잘 내며 성장할 수 있는 인재를 뽑는 것입니다. 이런 관점에서 보면 블라인드 채용은 대안이 될 수 없어요. 그래서 각 기업에서는 다양한 방식으로 시험과 절차를 강화하면서 인재 채용을 고민하고 있습니다. 그 대표적인 것이 인·적성 검사죠. 그런데 인성 검사는 성격 검사이고, 적성 검사는 지능 검사, 즉 IQ 검사입니다. 성격 좋은 사람이 일을 잘한다는 근거는 어디에도 없습니다. 그럼 지능이나 IQ가 높은 사람이 일을 잘할까요? 높은 지능이 필요한 특정 분야는 관련성이 있겠으나 다양한 직군과 직무 분야에서 지능과 일의 성과는 인과관계가 성립하지 않습니다.

직무 적성 검사는 대기업의 경우 자체적으로 만들어 적용하거나 해외의 유명 검사지를 도입하여 활용합니다. 그런데 문제는 이러한 직무 적성 검사 또한 정답이 존재하는 시험이라는 것입니다. 국가에서 블라인드 채용을 위해 현재 추천하고 있는 국가직무능력표준평가가 있습니다. 솔직히 말하면 이것은 취준생들에게 제2의 수능과 같습니다. 정답이 있는 시험은 답을 맞히는 기술이 존재한다는 것을 의미합니다. 답을 맞히는 기술이 있으면 그 기술을 가르치는 학원이 생겨납니다. 학원이 있다는 말은 기술에 대한 전문가들이 있다는 말이고, 답을 족집게 과외로 가르칠 수 있다는 겁니다. 당연히 출제 예상 문제집도 있고, 족보도 존재하죠. 슬픈 현실이지만 대한민국에서 초·중·고 시절 받았던 교육을 채용 과정에서도 되풀이하고 있습니다.

식사 전후 판결이 다르다?

유명 대기업에서 실시하는 직무 적성 검사는 마치 국가고시를 치르는 것과 같습니다. 엄청난 경쟁률뿐만 아니라 문제 수준이나 난이도도 매년 조절을 해야 합니다. 그렇다면 사람이 직접 보는 면접은 어떨까요? 블라인드 채용에서는 대부분 면접이 가장 중요한 과정이라고 강조합니다. 그래서 면접관 교육을 강화하거나 면접을 포함한 채용의 특정 단계 또는 전체를 전문 기관에 대행해서 진행합니다. 대면 면접의 정확도는 어느 정도일까요? 면접의 경우 조금 극단적으로 말하자면 프로 지원자와 아마추어 면접관이 한 시간 동안 대결하는 개념이라고 할 수 있습니다. 과연 누가 이길까요? 아마추어 면접관이 이길 확률은 10%밖에 안 됩니다. 왜냐하면 지원자는 자신이 입사하고 싶은 기업에 대해서 최소한 3개월에서 6개월 정도 준비를 합니다. 특히 공공기관이나 공기업은 1년까지, 그리고 재수와 삼수까지 하면서 그 기업의 모든 걸 파악하고 준비해서 면접에 응합니다.

그렇다면 면접관은 어떨까요? 면접 보기 며칠 전에 지원 서류를 받아 보거나, 심한 경우에는 당일에 면접을 보면서 확인합니다. 결코 지원자를 이길 수 없죠. 면접의 가장 큰 한계는 사람이 가지고 있는 편향과 편견입니다. 그리고 같은 사람에 대해서도 면접관들의 편차가 존재한다는 것입니다. 우리 사회에서 가장 공정하고 합리적으로 판단하리라 기대하는 직업이 바로 판사입니다. 이스라엘 판사들의 가석방 심사 결과를 연구한 사례가 있습니다. 식사 전 판결과 식사 후 판결의 형량이 다르다고 합니다. 배고픈 정도에 따라서 판결이 달라진다는 것이죠. 미국 속담에는 '판사가 아침에 무엇을 먹었는가가 정의다'라는 말도 있습니다. 이렇듯 사람이 사람을 판단하는 것은 쉽지 않습니다. 면접도 마찬가지입니다.

기업 채용의 실상을 들여다보면 더 복잡합니다. 기업 인사팀에서는 채용 계획 수립부터 채용 공고를 시작으로 최종 합격자 발표까지 많게는 총 20단계 이상이 진행됩니다. 많은 시간과 노력과 비용이 들어가죠. 그런데 시간은 시간대로, 비용은 비용대로 들어가지만, 뽑고 싶은 인재는 제대로 채용하지 못하는 현실을 반복하고 있습니다. 채용의 효과성과 효율성 둘 다를 놓치고 있습니다.

저희 마이다스아이티도 10여 년간 시행착오를 거쳤습니다. 기존 채용 방식에서 우리가 할 수 있는 것을 다 해봤습니다. 면접에서는 다면면접, 관찰 면접, 심층 면접, 인턴 면접 등 모든 면접 방식과 혁신을 시도했습니다. 채용 방식에서도 공채부터 수시 상시 채용, 특별 채용, 임직원 추천 등 다양하게 시도를 했습니다. 이렇게 뽑은 사람을 인재라고 생각하고 성과와 성장을 기대하면서 키우려고 노력했습니다. 하지만 채용 이후에 실제 인재로 성장한 결과를 보니 정규 분포와 크게 다르지 않았습니다. 결국 다양한 방식으로 면접과 채용을 하고자 했던 노력은 실패로 돌아갔습니다.

신경과학이 채용에 대해 말하는 진실

오랫동안 신경과학으로 사람을 연구하고 채용의 시행착오를 통해 저희가 내린 결론은 다음 세 가지입니다. 첫째, 스펙이 성과를 보장하지 않습니다. 자기소개서와 이력서로는 사람을 알 수 없습니다. 둘째,

학력과 경력이 능력을 대변하지 못합니다. 학교 성적이 회사의 성과를 보장하지 않습니다. 셋째, 인·적성 검사와 면접으로는 인재를 판별하기 어렵습니다. 편향과 편견이 사람을 제대로 판단할 수 없게 합니다.

이 세 가지 오해와 진실에 대해서는 기업들도 잘 알고 있습니다. 지식과 스펙이 인재를 채용하는 기준이 되지 못한다는 것을요. 지식과 스펙이 답이 아니라는 걸 이미 알고 있습니다. 왜냐하면 지식과 스펙을 기준으로 뽑아서 일을 시켜보면 바로 검증을 할 수 있기 때문입니다. 그런데 이에 대한 대안이 없습니다. 그래서 기업마다 채용 시스템을 설계하고 채용의 기준을 만들어서 인재를 뽑는 데 혈안이 되어 있습니다.

그런데 세상이 바뀌었습니다. 20세기에서 21세기로 넘어오면서 특히 4차 산업혁명이 시작되면서 모든 경영환경이 변화하고 있습니다. 산업과 기술이 혁명적으로 변화하고, 밀레니얼 세대가 기업의 주축으로 떠오르면서 일하는 환경도 바뀌고 경영의 패러다임도 전환되고 있습니다. 4차 산업혁명의 본질은 AI 기술 기반의 사회 변혁적 현상입니다. AI로 초생산의 시대가 열리고, 소프트웨어로 초연결의 시대가 되는 등 모든 게 융복합화된 초통합의 시대가 열리고 있습니다. 그래서 기업에서는 앞으로 인재 경영, 그중에서도 HR(인사)을 중심으로 한 디지털 트랜스포메이션(digital transformation)이 중심 화두가 될 것입니다. 해외 유명 글로벌 기업을 포함해서 IT 기업들을 선두로 기업의 인재 채용부터 평가와 보상, 인재 육성, 조직 문화의 대대적인 혁신이 이루어지고 있습니다. 경영과 HR 분야가 엄청나게 많이 바뀌고 있고 우리나라 기업들도 많은 영향을 받고 있습니다.

인재 채용의 트렌드 4 :
AI, 빅 데이터, 온라인 플랫폼, 소프트 스킬

　HR 디지털 트랜스포메이션과 인재 채용에 대한 네 가지 트렌드를 잠깐 말씀드리겠습니다. 첫 번째는 인공지능(AI)입니다. 인공지능을 통해서 지원자의 역량과 직무 적합성을 분석할 수 있습니다. 두 번째는 빅 데이터 기반입니다. 빅 데이터를 가지고 지원자의 이력과 경력, 그리고 SNS를 검색하여 기업이 원하는 맞춤형 인재를 찾을 수가 있습니다. 세 번째는 온라인 플랫폼입니다. 이제는 온라인으로 수시, 상시로 채용하는 방식으로 기업 채용이 변화하고 있습니다. 채용 절차가 혁신적으로 바뀌는 것이죠. 마지막으로 소프트 스킬입니다. 전공 지식을 기반으로 하는 하드 스킬이 아니라 융합적 사고, 창의성, 의사소통, 협업 능력과 같은 스킬을 인재의 중요한 역량으로 생각합니다.

　이러한 채용 패러다임을 선도하는 기업은 IT 기술 기반의 글로벌 기업들인 소프트뱅크, IBM, 구글, 아마존, 유니레버 등입니다. 이 기업들의 공통된 특징은 AI 기술을 활용해서 직원을 채용한다는 것입니다. 소프트뱅크는 IBM 왓슨의 AI 기술을 이용해서 자동으로 신입사원의 서류 심사를 합니다. 머신러닝 기반의 텍스트 마이닝 기술이라고 하죠. 서류에서 기업이 원하는 고품질의 정보를 자동으로 추출해냅니다.

미국의 IBM은 왓슨 AI 기술 기반의 탤런트 솔루션을 만들어서 구성원들과 지원자들의 경력과 이력과 교육 현황 등을 데이터로 분석해서 인재를 추천합니다. 구글은 큐브로이드라는 AI 로봇이 지원서를 분석해서 면접관에게 질문 리스트를 제공하는 AI 보조면접관을 운영하고 있습니다. 아마존 AI는 몇 년 전에 문제를 일으켰죠. 전형적인 머신러닝 데이터 기반의 AI 기술을 가지고 면접을 진행했는데, 성차별과 인종차별의 결과를 낳았습니다. 이처럼 데이터 기반의 학습은 굉장히 위험할 수 있습니다. 왜냐하면 잘못된 데이터를 입력하면 잘못된 결과가 나올 수 있기 때문입니다. 데이터의 양과 질에 따라서 결과도 달라집니다.

그렇다면 앞으로 인재 선발의 미래는 어떻게 바뀔까요? 4차 산업 혁명 시대에 대규모 정기 공채는 수시 상시 채용으로 바뀌게 될 것입니다. 1년에 한 번 또는 두 번 정도 일정 기간에 공채를 하는 게 아니라, 기업이 원하는 시기에 원하는 방법으로 원하는 인재를 마음대로 뽑겠다는 것입니다. 그리고 기업은 최고의 인재에서 최적의 인재를 원합니다. 기업이 원하는 맞춤형 인재를 찾고 있습니다. 학력이나 스펙이 아니라 역량과 직무 역량 중심으로 뽑으려는 것이죠.

경력과 학벌은 성과와 무관

앞으로 기업의 채용 브랜드가 그 기업의 가장 핵심적인 경쟁력으로 강화될 것입니다. 아마도 전 세계에서 인재 채용에 가장 심혈을 기울이는 회사 중에 하나가 구글일 것입니다. 구글은 인재 채용에 있어서 세 가지 특징을 가지고 있습니다.

첫 번째는 글로벌 IT 기업답게 엄청난 빅 데이터를 기반으로 과학적으로 인재를 채용합니다. 두 번째는 모든 인사 관련 예산의 90% 이상을 채용에 투입합니다. 그만큼 인사 분야에서 채용이 절대적으로 중요하다는 것을 의미하죠. 세 번째는 채용 절차가 매우 체계적이고 까다롭습니다. 구글에서 인사 담당 부사장을 지냈던 라즐로 복(Laszlo Bock)은 인터뷰에서 "학벌이나 자격증은 업무 능력과 전혀 상관이 없다. 대학 나오지 않은 사람들이 종종 가장 높은 성과를 냈다. 고졸 인원 채용을 늘리겠다. 일류 대학생들은 지적 겸손이 없다"라고 지적합니다. 일류 대학 졸업생은 실패를 받아들이지 않고 남 탓으로 돌리는 지적 수용성이 매우 낮다고 합니다. 또한 지금은 전문 지식이 아니라 메타 지식이 중요한 시대입니다. 메타 지식은 내가 무엇을 알고, 무엇을 모르는지를 아는 것이죠. 학위나 자격증이 없어도 이런 태도를 갖춘 사람들을 인재라고 생각하고 뽑으려고 합니다.

경력이나 학력이 기업이 원하는 인재와 업무 성과와 어떤 관련이 있을까요? 『하버드 비즈니스 리뷰』에 나온 논문이 흥미롭습니다. 영업 분야에서 경력과 학력이 업무 성과와 얼마나 관련이 있는지를 연구했는데, 신입사원이든 경력사원이든 입사해서 6개월에서 14개월이 지나면 거의 차이가 나지 않는다고 합니다. 고성과자 그룹이든 저성과자 그룹이든 거의 차이가 없습니다. 또한 학력과 관련에서는 고졸사원이든 대졸 이상 사원이든 입사해서 6개월에서 14개월이 지나면 업무 성

	성과자 그룹 분포			
6개월 후	고성과자			저성과자
신입사원	10%	33%	36%	6%
경력사원	11%	37%	33%	5%
14개월 후	고성과자			저성과자
신입사원	9%	25%	20%	5%
경력사원	10%	27%	18%	5%

영업에서의 경력에 따른 업무 성과

	성과자 그룹 분포			
6개월 후	고성과자			저성과자
고졸사원	7%	38%	31%	8%
대졸 이상	8%	38%	30%	9%
14개월 후	고성과자			저성과자
고졸사원	10%	23%	22%	5%
대졸 이상	11%	24%	11%	6%

영업에서의 학력에 따른 업무 성과

출처 : 『하버드 비즈니스 리뷰』

과가 거의 차이가 안 난다고 합니다.

이 연구 결과는 무엇을 의미할까요? 경력과 성과와 관련해서는 일을 오래 하는 것과 일을 잘하는 것은 다른 차원이라는 것입니다. 경력이 많다고 해서 일을 잘한다는 것은 오해입니다. 일을 오래 했다는 것과 일을 잘한다는 것은 다릅니다. 그리고 학교에서의 성적이 회사에서의 성과를 보장하지도 않습니다. IT 분야 특히 실리콘밸리에서는 비전공자를 대상으로 1년 동안 도제식 교육을 통해 소프트웨어 개발자를 육성하는 회사들도 많습니다. 즉 대학 전공이 자신의 적성이 아닐 가능성이 높다는 것입니다.

앞으로 IT 기업은 AI 기술을 활용해서 HR과 관련된 데이터를 수집하고 인재 채용에 적용할 것입니다. 지금은 대부분 서류 데이터, 시험 데이터, 면접 데이터를 가지고 수동적으로 사람이 분석을 합니다. 그러나 앞으로는 AI 기술을 활용하여 텍스트 분석으로 지원자에 대한 양질의 정보를 분석하고, 게임 결과를 통해서 심리 기반으로 그 사람의 성향과 지능을 측정하고, 영상 데이터를 통해서 음성과 언어를 인식해 그 사람의 기질을 파악할 수도 있습니다. AI 기술이 더 발전하면 모든 것을 자동으로 분석할 수 있습니다. 챗봇 분석을 통해서 SNS 텍스트를 기반으로 그 사람의 모든 이력 데이터를 취합하고, 뇌과학을 기반으로 역량을 측정하고 감정을 분석하며 생체 신호도 파악할 수 있습니다.

국내 기업도 이미 이런 기술을 활용하고 있습니다. 챗봇으로 그 사람의 SNS 데이터를 분석하여 이력과 경력을 파악하고, 게임을 통해서 그 사람이 어떤 역량을 보유하고 있는지도 합리적으로 파악할 수 있습니다. 이미 자동차 산업에서는 운전자가 타면 감정을 분석해서 AI가 멀티미디어의 조명과 소리를 자동적으로 바꿔줍니다. 앞으로 기업 인사에서 필요한 HR 데이터는 채용 데이터뿐만 아니라 기업에 입사한 이후의 인사 데이터, 역량 데이터, 조직에서 일하는 모든 데이터를 취합한 HR 데이터를 기반으로 인재를 육성하거나 조직을 운영하는 데 활용할 것입니다.

핵심 역량 4 : 긍정성, 적극성, 전략성, 성실성

　뇌신경과학을 연구해보면 역량과 능력이 어떻게 다른지 알 수 있습니다. 능력은 역량과 기술과 지식의 조합으로 이루어집니다. 여기에서 무엇이 중요할까요? 우리는 능력 있는 사람이 필요합니다. 역량은 능력을 발휘하는 성능의 역할을 합니다. 기술은 역량을 강화시키는 중요한 요소입니다. 그런데 지식은 성과를 만들어내는 재료의 역할입니다. 옛날에는 지식이 굉장히 중요했지만 지금은 어떻습니까? 지식은 학교에 있는 게 아니라 인터넷과 휴대전화에 있습니다. 교수님이나 선생님이 아닌 포털 사이트나 구글에 물어보면 알고 싶은 지식을 거의 습득할 수 있습니다. 내가 원하는 모든 지식을 언제 어디서든지 습득할 수 있는 시대에 살고 있습니다. 그래서 중요한 것은 역량입니다. 역량은 성과를 내는 성능에 해당합니다.

　따라서 뇌의 성과 메커니즘을 파악해서 인재를 채용해야 합니다. 그렇다면 성과를 만들어내고 성장 가능성이 있는 역량이란 무엇일까요? 이에 대해서 저희가 오래 연구를 한 결과 다음과 같은 결론을 내렸습니다. 즉 신뢰를 만드는 긍정성, 열정을 발현시키는 적극성, 전략을 모색하는 전략성, 성과 중심적 실행을 제어하는 성실성이 인재가 가지고 있는 공통적이고 본질적인 역량이라는 것입니다. 이것은 신경과학 특히 뇌의 전전두엽과 연관성이 있는데, 전전두엽에 각 영역별 기능의 연구 논문을 분석해보면 각각의 역량과 연결돼 있습니다. 전전두엽이 바로 기업이 원하는 성과를 만들어내는 메커니즘을 관할하는 핵심 성과 중추입니다. 역량과 역량 모델에 대해서는 기업에서도 매우 관심이 많습니다.

예전에 심리학에서는 빙산 모델을 활용했습니다. 이 모델에 따르면 성격적 요소와 인지적 요소는 바꿀 수가 없습니다. 그래서 채용 과정에서 선발을 통해 해결해야 한다고 생각했습니다. 기술이나 지식과 같은 행동적 요소는 교육을 통해서 개발할 수 있기 때문에 개발과 교육의 영역이라고 강조합니다. 이러한 요소들을 종합적으로 고려해서 채용해야 한다고 강조했습니다. 대부분의 내용은 심리학 기반의 역량과 관련한 이론들이었습니다.

그런데 실제 생물학이나 신경과학을 바탕으로 사람에 대한 연구를 해보면 다음과 같은 결과가 나옵니다. 대부분의 기업은 면접에서 지원자의 말씨나 표정, 지식, 태도 등을 살펴봅니다. 심리, 성격, 지능, 기술은 인·적성 검사를 통해서 직간접적으로 파악합니다. 이렇듯 기업에서는 일반적으로 행동과 심리 레벨에서의 요소를 파악해서 인재의 여부를 판단합니다.

그렇다면 빙산 위의 드러난 현상과 경향의 특성과 빙산 아래 드러나지 않는 신경학적 특성과 생물학적 속성 중에서 어느 쪽이 더 중요할까요? 바로 빙산 아래쪽입니다. 인간의 특성과 속성을 만들어낼 수 있는 본질이 있기 때문이죠. 그 사람의 성향과 기질과 같은 생물학적 본능과 본성, 그다음으로 긍정성, 적극성, 전략성, 성실성과 같은 신경학적 특성인 역량을 판단할 수 있습니다. 그래서 인재 역량을 판단하기 위해서는 외연적 역량과 내면적 역량을 동시에 통합적으로 파악해야 합니다. 외연적 역량은 감정 전달과 의사 표현 등 소통 역량과 관련된 것이고, 내면적 역량은 성과 역량, 관계 역량, 그리고 가치 역량과 관련된 것입니다.

그런데 이러한 역량은 사람이 면접을 통해서는 거의 파악할 수가 없습니다. 우리 속담에 '열 길 물속은 알아도 한 길 사람 속은 모른다'는 말이 있듯이 한계가 있습니다. 그래서 AI 기술을 활용하여 과학적이고 합리적인 눈으로 사람의 역량을 볼 수 있도록 했습니다. AI 기반의 면접을 통해서 외연적 역량을 파악하고, 또 게임 기반의 반응과 패턴을 통해 그 사람의 내면적 역량을 파악해서 통합적으로 인재를 선발하는 방식을 개발하게 된 것입니다.

생물학, 신경과학에 기반한 AI 채용

이처럼 AI 기술을 바탕으로 인재를 채용하는 방식에 대해서는 오해하는 부분도 많은 것 같습니다. 앞에서 살펴본 아마존 사례와 같이 데이터를 기반으로 학습하는 AI는 그 데이터가 좋은 데이터냐 나쁜 데이터냐에 따라서 결과가 완전히 달라집니다. 데이터 기반 학습형 AI의 한계인 것이죠. 그러나 알고리즘 자체가 인간의 속성과 특성을 파악할 수 있는 생물학이나 신경과학을 기반으로 설계되어 있는 경우에는 그 신뢰도가 훨씬 높습니다. 알고리즘 기반 위에 데이터 기반 학습을 더하면 정확도가 더 높아집니다. 기존 면접이 10%, 인·적성 검사가 34%

정도의 신뢰도와 정확도를 갖는다면 생물학과 신경과학 알고리즘을 반영하면 60% 정도로 향상시킬 수가 있습니다. 여기에 심리통계 분석 방법과 패턴 학습을 하면 70% 수준으로 신뢰도가 올라가고, 기업의 고성과자 학습을 통해 바꿀 수 있다면 80%대로 신뢰도와 정확도를 올릴 수 있습니다.

이러한 방식으로 검증한다면 실제 기업이 원하는 인재를 뽑을 수 있는 확률이 매우 높아집니다. 그리고 기업이 원하는 고성과자를 선발하는 것만큼 중요한 것은 뽑지 말아야 할 인재를 선별하는 것입니다. 그러한 고위험군을 선별하는 데 AI 기술을 활용하면 큰 도움이 될 것이라고 확신합니다.

제가 말씀드리는 채용은 AI가 사람을 대신해서 판단하고 채용 여부를 결정한다는 의미가 아닙니다. AI 기술을 통해 인재를 추천하고 추천된 정보를 토대로 사람이 직접 면접을 통해 최종 결정을 하는 방식이죠. 지금은 AI 기술과 공존해야 할 때입니다. 기술은 가치 중립적입니다. 기술 자체에는 가치가 없습니다. 가치는 인간이 만든 것입니다. 우리 인간은 핵이라는 기술을 발견해서 핵무기를 만들어 사람을 죽이기도 했지만, 핵발전소를 만들어 에너지를 생산하고, 방사선을 의료에 활용해서 사람의 생명을 구하는 일도 해왔습니다. 기술을 어떻게 활용하느냐는 인간의 몫이고 책임입니다. 4차 산업혁명 시대에 AI 기술은 앞으로 인류와 계속 공존할 것입니다. 기업의 채용 분야도 AI가 추천하고 사람이 결정하는 방식으로 진행될 것입니다.

AI 기술을 활용한 채용은 모든 지원자들에게는 면접을 볼 기회의 공평성을 제공하고, 사람의 편향과 편견을 줄여서 좀더 합리적이고 객관적으로 평가할 수 있는 공정성을 담보하며, 채용 비리를 원천적으로 예방할 수가 있습니다. 그래서 앞으로 기업의 인재 채용은 역량 기반의 채용으로 변화될 것이라고 확신합니다.

게임회사 엔씨소프트가 선택한 새로운 채용

안용균 엔씨소프트 커뮤니케이션 센터장

엔씨소프트는 게임을 만드는 회사입니다. 우리 회사에서 만들고 있는 MMORPG(다중접속역할수행게임)는 다수의 이용자들이 동시에 접속해서 진행하는 스케일이 큰 게임입니다. 개발자들은 이 게임을 만들기 위해 3~5년간 공을 들이죠.

젊은 친구들이 게임회사를 좋아한다고 하셨는데요, 실제로 저희 회사 인력 구성을 보면 20대와 30대의 비율이 전체 직원의 71%에 해당합니다. 20년 넘게 운영해온 회사치고는 젊은 직원들의 비율이 매우 높은 만큼 성장 역시 빠릅니다. 현재 국내에 약 4,000명, 해외에 약 700명 정도 해서 작년 말 기준으로 4,757명이 저희 회사를 다니고 있습니다. 다만 조금 특이한 점은 40대 직원들도 적지 않은 비율을 차지하고 있습니다. 업계가 꾸준히 성장하면서 경력이 쌓이고 주축이 되는 인력이 늘고 있기 때문인데요, 이런 추세는 앞으로도 계속될 것으로 예상합니다.

특별한 호칭 없이 부르는 '택진 님'

저희는 인재를 뽑을 때, 우리 회사의 가치를 공유하는지 그렇지 않은지를 중요한 판단 요소로 봅니다. 저희가 내부적으로 가지고 있는 핵심 가치(core value)가 있습니다. 먼저 Integrity, 즉 퀄리티를 향한 진정성이라는 가치입니다. 저희는 스케일이 큰 무거운 게임을 만들기 때문에 오랜 기간 공을 들여야 합니다. 자기가 만든 제품이 자신의 이름을 걸고 출시됐을 때 부끄러울 게 없다고 말할 수 있을 정도로 퀄리티를 향한 진정성을 가지고 일하는 것이 중요합니다. 그래서 자신의 것을 만들 때 몰두할 수 있는 집중력과 성실성과 같은 요소를 중요하게 평가합니다. 다음으로 새로운 시도를 멈추지 않는 열정과 즐거운 세상을 만들기 위한 끊임없는 도전을 핵심 가치로 여깁니다.

Integrity	Passion	Never Ending Challenge
퀄리티를 향한 진정성	새로운 시도를 멈추지 않는 열정	즐거운 세상을 만들기 위한 끊임없는 도전

엔씨소프트의 핵심 가치

IT 회사는 전반적으로 기업 문화가 수평적입니다. 저희도 그렇습니다. 대표도 특별한 호칭 없이 '택진 님'이라고 부르고 저도 제 직함으로 불려본 적이 없습니다. 또 워라밸이라고 해서 특히 젊은 친구들은 워킹과 라이프의 밸런스를 굉장히 중요하게 생각하기 때문에 이런 것들을 보장해주지 않으면 좋은 인재들을 뽑을 수 없습니다. 단지 기업의 좋은 이미지를 위해서 이런 문화를 추구하는 게 아니라 실제로 좋은 인재를 데려오기 위해서 수평적인 문화를 지향하고 정착시켜야 합니다.

'덕후'가 성공하는 시대

저희 회사는 크게 인턴, 신입, 경력의 세 가지 방식으로 직원을 뽑습니다. 벤처회사나 저희처럼 창업을 해서 성장한 회사는 처음에는 규모가 작기 때문에 신입을 뽑는 채용의 개념이 없습니다. 대신 경력직을 뽑습니다. 즉 경력직을 뽑는 것이 새로운 트렌드가 아니라는 말입니다. 지금도 경력직을 가장 많이 뽑습니다. 다만 회사가 어느 정도 모양새를 갖춘 2005년부터는 꾸준히 신입을 뽑고 있고 매년 60명 내외의 신입 직원을 채용합니다. 얼마 전부터는 인턴제도를 도입했는데요, 졸업을 앞둔 학생들이 여름방학 동안 회사에서 실습을 하고 좋은 평가를 받으면 바로 채용을 합니다.

각 채용 방식마다 장점이 있기 때문에 어떤 것이 특별히 더 좋다고는 할 수 없습니다. 회사 입장에서는 당장 업무를 진행하기 위해서는 경력직이 많이 필요하겠지만 신입이나 인턴, 또는 다른 방식으로 새로운 인력을 충원하는 시도는 계속해서 해야 한다고 생각합니다.

엔씨소프트의 채용 절차에 대해서 구체적으로 말씀드리겠습니다. 먼저 인턴은 학위 취득 예정자 또는 학위 보유자를 대상으로 상반기에 1회 채용을 진행하고 있으며 여름방학 시즌에 7~8주 동안 근무를 하는 방식입니다. 신입 공채는 연 1회 하반기에 하고 있습니다. 경력 채용은 수시로 하고 있고요.

대기업을 포함한 요즘 채용 시장이 이공계 중심으로 확대되는 추세인데, 저희도 마찬가지입니다. 다만 대부분의 대기업에서는 여전히 서류를 중요하게 보지만 저희는 그렇지 않습니다. 서류에 작성한 본인의 경력에 대한 부분은 정말 했는지에 대한 검증 정도로 진행하고, 스펙은 전형 과정에서 큰 의미를 두지 않습니다. 왜냐하면 지원자의 실제 역량을 테스트하는 과정이 있기 때문입니다.

저희 회사는 현장 중심 채용이라고 이해하시면 됩니다. 각 업무의 현장에서 인력이 필요할 때 부서 차원에서 신청을 하고 그 신청한 부서가 주도적으로 채용 절차를 진행합니다. 업무 현장에서 신청을 한 부서가 필요한 인재를 모집도 하고, 1차 면접도 그 부서의 조직원이 보고 2차 면접도 그 부서의 팀원이나 팀장이 봅니다. HR팀이 적극적으로 관여하는 부분은 인·적성 검사에 해당하는 NC TEST 외에는 없습니다. 직무능력평가도 인사부서에서 출제하지 않습니다. 채용을 진행하겠다고 말한 부서별로 문제를 직접 내기 때문에 지원하는 부서에 따라서 문항이 다 다릅니다. NC TEST도 그 결과가 절대적이지 않습니다. 그 결과가 어떤 기준보다 좋지 않은 지원자가 있어도 해당 부서에서 그 사람의 다른 역량이 좋아서 뽑겠다고 하면 결과는 무시합니다.

저희 회사가 이렇게 인력 관리를 할 수 있는 근거와 배경에는 다름 아닌 개발자의 직무를 관리하는 방법이 있기 때문입니다.

JOB#이라고 하는 큰 카테고리는 KEY#, OPEN#이라고 하는 두 항목으로 구성되어 있습니다. 이 사람이 개발자인데 개발 수준이 어느 정도 되고, 실제로 어떤 업무를 하고, 어떤 개발 언어와 어떤 일을 했는가를 키워드 베이스로 관리를 합니다. 그러면 당연히 어떤 부서에서 내가 이 사람을 원한다면 키워드 베이스를 통해서 검증이 가능하고, 그 신청한 사람이 키워드에 해당하는 능력을 갖고 있는지 없는지 충분히 파악할 수 있습니다. 다른 기업에서 현장 중심 채용을 진행하려고

[JOB #] = [KEY #] + [OPEN #]

각자의 일과 역할, 전문성을 종합적으로 표현하는 체계	직무 + 전문 역할 단계를 표시하는 대표 #	담당 업무 + 전문성 + 경력 구체적으로 설명하는 자율 #
성명 : 김엔씨 부서 : OOCamp 엔진팀 Key# : Sr. Engine Programmer [Task#] #Lineage2 #MMORPG #Architecture설계 #클라이언트 개발 [Experience#] #AION #언리얼4 #Python #Datamining #중국어	Senior Engine Programmer Lead UX Designer Sr. Principal Security Director HRM Specialist Lead Content Analyst Associate Game QA Engineer ...	[Task#] 현 직무 관련 부가정보 #Lineage2 #MMORPG #Architecture설계 #클라이언트 개발 [Experience#] 과거 직무 경험 및 이력 #AION #언리얼4 #Python #Datamining #중국어

엔씨소프트의 인사 관리

한다면 그 회사 직원들의 업무 영역을 세분화해서 데이터베이스로 만들고 관리하는 것이 가능한지를 먼저 살펴볼 것을 추천합니다.

작년에 한국시리즈에서 우승한 NC다이노스의 양의지 선수가 엔씨소프트의 온라인 게임인 '리니지'의 '집행검'을 들어 올리며 우승을 자축하는 퍼포먼스를 해서 화제가 되었습니다. 과거와 다르게 지금은 이른바 '덕후'라고 불리는 사람들이 성공하는 시대입니다. 게임 덕후들에게 게임 속에서의 공간이 자신의 꿈을 이루는 기회의 장이 되기를 바랍니다.

전국에 40개
소프트웨어 중심 대학이 있다고?

임승호 정보통신기획평가원 인재기획팀장

저는 기업의 상황과 현장의 의견이 정부에서 진행하는 ICT(정보통신기술) 소프트웨어 분야 인재 양성 정책에 어떻게 반영되고 있는지를 소개하려고 합니다.

먼저 정보통신기획평가원에 대해 간단히 말씀드리겠습니다. 정보통신기획평가원은 ICT 분야의 R&D를 기획, 평가, 관리하는 기관입니다. ICT 분야의 R&D를 기획 평가하면 앞으로 5년, 10년 후에 어떤 ICT 분야의 기술이 있어야 하는지를 미리 예측할 수 있기 때문에 미래에 필요한 기술을 기획하고 과제화해서 대학이나 연구소 등이 개발할 수 있도록 합니다. 그리고 그런 개발의 결과가 최종적으로는 기업을 통해 상용화되어 우리 생활과 밀접하게 활용될 수 있도록 합니다. 이제는 R&D 기술 개발에서 인재 양성 분야도 중요한 한 축을 차지하고 있습니다. 결국은 사람이 기술 개발을 하고, 또 소프트웨어도 개발하기 때문에 인재 양성이 가장 중요한 부분 중 하나입니다.

우리나라의 ICT 분야는 전문 인재의 공급과 수요에 차이가 있습니다. 대학에서 ICT 분야나 소프트웨어를 전공한 학생들과 기업에서 필요로 하는 인재 사이에 격차가 있는 것이죠. 석·박사 이상의 인재는 ICT 분야를 포함한 모든 분야에서 부족합니다. 학부 이하에서는 대학 진학률이 높다보니 소프트웨어 분야를 제외하고는 공급이 초과인 상태입니다. 소프트웨어 분야와 IT 분야로 한정해서 보면 인재가 부족한 것이 현실이지만 소프트웨어 분야에 반드시 소프트웨어를 전공한 학생들만 가는 것은 아니기 때문에 학부 전체로 봐서는 초과 상태라고 할 수 있습니다. 즉 대학을 졸업한 학생들의 수가 기업에서 원하는 수요보다 양적으로 많지만 기업에서는 항상 인재 부족을 호소하는 현실에서 공급과 수요 사이에 미스매치 현상이 나타나고 있습니다.

또한 대학을 막 졸업한 학생들이 기업의 신입사원으로 입사했을 때 기업이 원하는 만큼의 역량과 성과를 내지 못하기 때문에 기업에서는 그 인원들에 대해서 재교육을 하고, 원하는 수준의 실력으로 끌어올리는 데 많은 시간과 비용이 듭니다. 그래서 이러한 간극을 줄이기 위해서 정부는 다양한 시도를 하고 있습니다.

정부기관의 다양한 ICT 프로그램

정보통신기획평가원의 대표 사업 중 하나는 '소프트웨어 중심 대학'과 '인공지능 대학원'입니다.

소프트웨어 중심 대학은 4년제 대학에서 소프트웨어를 전공한 학생이라면 누구나 기업이 원하는 수준의 역량을 가지고 졸업할 수 있도록 대학을 지원하는 사업입니다. 5년 전 이 사업을 시작해서 2020년 기준 전국에 40개 대학이 소프트웨어 중심 대학으로 지정되어 있습니다. 소프트웨어 중심 대학으로 지정되면 소프트웨어를 전공하는 학생들은 기업이 원하는 수준의 프로젝트를 대학 재학 중에 수행하고 졸업해야 하며 인턴십 과정도 거쳐야 합니다. 그리고 소프트웨어 개발에 필요한 최소한의 협업 능력이나 외국어 능력을 갖출 수 있도록 학교에서 교육과정을 개편하여 학생들을 지도하게 됩니다. 재학생들은 소프트웨어를 따로 전공하지 않아도 기초필수, 교양필수 도구로 2~3개의 관련 교과목을 듣게 됩니다. 졸업 후 어느 분야로 진출하든지 소프트웨어적인 기초 역량을 갖춤으로써 소프트웨어 융합 사회를 이끌어가는 기본적인 토대를 마련하게 하는 것이죠.

인공지능 대학원은 세계적 수준의 AI 우수 인재의 양성이 목표입니다. 2019년에 카이스트 등 5개 대학, 2020년 8개 대학, 2021년 10개 대학이 선정되었습니다. 석·박사 과정을 거치면 자기 분야의 전문가로서 성장할 수 있는 경력을 쌓게 됩니다. 이 사업은 4차 산업혁명, 소프트웨어 관련 이슈가 제기되면서 관심을 받고 있습니다. 카이스트를 예로 들면 전공 없이 입학해서 2학년 때 전공을 선택하게 되는데 5~6년 전만 해도 소프트웨어를 전공하는 학생들이 거의 없었습니다. 그러던 것이 2020년에는 1학년에서 2학년으로 올라가는 학생들 중 40% 이상이 소프트웨어나 AI와 관련된 학과로 진학했습니다. 앞으로 이들 분야는 변화하는 직업 속에서 가장 핵심적인 역할을 할 수 있는 인재를 길러내게 될 것입니다.

앞에서 설명한 대학의 정규 교육 과정 내에서가 아니라 비정규 과정인 학교 밖에서도 4차 산업혁명의 주도적인 주인공이 되기를 원하는 열정을 가진 청년이라면 누구나 교육을 받을 수 있도록 교육 과정을 운영하고 있습니다. 바로 '이노베이션 아카데미'입니다. 2019년 이노베이션 아카데미를 개소했고 학력, 전공, 경력 등 제한이 없습니다. 2년 동안 기업이 원하는 프로젝트나 자기가 하고 싶은 프로젝트를 마음껏 해볼 수 있습니다. 비학위 과정임에도 개소 첫 해에 250명 모집에 1만 2,000명의 지원자가 몰렸고, 60대 지원자도 있었습니다.

그 밖에 미취업자나 졸업 예정자인 정보통신학과 재학생을 대상으로 약 6개월 동안 AI나 빅 데이터 분야의 원하는 프로젝트를 경험해보고 바로 관련 기업에 취업할 수 있도록 하는 맞춤형 과정도 운영하고 있습니다.

이렇듯 정부는 열정을 가진 청년이나 국민이라면 누구나 필요한 기술을 습득해 양질의 일자리를 찾아갈 수 있도록 지원하는 사업을 다양하게 해나가고 있습니다.

지난 수년간 정부와 정보통신기획평가원과 같은 기관이나 대학에서는 인재 양성을 위해 여러 가지 노력을 해왔습니다. 하지만 기업에서는 여전히 인재가 없다고 말합니다. 산업계와 대학 간의 이런 인재 수급의 불일치 문제를 해결하기 위해서 더욱 손을 마주 잡아야 할 것입니다.

IT 회사가 채용에서 학벌이 약화되는 진짜 이유가 무엇일까?

이진원   카카오 인재영입팀 이사
최원호   마이다스아이티 이사
전선희   교육의봄 연구원
안용균   엔씨소프트 커뮤니케이션 센터장
임승호   정보통신기획평가원 인재기획팀장

사회자[1]

IT 기업만이 아니라 전통적 기업에서도 IT 솔루션이 적용, 확대되고 있기 때문에 IT 쪽 인력이 더 많이 필요할 것으로 예상됩니다. 그렇기 때문에 IT 기업의 채용 방식은 다른 전통적 기업의 채용에도 영향을 미칠 것입니다. 이번 포럼을 통해서 IT 기업은 개발자를 채용할 때 스펙보다는 개발 역량을 중요하게 본다는 것을 확인했습니다. 이와 관련해서 몇 가지 질문을 드리겠습니다.

첫 번째는 IT 기업은 개발자 이외의 다른 영역은 어떤 방식으로 채용하는지 궁금합니다. 예를 들어 카카오는 비개발 영역의 인재도

---

1   이 종합 토론의 사회자는 이번 포럼을 주최한 (재)교육의봄의 송인수 공동대표다.

블라인드 채용을 하는지, 만약 그렇다면 개발자의 역량을 확인하기 위한 코딩 시험이 아닌 어떤 채용 도구가 있는지 궁금합니다.

두 번째는 IT 기업은 연봉 등이 높아서 많은 구직자들이 가고 싶어 합니다. 그렇다면 개발 실력에 더해서 일반 대기업처럼 스펙까지 뛰어난 사람을 뽑는 것이 더 낫지 않을까 싶은데, 굳이 그런 부분들을 배제하고 코딩 기술만 보고 뽑는 것은 지원자들도 많은데 손해가 아닐까요?

세 번째는 블라인드 채용을 도입하기 전 코딩 기술 외에 출신학교 같은 다른 것까지 봤을 때 오히려 독이 되었기 때문에 블라인드를 선택한 것인지, 아니면 더 유능한 사람을 뽑을 수 있지만 사회 공공선을 위해서 우리는 절제하자는 취지에서 그런 것인지 궁금합니다. 먼저 카카오 이진원 이사님께서 답변을 해주세요.

이진원

비개발 쪽은 블라인드 채용을 하지 않습니다. 공채가 아닌 수시로 경력직을 영입하고, 신입 같은 경우에는 올해 처음으로 인턴십 형태로 진행을 했습니다. 지금 계속 공채와 비교해서 말씀드리니까, 먼저 인턴십에 대해서 설명을 해야 할 것 같습니다. 일반적으로 기획자라고 부르는 카카오의 '서비스비즈'에 대해서 인턴십을 진행했는데요. 지원서에 학력을 기입하는 항목이 있지만 필수가 아니라 선택입니다. 그래서 기재를 안 하는 분들도 있는데, 기재를 안 했다고 해서 불이익을 받지는 않습니다. 그리고 지원자들의 기획력을 판단하기 위해서 사전 과제를 냅니다. 예를 들어 "카카오가 앞으로 더 선한 영향력을 행사하기 위한 서비스를 기획해보세요" 같은 서비스 기획과 관련된 과제를 A4 한 장으로 요약해서 제출하게 합니다. 그리고 이 과제를 심사하는 검토자에게는 지원자의 지원서는 공유하지 않습니다. 즉 과제 검토 시 검토자가 지원자의 학력을 보지 않는 것이죠. 이렇게 얘기하니 반블라인드 형태로 진행됐다고도 볼 수 있겠네요. 수시 경력직도 학력은 필수 사항이 아닙니다. 그래서 지원자의 30% 정도는 학력 기재를 안 합니다.

스펙까지 보는 게 더 도움이 되지 않겠느냐라는 질문에 답변을 드리겠습니다. 언젠가 서울대 출신 지원자들과 얘기할 기회가 있었습니다. 그들은 왜 학력을 기재하지 못하게 하는지 물었습니다. 자신들은 열심히 공부해서 서울대에 갔고, 그것을 지원서에 쓰는 것이 자신을 어필할 수 있는 방법인데, 기재하지 못하게 해서 억울하다고 했습니다. 저는 좋은 대학에 간 것이 열심히 노력한 결과물은 맞지만 회사에서 일을 잘하는 능력과는 다르다고 답변했습니다. 인터뷰 과정이나 전형 과정에서 학력 때문에 면접관이 후광효과로 인하여 편협한 시각을 가질 수 있는 것이 우려된다는 설명도 덧붙였습니다.

결론적으로 학력을 보는 것이 오히려 도움이 되지 않는다고 생각합니다. 예외로 일부 영역은 학력과 연관된 부분이 분명 있긴 합니다. 예를 들어 AI와 같은 특정 기술은 특성화 대학이 정해져 있습니다. 정부에서도 모든 대학에 재원을 투입하는 것이 어렵고, 또 대학마다 본인들이 잘할 수 있는 전공이나 특성화된 영역이 있는데, 그런 영역에는 저희가 별도의 형태로 과제를 추진하거나 인턴십을 진행합니다. 이 부분은 트랙이 다르다고 설명할 수 있을 것 같습니다.

마지막으로 사회 공공선을 위해서 이렇게 하는 것인지에 대한 질문을 하셨는데요. 기업에 사회적 책임이라는 것이 분명 있기는 하지만 그런 차원에서 출발한 것은 아닙니다. 저희는 인재를 영입하는 것이 기업의 경쟁력을 실질적으로 좌우하는 요소이기 때문에 어떻게 하면 우수한 인재들을 영입할 수 있을지에 대한 고민을 계속했습니다. 그 결과물로 지금의 블라인드 형태의 채용을 하는 것이지 사회적으로 옳은 일을 해야 한다는 큰 생각에서 출발한 것은 아닙니다.

최원호

개발자 채용과 관련해서 답변을 드리겠습니다. 다른 기업들과 마찬가지로 마이다스아이티도 5년 전부터 고졸 출신 개발자들을 채용하고 있고 현재 약 20명 정도가 일하고 있습니다. 주로 소프트웨어마이스터고 출신이죠. 대덕, 대구, 광주에 학교가 있고 2020년 부산에도 설립되었습니다. 각 학교의 교장 선생님의 추천을 받아서 채용했습니다. 다음으로 직업계 고등학교인 특성화고등학교에서 IT, 인터넷 분야의 개발자를 뽑았습니다.

다시 말해서 저희는 오래전부터 학벌이 우리 기업이 원하는 인재를 대변할 수 없다는 걸 강하게 믿고 있었습니다. 처음에는 실험적으로 시작을 했는데, 지금 이들 개발자들의 역량을 비교해보면 대졸 출신보다 훨씬 잘합니다. 왜 그럴까요? 우선 그들은 중학교 때 이미 자기가 무엇을 좋아하고 잘하는지를 경험을 통해 파악해서 소프트웨어마이스터고를 갔습니다. 그것을 위해 부모님을 설득해서 이긴 경험이 있습니다. 대부분의 부모님은 자식이 대학에 가기를 원합니다. 그런데 부모님의 뜻에 따르기보다는 자신이 원하는 고등학교에 가서 게임이든 소프트웨어든 인터넷이든 IT 분야에서 자기의 역량을 살려서 일을 했고 저희 회사에 입사를 한 것이니 기본적으로 관련된 분야에 재능과 열정을 가지고 있는 것입니다. 저희는 2년 경력의 고졸 개발자가 우수한 성과를 낸다면 대졸 개발자와 똑같은 대우를 해줄 수 있는 인재 육성 시스템을 가지고 있습니다. 저희 회사의 사례를 비추어봤을 때 개발자 채용에서는 학벌 자체가 크게 의미가 없다고 생각합니다.

사회자

블라인드 채용을 하는 것이 공공선을 위해서인지 아니면 적격자를 찾기 위해서인지에 대해서 두 분은 후자라고 말씀을 해주셨습니다. 이것은 채용 과정에서 스펙이나 학벌 정보는 오히려 적격자 판단을 할 때 편견을 가질 수 있다고 보았다는 것입니다. 그런데 카카오의 경우 개발자와 비개발자를 채용할 때 약간 차이가 있는 것 같습니다. 개발자 채용에서는 학벌이 편견 요소가 되지만 비개발자 채용에서는 편견 요소가 아닐 수도 있다고 보아 굳이 블라인드까지는 하지 않는 것 같습니다. 반면에 마이다스아이티에서는 비개발자 채용에서도 출신학교나 스펙이 그 사람의 역량을 확인하고 업무의 적격자를 찾는 데 있어서 편견적 시각을 갖게 할 가능성이 매우 크다고 보시는 것 같습니다. 이 의견에 대해서는 어떻게 생각하시나요?

최원호

회사에는 기획, 영업, 마케팅, 연구·개발, 경영지원, 서비스 등 다양한 직군이 있습니다. 그런데 고등학교 때 이과, 문과를 선택하고 대학교 때 학교, 학과, 전공을 선택할 때 자기의 특성에 맞춰서 정말 잘하고 좋아하는 역량을 알아서 선택했을까요? 저는 아니라고 봅니다. 대부분 부모님의 설득, 친구들의 권유, 당시 유행하는 학과, 취업이 잘된다고 생각하는 학과에 들어갔고 전공을 선택했을 것입니다. 그러니까 저는 전공을 바탕으로 직무를 선택해서 직장에 들어가고 그 일을 통해서 사회에서 성공하는 경우가 아주 희박하다고 생각합니다. 전공이나 학벌 같은 스펙이 실제로 하는 업무와의 연관성 자체가 떨어집니다.

저희 회사는 2020년 하반기 공채 때 특별한 실험을 했습니다. 자유 직무라는 것을 만들었어요. 자유 직무는 전공과 상관없이 자신이 원하는 분야에 자유롭게 지원하는 것입니다. 그런 다음 AI 역량 검사와 면접을 해서 회사에서 추천하는 직무에서 6개월 정도 일을 한

다음 최종적으로 선택할 수 있도록 합니다. 그 과정을 지켜보면서 직무가 출신학교나 전공과 같은 스펙과 어떤 연관성이 있는지 찾지 못했습니다. 전혀 관련이 없다는 사실을 다시 확인했을 뿐이죠.

사회자

이 부분은 나중에 따로 정리해보겠습니다. 매우 의미 있는 결과가 나올 것 같습니다. 일단 제가 드린 질문은 이 정도로 정리하고 이제부터는 다른 분들의 질문을 받아보겠습니다.

전선희

교육의봄 전선희 연구원입니다. 먼저 최원호 이사님께 질문을 드리겠습니다. 경력과 출신학교가 중요하지 않다고 말씀하셨는데요, IT 쪽 개발자들의 경우에는 분명한 자기의 성과물을 통해서 채용되거나 직무 역량 중심으로 가고 있다는 것을 확연히 알겠고, 발표 내용 중 『하버드 비즈니스 리뷰』 연구 결과로 예를 들었던 것도 세일즈 영역이었습니다. 즉 IT나 세일즈를 제외한 다양한 직군과 업종이 있을 텐데 학벌, 출신학교 등이 더 필요한 직무나 업무가 있다고 생각하시나요?

또 다른 질문은 AI 채용에서 그 짧은 시간에 그 사람의 잠재된 비인지적인 요소를 잡아낼 수 있는지가 궁금합니다. 예를 들어 긴장된 상황이 사람마다 다를 텐데, 그 상황에 따라 어떤 감정이라든지 다른 변수들이 잠재된 능력을 발휘하지 못하게 할 수도 있는데, 이런 변수에 대한 연구가 되어 있을까요? 즉 한 사람이 계속해서 똑같은 AI 테스트를 했을 때 비슷한 결과가 나오는지 궁금합니다.

그리고 현재 기업에 계시는 두 분께는 각 기업의 입사 지원자들의 경쟁률을 확인하고 싶습니다. 왜냐하면 대기업 쪽 입장은 아무리 직무 적합성이 중요해도 지원자가 너무 많기 때문에 결국 서류에서 스펙을 봐서 일차적으로 걸러낼 수밖에 없다고 이야기합니다. 그래서 현실적으로 얼마나 차이가 나는지 비교를 해보고 싶습니다. 만약 경쟁률이 높다면 어떻게 1차 서류를 걸러내는지도 궁금합니다. 그리고 수시, 공채, 인턴에 대한 각각의 비율도 알고 싶습니다.

최원호

대기업에서 직무 중심이라고 할 때 여기에는 KSA(지식, 기술, 태도)가 들어가 있다고 생각합니다. 직무와 관련된 지식과 기술과 태도, 즉 그것이 다 KSA 기반입니다. 관련 지식과 기술과 태도를 지원자가 얼마나 가지고 있느냐를 가지고 직무 중심으로 문제를 푼다고 했습니다. 그런데 제가 이야기한 것은 직무 역량이었습니다. 역량이라는 것은 KSA가 아니고, 직무를 통해서 성과를 달성할 수 있는 어떤 공통된 자질이나 기질, 내면적 힘을 말합니다. 그러니까 어떤 일을 하더라도 긍정적으로 그 기회를 받아들이고 자신의 열정적인 에너지를 발휘하고, 전략적 사고를 통해서 효과와 효율성을 따지고, 포기하지 않고 끈기 있게 일을 수행할 수 있는 능력과 같은 것들이 공통 역량입니다.

저는 어떤 직무나 일에 상관없이 이런 공통 역량을 가지고 있는 사람이라면 1~2년 정도의 훈련과 학습 기간을 거치면 무슨 일을 해도 성과를 내고 인재로 성장할 수 있다고 봅니다. 그럼에도 경력이나 학력이 필요한 직군이나 직무가 없냐고 질문하셨는데요, 있습니다. 저희도 학력, 학벌을 안 보지만 개발연구소는 특별한 분야를 연구하고 개발하기 때문에 석·박사 출신이 많습니다. 세계적인 학력을 가진 분도 있고 아주 고난도의 인지 능력과 지능을 요구하는 특수 분야에 속한 분들도 있습니다. 저희도 그런 분들을 뽑습니다. 그리고는 혼자 자발적으로 일하게 두면 자기가 좋아하는 창의적인 생각과 천재적인 역량으로 훌륭한 결과물을 만들어냅니다. 그런 특수 분야의 개발자들이나 디자인 분야는 역량도 중요하지만 그 분야의 경력도 매우 중요합니다. 재무회계 분야도 관련 지식이 많아야 합니다. 이런 영역 외에 어떤 관계와 가치, 공통적인 성과물을 필요로 하는 사업, 영업, 마케팅, 서비스와 관련된 분야는 특정한 직무 적성과 전공이 많이 연관되어 있지 않다고 봅니다.

그다음 질문으로 AI 채용과 관련된 맥락과 상황에 따른 변수에 대한 이야기를 하셨는데요. 여기에는 두 가지 조건이 있습니다. 첫 번째, AI 역량 검사를 받으려면 컨디션이 안정적이어야 합니다. 불안한 상태, 즉 안정적이지 않은 상태에서 AI 검사를 하면 에러값이 나옵니다. 검사를 하는 동안 패턴이 불규칙하게 바뀌죠. 그러면 검사 결과에는 이 결과를 신뢰할 수 없다는 메시지가 뜨게 됩니다. 다시 검사를 진행해야 합니다. 처음 이런 경험을 하게 되면 매우 당황하고 적응하기가 어렵고 결과가 좀 바뀔 수도 있지만 두세 번 하면 거의 안정적인 결과가 나옵니다. 그래서 저희는 현재 앱을 통해서 체험판을 공개하고 있습니다. 실제로 AI 검사를 받기 전에 충분히 사전 체험을 한 다음에 테스트를 하면 몇 번을 해도 비슷한 결과가 나옵니다.

사회자

일부 특수한 영역에서는 스펙을 보지만 대부분은 크게 고려할 필요가 없다는 말씀이시군요. 하지만 대기업의 경우는 스펙이 직무역량을 파악할 수 있는 중요한 참고 요소라고 하더군요. 물론 직무역량이 무엇인지에 대한 기준부터 정해야겠지만 그 부분에서는 대기업과 IT 기업 간의 입장 차이가 확연히 드러나는 것 같습니다. 두 기업의 입사 지원자들의 경쟁률에 대해서 물어보셨는데, 지원자들이 많으면 1차에서는 스펙으로 거를 수밖에 없을 텐데, IT에서 그렇게 하지 않는다면 무엇으로 걸러낼 것인지에 대한 질문이었습니다. 답변을 부탁드립니다.

이진원

지원자 수나 경쟁률을 정확하게 알려드릴 수는 없지만, 인턴이나 공채 같은 경우에는 수백 대 일의 경쟁률을 보입니다. 이렇게 지원자가 많을 때는 코딩 테스트를 실시합니다. 인턴 같은 경우에는 아까 말씀드렸듯이 올해 처음으로 서비스비즈 쪽 인턴을 진행했는데, 한 장으로 정리하는 테스트 과제가 녹록지 않았음에도 많은 지원자가 몰렸습니다. 그러다보니 저희도 지원자들이 낸 과제를 검토하는 데 많은 시간이 걸렸습니다. 사실 한 사람이 모든 과제를 검토하는 것이 가장 균등한 결과를 낼 수 있겠지만 시간상 그렇게 할 수 없어서 각 조직의 리더들에게 일정 시간 동안 지원된 모든 과제에 대한 검토를 요청드렸습니다. 만약 지원자들이 지금보다 더 많아져서 저희 조직이 검토할 수 있는 물리적 시간을 넘어선다면 그때는 다른 방법을 강구해야겠죠.

안용균

저희도 입사 경쟁률이 높고, 계속 높아지는 추세입니다. 신입 한 명을 뽑는데 600명이 지원하기도 했습니다. 적임자를 뽑기 위해 인사 담당자들이 지원서를 한 글자 한 글자 꼼꼼하게 봅니다. 하지만 앞에서 말씀드린 것처럼 저희 회사는 현장 중심 채용이기 때문에 질문에 대한 대답이 충분하지 않을 수 있습니다. 저희는 채용을 하고 싶은 테마와 조직별로 채용 공고를 냅니다. 그러면 그 공고를 낸 부서에서 일차적으로 모든 서류를 봐야 합니다. 이때 저희가 중요하게 보는 것은 그 사람을 뽑을 수밖에 없는 어떤 특별한 특징이 있는가입니다.

저희 회사는 1년에 한 번씩 각 조직별로 사내 이동을 합니다. 각 조직의 교육장이 정규직 직원들을 대상으로 온라인 플랫폼에 우리는 이러한 일을 하고, 이러한 비전이 있고, 이러한 성과를 내려고 하니까 원하는 사람은 지원하라고 공지를 합니다. 그러면 한두 달 동안 사내에서 눈치 전쟁이 벌어지고 본인이 가고 싶은 팀으로 신청을 하면 블라인드로 처리를 해서 원하는 곳으로 무조건 보내줍니다. 그래서 매년 조직별로 사내에서 인력 경쟁이 벌어집니다. 이런 내부적 상황 때문에 인력을 뽑을 때 부서별로 따로 뽑는 특수한 방식을 도입할 수밖에 없습니다. 기업은 성과를 내야 하기 때문에 정말로 공을 들여서 좋은 사람을 뽑을 수 있는 시스템을 마련한 것입니다.

최원호

삼성 같은 대기업의 공채에는 10만 명의 지원자가 몰립니다. 10만 명을 1차로 필터링하기 위해서는 서류에서 스펙을 볼 수밖에 없습니다. 충분히 이해합니다. 그런데 요즘 대기업들은 그 과정에서 IT 기술을 접목시키는 경향이 있습니다. 대표적으로 롯데와 SK는 AI가 지원자들의 서류를 검토해서 기업이 원하는 내용이 서류에 있는지 없는지를 판단해서 자동으로 분류합니다. 저희는 서류를 분류하는 그 과정을 생략하고 모든 지원자들한테 바로 AI 검사를 합니다. 1만 명이 지원하면 AI에 의한 일반 검사, 심화 검사 이렇게 두 단계를 거쳐서 300명까지 뽑을 수 있습니다.

사회자

감사합니다. 지금 줌(ZOOM)으로 참여 중이신 임승호 정보통신기획평가원 인재기획팀장님, 세 분의 말씀과 여기에서 오간 질문에 대해서 덧붙일 말씀은 없으신가요?

임승호

이번 포럼에 나와주신 마이다스아이티, 카카오, 엔씨소프트는 우리나라의 대표적인 기업들이고 이윤 추구라는 기업의 목적 외에 사회적 기여에 대해서도 관심이 많은 것으로 압니다. 사실 이런 기업들이 많아진다면 학력 중심 사회가 타파되고 직무 중심과 역량 중심으로 가는 데는 문제가 없을 것입니다. 하지만 실제로는 99.9%의 기업들이 그렇지 못합니다. 마이다스아이티 같은 경우에 마이스터고 학생들을 많이 뽑아주셔서 감사하게 생각하는데요, 소프트웨어를 전공한 고등학생을 뽑았을 때 기업의 애로 사항 중에 하나는 남학생들은 1년 후에 군대를 간다는 것입니다. 소프트웨어 분야는 전공한 학생들의 89%가 남자입니다. 고등학교도 비슷한 수준이고요. 예를 들어 고등학교를 나왔으니까 100만 원, 대학교를 나왔으니까 150만 원을 주는 이런 고전적인 급여 체계가 아니고, 그 직무에서의 역량이 검증된다면 고등학교만 졸업해도 대학교, 대학원을 나온 직원들만큼의 대우를 해주고자 부단히 노력해도 군대를 가버리면 기업은 그 공백에 대한 타격이 있습니다. 이렇듯 사회적으로는 기업이 해결할 수 없는 걸림돌도 많습니다.

그다음에 이번 포럼에 참여한 기업들은 응시자의 역량을 판별할 수 있는 도구를 자체적으로 개발하기 위해 노력하고 있지만 상당수 기업들은 거기에 신경을 쓸 여력이 부족합니다. 그래서 저희 같은 곳(정보통신기획평가원)에서는 소프트웨어 분야라면 소프트웨어 개발자들이 갖추어야 할 역량이 무엇인지에 대해서 전문가 200여 명과 함께 2년 동안 역량을 정의하고, 지원자가 그 역량을 갖고 있는지를 판별할 수 있는 평가 도구를 개발하여 기업이나 응시자들에게 제공하고 있습니다.

사회자

임승호 팀장님의 말씀은 새로운 방식의 미래지향적인 채용의 흐름과 관련해서 여기 나온 기업들의 경우는 소수이고 대부분은 여건상 그렇지 못하다고 할 때 IT 기업 영역을 전제하고 하시는 말씀이죠? 저희는 IT 기업 전체는 그래도 어떤 의미 있는 변화가 있지 않을까 하는 생각을 했는데요, 팀장님의 말씀을 들어보니 IT 기업에서도 이번에 발표한 기업들과 같이 선진적인 채용의 변화를 기대할 수 있는 회사는 많지 않고, 그래서 이런저런 툴을 보급하고 있다고 말씀하시는 것 같아서요.

임승호

그렇습니다. 특히 작은 기업일수록 신입사원보다는 경력사원을 뽑습니다. 그런데 모든 기업이 경력사원을 뽑게 되면 고등학교와 대학교를 막 졸업한 학생들이 어디서 경력을 쌓겠습니까? 그러니까 IT가 가장 앞서가는 분야임에도 불구하고 이런 문제들은 여전히 해결해야 하고, 많이 변화시켜야 할 부분이죠.

전선희

임승호 팀장님의 말씀처럼 경력직 채용이 상당히 많습니다. 아까 제가 발표자들께 경력직 채용의 비율이 어느 정도인지 여쭤봤던 이유도 역량과 경력은 조금 다른 개념이라고 생각했기 때문입니다. 즉 경력이나 학벌이 역량과는 관련이 없다는 것이죠. 경력은 어떤 직무를 이해하고 실질적으로 그 직무를 수행하는 것에 대한 기초 지식 같은 것과 더 관련이 있다고 생각합니다. 그렇다면 경력직 채용으로 가는 이 방향이 반드시 좋은 것만은 아니라는 생각이 듭니다. 공채를 해서 신입으로 오는 사람들도 전공과 관련이 있는 직무라면 기초 지식을 약간 갖추었을 것인데 역량은 또 다른 개념이 될 수 있는 이런 상황에서 경력직 채용 중심으로 가는 것이 반드시 좋은지에 대한 의문이 드는데요. 어떻게 생각하시나요?

이진원

저희 카카오는 신입과 경력의 비율이 매년 조금씩 다르기는 하지만 현재는 거의 반반 정도입니다. 그리고 당장 어떤 업무를 맡아서 퍼포먼스를 낼 수 있으려면 신입보다는 경력이 낫기 때문에 기업이 경력을 선호하는 현상은 어쩔 수 없는 것 같습니다.

사실 기업의 규모가 어느 정도 커지면 그때부터는 신입에 대해서 더 관심을 갖게 됩니다. 경력직으로만 채용할 경우 그 기업이 노쇠화될 수밖에 없거든요. 카카오톡이 나온 지 10년이 됐습니다. 그전에는 신입을 뽑아서 키울 만한 여력이 없었어요. 회사가 살아남는 게 우선이고, 안정적인 수익을 창출해내는 것이 급선무였죠. 그런 기간이 지나고 어느 정도 안정이 되니 신입을 육성하려는 여유가 좀 생기는 것 같습니다.

사회자

말씀 잘 들었습니다. 이제 청중들의 질문을 들어보려고 합니다. 질문해주세요.

청 중

최원호 이사님께 질문하겠습니다. AI를 이용한다는 것은 일을 잘하는 요소를 모두 알고 있고, 그렇게 해서 채용된 사람이 일을 잘한다는 사실이 확인되어야 할 것 같은데요. AI 역량 검사를 하면 일을 잘하는 사람을 뽑을 수 있는 확률이 높아진다고 주장하는 근거가 무엇인가요?

최원호

제가 발표한 내용에서는 긍정성, 적극성, 전략성, 성실성 네 가지 역량만 말씀드렸지만 실제로는 관계 역량, 가치 역량, 성장 가능성 등 역량 프로파일러는 37개로 아주 디테일합니다. 저희는 8개 직군과 27개 직무에 대한 빅 데이터를 모았고 이 데이터를 기반으로 지원자의 데이터와 비교하여 직무 적합도를 판단합니다. 기업이 원하는 핵심 역량이 있으면 그쪽에 가중치를 두어서 AI가 검사를 수행하고 평가를 할 수가 있습니다. 그러면 어느 정도는 그 기업의 문화와 관련된 적합도를 간접적으로 판단할 수도 있습니다. 만약에 그 기업의 직무 분야에서 가장 대표적인 재직자를 검사한 결과가 있다면 지원자와 그 재직자의 역량 검사 프로파일이 어느 정도 유사한지를 비교 검토도 해줍니다. 예를 들어 어떤 지원자가 저희 회사의 영업 분야에 지원했는데, 저희 회사 영업 분야에서 가장 성과를 잘 내는 사람의 역량 프로파일과 유사한 결과가 나왔다면 최소한 저희 회사에서는 그 지원자가 영업 분야에서 일을 잘할 수 있는 사람이라는 판단을 할 수 있는 근거가 충분하다고 봅니다.

사회자

AI 채용 프로세스나 그 프로그램과 관련해서는 이번 포럼에서 깊게 다루지는 않겠습니다. 다만 이 포럼이 끝나고 나서 본격적으로 논의를 할 예정이니 그때 궁금한 것들을 물어봐주시기 바랍니다.

청 중

세 가지 질문을 드리려고 합니다. 첫 번째는 IT 대기업 개발 부문에 지원하려면 관련 중소기업의 경력을 2년 정도 쌓아야 하는 것이 아닌지, 두 번째는 카카오와 엔씨소프트의 비개발 부문 직군에는 어떤 것들이 있고 어떤 역량이 필요하며 어떻게 측정하는지, 마지막으로 경영학과 재학생이 개발 부문에 취업하려면 컴퓨터 프로그램이나 소프트웨어 과목을 듣거나 부전공을 하면 도움이 되는지입니다.

청 중 ‚

저는 중소기업을 운영하고 있습니다. 카카오나 엔씨소프트에서 경력 직원을 뽑을 때 타 회사 출신이 회사에 적응하는 데 어떤 어려움을 겪는지 말씀해주세요.

이진원 ‚

먼저 경력직에 대해서 답변을 드리겠습니다. 저희 회사(카카오)는 경력직의 경우 2년 이상의 업무 경험이 필요합니다. 경험이 없는 분은 신입이나 인턴과 같은 다른 트랙으로 지원을 해야 합니다. 그리고 중견기업에서 경험을 쌓는 것이 더 좋은지의 여부는 큰 의미가 없을 것 같습니다. 경력을 쌓은 곳이 중견기업인지 스타트업인지도 상관이 없습니다. 대신 그 회사 직무가 본인과 잘 맞아서 의미 있는 경험을 했는지를 경력직을 뽑을 때 가장 중요한 판단 요소로 봅니다.

경력 직원을 뽑을 때 타 회사 출신들이 회사에 적응하는 데 어려움을 겪는 부분에 대해서 답변을 드리겠습니다. 그것은 회사마다 다르다고 생각합니다. 개인적으로 회사를 몇 번 이직한 적이 있어서 말씀드리면 각 회사마다 기업 문화가 너무나도 다릅니다. 엔씨소프트에서는 지휘 고하를 막론하고 이름으로 부른다고 했는데, 저희는 다 영어 이름을 써요. 대표님들한테도 이름 뒤에 '님' 자를 붙이지 않고 선, 메이슨, 이렇게 부릅니다. 또 톡을 사용하는 부서이다보니까 필요한 게 있으면 톡으로 의견을 교환하고, 의사결정을 할 때도 빠르게 진행합니다. 기존 회사의 정해진 체계에 익숙한 분들은 저희 회사에 와서 새로운 프로젝트나 기존에 없던 새로운 일을 해야 하는 상황에서 어려움을 겪는 경우가 있습니다. 저희 회사는 업무에 대한 정보 공개와 공유를 많이 합니다. 그래서 도처에 널린 수많은 정보를 정확하게 찾고, 수집하고, 빠르게 협조를 구하는 능력이 필요합니다. 그런데 각 회사마다 조직 문화와 필요로 하는 능력이 다르기 때문에 일반화해서 말씀드리기는 어렵습니다.

안용균

저희는 대부분이 외부에서 온 경력직이라서 회사 적응 관련해서는 새로운 문제는 아닙니다. 다른 회사들도 마찬가지겠지만 저희 같은 회사에서 고민하는 문제는 이렇게 다양한 사람들을 어떻게 하나로 묶느냐입니다. 그래서 매년 소속감을 느낄 수 있는 캠페인도 하고, 다양한 행사도 진행하고 있습니다. 저는 앞으로 대부분의 기업들이 예전처럼 공채로 뽑아서 그 사람들이 중심이 되는 문화가 아니라 외부에서 경력으로 들어온 분들이 수시로 왔다 갔다

하는 방향으로 갈 거라고 생각합니다. 그렇기 때문에 오히려 회사 입장에서는 이렇게 다양한 사람들을 어떻게 공통의 가치를 이해하는 공동체로 묶어낼 것인가를 고민해야 할 것입니다.

비전공, 비개발자 분야에 대한 고민이 많으신 것 같은데 제가 이것에 대한 해결책을 다 드릴 수는 없습니다. 다만 게임회사가 다른 점이 있다면 게임은 종합 콘텐츠입니다. 그러니까 개발만 잘해야 하는 게 아니라 소설도 잘 알아야 하고, 영화도 많이 봐야 합니다. 실제로 저희 회사 개발자들 중에 국문학과 출신이 있어요. 게임을 기획하고 콘텐츠를 만들 때 글을 쓰는 업무가 많아서 가능하다고 생각해요. 게임 기획이나 콘텐츠 기획도 결국 개발 영역에 들어가기 때문이죠.

그리고 경영학과 학생이 프로그램이나 소프트웨어 과목을 들으면 유리한지에 대한 질문을 하셨는데, 유리할 수는 있겠지만 그것이 필수는 아닙니다. 오히려 게임을 정말 좋아한다면, 내가 A라는 게임과 B라는 게임을 봤을 때 왜 A가 B보다 좋은지 설명할 수 있는 게임관이 있고 그것을 기반으로 설명할 수 있는지가 더 중요합니다. 즉 개발자로 일하고자 한다면 개발 언어 몇 개를 더 습득하는 것보다 애정을 갖고 게임을 보는 것이 훨씬 더 좋지 않을까 생각합니다.

사회자

아까 블라인드 채용 결과에 대해서 궁금해하는 분이 계셨어요. 공기업의 경우 블라인드 채용을 실시하면 처음에는 어떤 학교 출신인지를 알 수 없지만 최종 합격한 사람들에게는 추후에 학교 졸업 예정 증명서나 졸업 증명서를 요구합니다. 그래서 그 데이터를 가지고 확인하는 과정을 거치는 것 같은데요. 카카오는 어떻습니까? 그렇게 최종 확인한 결과 출신학교가 더 다양해졌다고 볼 수 있나요?

이진원

저희도 최종 합격한 이후에는 학교나 경력 증명서를 냅니다. 전자시스템에도 기입하고요. 다만 저희가 처음으로 공채를 한 게 '다음'과 '카카오톡'이 합병한 이후인 2017년부터 블라인드 채용을 했기 때문에 이전하고 비교하기는 어려울 것 같습니다. 그럼에도 다양성 측면에서는 분명 의미 있는 결과를 얻은 것 같습니다.

사회자

블라인드 채용 전후의 결과를 언론 등에 공개적으로 발표하신 적이 있나요?

이진원

처음 공채를 했을 때 기사화가 된 적이 있습니다. 수도권과 비수도권의 비율이 반반 정도였다고 보도가 되었죠. 그 이후로는 내부적으로 학교별로 분석하는 것을 자제하고 있습니다. 사실 신입 공채

규모는 계속해서 늘려가고 있습니다. 다만 이렇게 뽑은 분들이 정말 괜찮은 분들인지가 중요하겠죠. 지난번 신입 공채로 뽑은 분들은 정말 괜찮다는 피드백이 많았고, 현업에 계신 분들의 만족도도 높았습니다. 기업 입장에서도 신입으로 들어와서 3년 차, 4년 차가 되면서 퍼포먼스를 펼치는 게 의미 있고, 만족도가 높기 때문에 앞으로도 계속 신입 채용이나 인턴십을 확대할 생각입니다.

사회자

카카오는 처음에 제품을 개발해서 안정적으로 시장에서 자리를 잡을 때까지는 경력의 비중이 높았지만, 안정적으로 자리를 잡은 이후에는 신입을 늘려가고 있다는 말씀으로 정리할 수 있겠네요.

최원호

저희는 카카오와는 반대로 창업 때부터 무조건 신입을 채용해서 마이다스아이티의 구성원으로 성장시키겠다는 게 목표였습니다. 그런데 지금은 좀 바뀌었습니다. 어떤 특정 직무 분야에서 경력직을 채용했을 때 일을 잘하고 우리 회사와 맞는 사람들이 많았어요. 다른 회사에서는 자신의 역량과 능력이 발현이 다 안 되었지만 저희와는 잘 맞았던 것이죠. 결국 그 회사의 조직 문화와 맞는 사람이 있고 어떤 리더와 같이 일을 하는지가 중요한 변수입니다. 또 일과 기회가 주어졌을 때 자기 역량을 충분히 발휘할 수 있는지도 매우 중요한데, 그게 맞는 경우에는 경력직이라도 충분히 회사에서 잘 성장하고 훌륭한 리더가 된다는 것을 확인했기 때문에 지금은 구성원 추천제를 강화하고 있습니다. 구성원들이 우리 회사의 문화를 잘 아니까, 외부 경력직 중에서 우리 회사에서 잘 성장할 수 있는 사람이면 추천을 해서 입사할 수 있는 기회를 강화하고 있는 것이죠.

사회자

답변 감사합니다. 청중 한 분이 사회경제적 환경으로 인해 기업에서 요구하는 역량을 갖추지 못한 사람에게는 기업이나 정부에서 어떤 지원을 하는지 궁금해하셨는데 이에 대한 답변을 부탁드립니다.

임승호

앞에서 말씀드렸던 소프트웨어 중심 대학이 정부 차원에서 교육에서 소외된 청소년이나 소외 계층을 위해서 지원하는 경우입니다. 소프트웨어 중심 대학으로 선정되면 6년에서 길게는 10년까지 정부 지원금을 연말에 25억 원씩 받게 되고 선정 대학의 의무사항으로는 소프트웨어 가치 확산이라는 게 있습니다. 또 혁신 성장, 청년 인재 양성 같은 경우에는 청년들이 일하고 싶어 하는 양질의 일자리를 얻을 수 있는 기회를 마련해주고 무료로 참여할 수 있는 프로그램들도 많이 진행하는 등 대학이 거점이 되어 인재 육성에 도움을 주는 기능을 하고 있습니다. 그런데 정부 역할만으로는 부족하기 때문에 기업에서도 많이 나서주어야 한다고 생각합니다. 네이버에서는 NHN이라는 것을 운영했고, 또 사회적 기여를 많이 했는데 현재는 그런 것들이 많이 없어진 상황입니다. 삼성에서 1년 정도 소프트웨어 과정을 지원해주고 있는데 이런 것들이 확산돼야 한다고 생각합니다.

앞에서 청중이 질문하신 경영이나 인문사회 계열 학생들이 소프트웨어를 공부하는 것이 도움이 되는지에 대해 답변을 드리자면, 경영학과 학생들이 많이 선호하는 은행이나 카드회사 같은 금융권은 전산실에서 일하는 직원이 아닌 일반 경영부서 직원에게도 IT 역량을 요구하고 있습니다. 얼마 전에 시중은행들이 대졸사원 공채를 했는데 프로그래밍을 잘하는 프로 수준의 역량을 경영학과 학생들에게 요구하지는 않았지만, 공통적으로 IT 용어와 프로세스를 이해하고, 경영학을 IT 쪽으로 해석하고 창의적으로 생각할 수 있는 역량을 요구했습니다. 몇 시간 동안 IT 교육을 듣고 평가를 받게 했죠. 그래서 채용 갑질이라는 비판이 일었습니다. 단순히 해프닝이라고 보기에는 큰 흐름이 IT 역량을 키워야 하는 쪽으로 넘어가고 있고, 이런 흐름이 더 확산될 것이라고 생각합니다.

현재 초등학교, 중학교까지는 소프트웨어 교육이 의무이고 고등학교는 선택입니다. 그 학생들이 곧 대학에 들어가고 사회에 진출하게 됩니다. 그래서 경영학과를 나왔는데 소프트웨어 공부를 왜 해야 하는지 지금은 의문이 들 수 있지만 몇 년 지나면 현재 어린 학생들은 내 전공이 무엇이든지 소프트웨어에 대한 기본 지식은 당연히 가져야 하는 것으로 인식할 것입니다. 그래서 비전공 학생들도 대학에 다니면서 복수 전공까지는 아니더라도 소프트웨어나 IT 관련 공부를 해두면 취업하는 데 상당히 도움이 될 것입니다.

사회자

답변 감사합니다. 저희가 '사교육걱정없는세상'을 운영하던 시절에는 정부에서 초·중·고의 소프트웨어 교육을 강화하겠다고 했지만 교육계의 반응은 미온적이었습니다. 그런데 지금 기업의 채용 현황을 들어보니 기업에서는 이미 이 부분에 대한 강력한 신호를 주고 있었다는 것을 느끼게 됩니다. 소프트웨어나 코딩에 대한 기술과 역량을 갖추는 것이 산업 전반에 어느 정도의 요구가 있는지에 대해서는 정리를 하고 확인하는 과정이 별도로 있어야 할 것 같습니다.

청 중

코딩을 잘하는 사람을 찾는 것은 좋은데, 코딩을 잘한다는 것과 새로운 것을 떠올려서 창조하는 것은 다른 개념이 아닌가요? 코딩을 잘하더라도 새로운 것을 만들어내지 못하거나 협업 과정에서 문제가 있으면 어려움이 클 것 같습니다. 개발자를 뽑는 과정에서 이런 부분들을 어떻게 평가하는지 구체적인 경우가 있다면 답변을 부탁드립니다.

이진원

당연히 코딩을 하는 것과 구체적으로 서비스를 만들어나가는 것이 동의어라고 생각하지는 않습니다. 서비스를 만들어나가는 과정의 주요 요소 중에 하나가 개발이겠죠. 실질적으로 개발자들이 모든 서비스를 혼자 만들어낼 수는 없습니다. 1인으로 진행하는 소규모 프로젝트를 제외한 대부분의 기업에서 진행하는 사업용 프로젝트들은 그 규모에 따라 적게는 10명 이내, 많게는 수십 수백 명이 함께 진행합니다. 만약 코딩 테스트가 전부라면 인터뷰를 할 필요도 없이 코딩 테스트 순위대로 입사를 하게 하면 돼요. 하지만 협업 능력을 중요하게 생각하기 때문에 인터뷰에서는 코딩 테스트에서 검증하지 못했던 부분을 확인합니다.

안용균

저도 비슷한 말씀을 드릴 수 있을 것 같습니다. 창의적인 것과 코딩은 다른 것이 아니냐고 질문한다면 그렇다고 답을 할 수 있습니다. 창의라고 하는 게 그냥 단순한 아이디어가 아닙니다. 회사에서 중요하게 생각하는 것은 작은 아이디어도 결과물로 만들어내는 실행력입니다. 진짜 창의력은 어떤 아이디어가 결과물로 만들어지는 과정이기 때문에 높이 평가합니다. 회사에서 높게 평가하는 부분은 참신한 아이디어보다는 참신하다고 생각하는 아이디어를 실제로 구현해낼 수 있는 과정입니다. 그 과정에서 이 지원자가 어떤 능력과 태도를 보여줄 것인지를 중요하게 봅니다.

최원호

아까 임승호 팀장님이 말씀하셨듯이 미래는 틀림없이 소프트웨어 중심 사회가 됩니다. 그런데 이 말을 오해하는 분들이 많은 것 같습니다. 소프트웨어 중심 사회니까 모든 사람들이 개발을 공부하고 코딩을 할 수 있어야 한다는 것이 아닙니다. 앞으로 AI가 자동으로 코딩을 하는 시대가 올 것입니다. 소프트웨어 중심 사회는 소프트웨어 관련 내용을 이해하고 역량을 갖춰야 한다는 것인데, 소프트웨어와 관련된 역량을 한마디로 얘기하면 '생각하는 힘'입니다. 생각하는 힘의 중요한 요소가 창의성과 협동심이죠. 그래서 4차 산업혁명 시대에 창의력과 소통 능력을 요구하는 것입니다. 즉 어떤 문제를 해결할 수 있는 방법을 찾아내는 창의력과 다른 사람과의 협력을 통해서 시너지를 발휘할 수 있는 소통 능력이 기업에 필요합니다. 이것이 생각하는 힘의 본질입니다. 그런데 창의력과 협동력과 같은 역량의 본질은 제가 발표 때 말씀드렸듯이 그 사람이 얼마나 긍정적인지, 적극적인지, 전략적 사고를 할 수 있는지, 자신의 행동을 제어할 수 있고 끈질기게 협력할 수 있는지를 통해서 나옵니다. 그리고 이런 역량을 통해서 문제가 해결되고, 시너지를 발휘할 수 있으며, 생각하는 힘이 나온다는 게 소프트웨어 중심 사회에서 필요한 인재의 역량이라고 생각합니다.

사회자

답변 감사합니다. 각 기업이 실제로 어떤 인재상을 표방하고, 그 인재상이 어떻게 기업의 채용 과정에서 스며드는지를 확인하는 차원에서 저희가 별도로 다뤄야 할 매우 중요한 영역이라는 생각이 듭니다.

저희 교육의봄은 학벌과 스펙 중심의 채용 방식에 변화를 주면 이것이 교육과 입시에 영향을 주고 그러면 학생들과 학부모들과 교육자들이 입시에서 살아남기 위한 문제 풀이, 정답 찾기 방식을 버리면서 역량을 교육하는 쪽으로 방향을 틀어줄 것이고 결과적으로 인재를 뽑기 원하는 기업에 유익할 것이니, 기업이 먼저 그 변화를 만들어내는 것이 정말 좋겠다는 취지에서 이 포럼을 열었습니다. 오늘 토론 내용을 그 취지에서 정리해보자면, 기업에서 블라인드 채용 또는 역량 중심 채용이라 일컫는 시도를 하고 있고, 그중에서 IT 영역은 개발자들뿐만 아니라 나머지 다른 영역에서도 이런 채용을 확대하기 위해 노력하고 있었습니다. 이 대안들 중에 의미 있는 채용 방식을 어떻게 많은 기업으로 확산시킬 수 있을지가 저희에게는 중요한 과제가 될 것 같습니다. 그렇게 되면 초·중·고 교육과 학부모들에게 주는 영향력도 있을 것이고, 그것을 통해서 우리 교육에 의미 있는 변화가 생겨 상생과 시너지 효과를 가져올 것이라는 맥락에서 저희가 이 논의를 진행하고 있습니다. 청중들께서는 추가 질문이 있으면 해주세요.

청 중

저는 서울에서 30여 년간 교사로 일했습니다. 4년간 진로 지도도 했는데, 입시 위주의 교육이 바뀌어야 한다는 데 많은 공감을 합니다. 학생들과 상담을 해보면 자기가 정말 좋아하는 흥미, 적성 이런 것을 찾아내서 자신의 미래와 연결해야 한다는 얘기를 하면 그때는 받아들이는 것 같지만 정작 원서를 쓸 때는 그렇지 않습니다. 예를 들어 아이들 중에서 학업 성적이 낮아서 특성화고를 가는 것이 더 유리하다고 해도 정작 원서를 쓸 때는 일반고를 가고자 합니다. 제가 안타깝게 생각했던 것은 우리나라는 직종에 따라 임금 격차가 너무 심하다보니 학부모들이 대기업에 들어가야만 임금을 많이 받을 수 있다는 인식을 하고, 아이의 특성을 고려하거나 아이가 원하는 것보다는 공부를 강요합니다. 따라서 블라인드 채용도 중요하지만 어떻게 하면 임금 격차를 해소할 수 있을지에 대한 관심도 가져야 한다고 생각합니다. 제 아들은 경영학과를 다니며 IT를 복수 전공했고, 졸업 후에는 각종 교육을 받고 자격증을 따며 열심히 취업을 준비하고 있는데, 취업이 쉽지 않은 것 같습니다. 회사에서 완벽하게 준비된 인재만 뽑지 말고 사회적 기여와 기회를 제공하는 차원에서 사람을 뽑아서 교육을 할 생각은 없는지 묻고 싶습니다.

사회자

임금 격차 문제는 별도로 논의해야 할 매우 어렵고 중대한 주제입니다. 그래서 그 질문은 의견으로 받아들이겠습니다. 기업에서 소프트웨어 교육을 위한 프로그램뿐만 아니라 실력이 좀 부족해도 사회 공헌 차원에서 채용하고 또 가르치는 교육 프로세스의 운영에 대해서 여쭤보셨는데요. 이 부분에 대해서는 어떻게 생각하시나요?

이진원

매우 어려운 질문을 해주셨는데요. 일단 역량이 좀 부족한 지원자도 채용하는 것이 어떻겠느냐고 하셨는데, 그 부분은 사실상 어렵다는 말씀을 드립니다. 더 열심히 노력한 분들을 배신하는 것이기 때문입니다. 하지만 기업 입장에서 이러한 인력을 함께 육성하는 것은 필요하다고 생각합니다. 분명 대학에서 많은 변화가 있었지만 여전히 산업 현장에서 원하는 인재들과는 약간의 괴리가 존재하고, 그래서 입사 후 일정 기간 훈련 과정을 거칩니다. 하지만 시대의 흐름으로 봤을 때 여전히 소프트웨어 인력이 부족한 상황이기 때문에 기업에서도 이런 부분은 더 고민해야 할 것 같습니다. 사실 기업 단독으로 진행하기에는 좀 무거운 주제라서 정부 쪽과 긴밀하게 이야기하면서 진행해야 할 것 같습니다.

사회자

오늘의 발언을 잊지 않고 있다가 기회가 있을 때 제안하도록 하겠습니다. 이제 한 분씩 돌아가면서 마무리 발언을 해주세요. 특히 초·중·고 교육 영역에서 고생하는 학부모들과 학생들과 교사들에게 트렌드는 이렇게 갈 것이니 안심하라고 할 수 있는 부분이 있다면 추가로 말씀해주시면 감사하겠습니다.

안용균

저희 엔씨소프트는 사람을 뽑기 위해서 서류를 받을 때 가슴이 덜컥 내려앉는 경우가 많습니다. 너무나 좋은 사람들이 많은데 현실적으로 다 뽑지 못하기 때문이죠. 저희끼리 하는 얘기가 요즘 다시 취업하라고 하면 못할 거라고 농담을 하곤 합니다. 그만큼 너무나 뛰어난 분들이 많습니다. 그리고 과거와 같이 일반적인 코스를 밟아서 좋은 학교를 가고 성공을 하는 비율이 앞으로도 여전히 높겠지만 과거에는 덕후, 오타쿠로 불렸던 분들이 이제는 자기가 좋아하는 것을 가지고 충분히 성공할 수 있는 다양성이 훨씬 커졌습니다. 그렇기 때문에 분명 과거보다는 더 큰 기회와 다양성이 보장되는 사회로 변화할 것이라고 생각합니다.

이진원

잘 아시다시피 기업의 첫 번째 목적은 이익 추구입니다. 그것을 위해서 계속 성장해나가는 방법을 쓰다보니까 어쩔 수 없이 학력에 관심을 가질 수밖에 없습니다. 그래서 누군가는 해야 할 이 무거운 짐을 지고 가는 교육의봄 관계자들께 진심으로 감사드립니다. 사실 대학을 상아탑이라고도 하는데 취업을 위한 관문이나 학습소가 된다는 것은 매우 불행한 일이라고 생각합니다. 기업 담당자 입장에서는 대학이 그런 역할을 해주길 바랄 수는 있지만 대학의 교육환경이 그렇게 획일적으로 가는 게 과연 맞는가라는 생각도 듭니다. 안용균 센터장님이 말씀하신 것처럼 저도 '덕후'나 '덕질'과 같은 표현을 즐겨 쓰는데, 조금 순화해서 말하면 그것은 관심인 것 같습니다. 부모는 아이가 어렸을 때부터 관심 있는 영역을 잘 알고 찾을 수 있도록 최대한 많이 지원해주는 게 지금으로서는 대안이 될 수 있다고 생각합니다.

최원호

이것은 좀 큰 얘기일 수도 있는데, 발표에서 마지막 멘트로 과학과 기술은 가치 중립적이라고 했습니다. 가치는 인간이 만든 것인데, AI와 4차 산업혁명의 핵심이 우리 정서에는 조금 부정적으로 인식되는 것 같습니다. 그런데 제가 확신하는 것은 AI는 인간의 대체가 아니라 인간을 돕는 수단입니다. 예를 들어 암을 진단하는 IBM의 왓슨이라는 AI는 최첨단 진료 데이터를 의사들에게 제공해서 의사들이 암 수술에 성공하도록 돕습니다. AI 역량 검사도 마찬가지로 신경과학과 빅 데이터를 기반으로 사람에 대해서 보다 합리적이고 객관적인 정보를 면접관에게 제공하고, 면접관이 기업의 인재 면접 성공률을 높일 수 있도록 돕는 수단이자 도구죠. 그러니까 모든 것이 AI로 평가되고 판단된다고 생각해서는 안 됩니다.

아이러니하게도 인공지능이 발달할수록 인간 중심의 문화나 경향이 더 강화될 것입니다. 인간의 역할이 더 중요해지는 것이죠. 그러니까 AI가 모든 걸 생산하고 해결한다면 과연 인간은 무엇을 해야 하는가? 우리 인간의 고유한 속성과 특성은 무엇인가? 내 개성과 감성과 인성은 어떤 것일까? 여기에는 학벌 같은 스펙은 존재하지 않습니다. 나는 진짜 무엇을 잘하고, 좋아하며, 할 수 있는가를 깊이 고민해야 할 정체성 혁명의 시대가 곧 올 거라고 생각합니다. 이것이 인공지능이 주는 가치겠죠. 인간이 더욱 인간다워지는 사회가 될 것이고 개인의 개성과 인성이 존중되는 진짜 공평한 세상이 곧 올 거라고 생각합니다. 그러기 위해서는 이번 토론 주제처럼 모든 기업들이 스펙을 보지 않고 사람을 채용하겠다는 무스펙 운동을 펼쳐나가야 하는데 지금이 바로 그 첫 시작이라고 생각합니다. 갈 길이 멀지만 이 길이 좀더 빨리 앞당겨질 수 있도록 교육의봄이 그런 마중물 역할을 충분히 할 수 있을 거라고 믿습니다.

임승호 ⌐

사실 오늘 나왔던 주제들은 여기 계신 선도적인 몇몇 기업이나 몇몇 분들의 노력만으로 해결할 수 없는 큰 문제입니다. 하지만 이런 작은 노력이 모여서 큰 흐름을 조금씩 바꿔나갈 수 있을 거라고 생각합니다. 저는 소프트웨어 분야의 인재 양성을 주도적으로 끌고 가는 입장에서 의지와 열정을 가진 청년들이 졸업 후에도 제도권 교육만으로도 충분히 기업이 원하는 인재로 성장할 수 있도록 정책적, 재정적 분야에서 최선의 노력을 하겠다는 말씀을 드립니다.

사회자

모두 감사합니다. IT 분야의 채용을 살펴보면서 채용의 오랜 구습을 극복할 수 있는 가능성과 그 기회가 많이 열리고 있는 것을 확인했습니다. 여전히 구직자나 학생들에게 채용의 문턱은 높지만 그래도 영역에 따라서 변화의 가능성이 있었습니다. IT 기업 채용의 흐름을 보면서 새로운 시사점을 얻기도 하고 산업의 변화를 고려했을 때 이전의 방식으로 배우고 가르치는 것은 더 이상 안 된다는 생각도 듭니다. 기업은 적격자를 찾아서 육성함으로써 우리 사회와 세계에 기여하고, 그것이 교육의 변화를 가져오길 희망합니다. 그래서 청년들이 이 세상에 태어날 때부터 가지고 있는 것들을 충분히 발휘하면서 사회에 기여하고 또 생존할 수 있는 선순환 구조가 되기를 바랍니다. 이번 포럼에 참여하신 분들과 앞으로도 계속 협력하면서 하루빨리 그런 변화를 가져오게 하기 위해 노력하겠습니다.

2장

외국계 기업
:직무 중심 채용

외국계 기업의 채용 실태를 살펴보고 나서 우리는 뜻밖의 보석을 발견한 것 같았습니다. 외국계 기업의 규모를 보면, 우리나라에 2019년 기준 1만 4,300여 개의 기업이 들어와 있고 국내 고용에서 차지하는 비중도 6%나 됩니다. 공기업의 고용 비중이 9%라고 할 때 외국계 기업이 차지하는 비중이 얼마나 큰지 알 수 있습니다. 그런데도 지금까지 우리는 외국계 기업에 대해서 유명한 명품 소비재 기업들 중심으로 알고 있을 뿐 어떤 기업들이 들어와 있고 특히 채용을 어떻게 하는지에 대해서 잘 알지 못했습니다. 그런데 뚜껑을 열고 보니 국내 대표 10여 개 직업군에서 출신학교 중심에서 벗어나 직무 중심 채용이 가장 높은 수준으로 이루어지는 곳이 IT 기업과 외국계 기업이었습니다. 특히 외국계 기업의 채용은 매우 선진적이라고 평가할 만해서 외국계 기업 채용이 주는 시사점과 영향력을 살펴보는 것은 정말 즐거운 일이었습니다.

외국계 기업 채용은 국내 기업들의 채용과는 다른 특징이 많습니다. 특히 학벌과 관련해서 새로운 관점을 제공합니다. 공기업과 같이 학벌 등을 완전히 블라인드하지는 않지만, 블라인드를 하는 것과 같은 효과를 갖는다는 점입니다. 학벌은 채용에서 중요한 고려 사항이 아니라 단순히 참고 사항에 불과하다는 것을 구글코리아, 마이크로소프트 코리아, 그리고 외국계 기업 취업 컨설팅 전문가들이 이구동성으로 이야기합니다. 국내 대기업이 지원자가 많아 서류에서 스펙으로 거르는 것과는 대조적으로 외국계 기업은 지원자가 많아도 기업에서 뽑고자 하는 직무에 적합한지 '직무 키워드'를 중심으로 서류 전형을 실시합니다. 해당 업무를 잘 수행할 수 있는지 과거의 경험과 경력을 '직무 키워드'로 서류를 검증하는 것이죠. 국내 기업들에서 잘 인정하지 않는 인턴, 계약직 경력뿐만 아니라 아르바이트, 동아리, SNS 활동까지 직무와 연관된 모든 경험과 경력을 봅니다. 이렇게 학벌을 참고 사항 정도로 보는 이유는 학벌이 직무 적합성을 설명해주지 못하기 때문입니다. 외국계 기업이 학벌에 무관심한 또 하나의 이유는 채용이 주로 외국 본사나 아시아 본사에서 이루어지기 때문에 국내 대학들의 랭킹과 의미를 잘 모른다는 것입니다.

또 국내 대기업이나 공기업이 서류 전형 후에 직무 적성 시험과 같은 필기시험을 보는 것과는 달리 외국계 기업 채용에서는 필기시험이 없고 한 회당 50분 정도가 되는 면접을 3~5회에 걸쳐 보면서 역량 검증을 합니다. 국내 공기업의 면접 시간이 평균 3.8분, 민간기업이 12분에 불과한 데 비해 외국계 기업이 50분이라 하면 얼마나 면접을 중시하는지 알 수 있습니다.

이렇게 역량을 검증하는 데 필기시험과 같은 간편한 방식이 아니라 시간을 들여서 수차례에 걸쳐 면접을 보는 이유는 이 기업들이 채용하고자 하는 인재상이 뚜렷하기 때문입니다. 그 인재상은 어떠한 시험으로도 테스트하기 어렵다고 보는 이유죠. 외국계 기업이 보는 인재상은 우리의 시각으로 보면 매우 독특하고 이례적이기까지 합니다. 그들은 공통적으로 '선한 영향력' '지적 겸손'을 들고 있습니다. 이 두 가지는 역량 개념에서 비가시적 역량에 해당하는 '태도'에 속합니다.

지적 겸손은 쉽게 말해 '배우고자 하는 열린 마음'이라고 할 수 있습니다. 이는 심리학자인 캐럴 드웩 교수가 『마인드셋』이라는 책에서 강조하는 성장 마인드셋과 유사한 개념입니다. 성장 마인드셋을 가진 사람들은 자신이 모르는 것을 인정하고 끊임없이 배우며 성장해갑니다. 지적 겸손에서 한 가지 중요한 것은, 이러한 배우고자 하는 열린 마음이 타인의 나이, 지위, 직급과 전혀 상관이 없다는 것입니다. 선한 영향력은 타인의 성공에 기여하는 것을 의미합니다. 내가 배움에 열려 있을 뿐만 아니라, 타인에게도 나의 지식과 정보를 나누어주어 그 사람의 성장에 기여하는 것입니다.

이처럼 외국계 기업은 혼자만이 아니라 팀원이 함께 성장하는 것이 기업 성공의 밑거름이라는 점을 분명히 인식하고 있습니다. 어려서부터 경쟁을 통한 성공에 익숙한 우리에게 새로운 시각과 통찰을 제공해준다고 할 것입니다. 선한 영향력을 보는 척도의 하나로 네트워킹 능력을 중시합니다. 자신이 가진 지식과 기술을 남들과 얼마나 많이 나누고 도움을 주었는지를 SNS 활동을 통해 검증 가능하다는 것이죠. 그래서 그런 네트워킹 활동을 거의 하지 않고 대학 내에서 혼자 열심히 공부해 높은 학점을 받은 사람은 오히려 낮은 평가를 받을 수 있다는, 우리의 상식과는 다른 이야기도 합니다.

그 외에 외국계 기업 채용에서 눈에 띄는 것 중 하나는 회사 내부 직원들의 지인 추천을 많이 이용한다는 것입니다. 우리나라에서는 이런 내부 추천제가 채용 비리로 작용하기 쉬워 경계하는데 외국계 기업에서는 직무 적합성 검증의 중요한 통로로 활용하는 것은 우리와 문화가 다르기 때문이 아닌가 여겨집니다.

외국계 기업 채용을 보면서 가장 안타까웠던 것은 학벌이 없어도 실력만 있다면 도전해볼 수 있는 영역인데도 아직까지 청년 구직자들에게는 미지의 영역으로 남아 있다는 것입니다. 우리나라에 진출한 외국계 기업들이 각 산업군에서 세계적인 기업들임에도 지원율은 높지 않습니다. 내가 아는 유명한 기업이 좋은 기업이 아니라 잘 들어보지 못했지만 산업군 내에서 잘나가는 기업이 정말 좋은 기업이라는 인식의 전환이 필요합니다. 또한 외국계 기업에 대한 잘못된 정보, 가령 영어를 완벽하게 해야 한다거나 학벌을 필수로 갖춰야 한다는 등의 정보가 유통되는 것도 문제입니다. 그리고 경력직을 주로 뽑는다고 해서 대졸 신입들의 기회가 없는 것이 아니라고 합니다. 아르바이트, 수상 경력, 프로젝트 경험, 동아리, SNS 활동 등도 직무 관련 경험이 될 수 있습니다. 그러나 중요한 것은 어떤 활동을 했다는 것 자체가 아니라 그것을 통해 무엇을 배웠는지, 어떤 역량을 쌓았는지입니다. 즉 겉으로 드러난 학벌이 아니라 무엇을 배웠는가 하는 비가시적 역량을 본다는 것을 일관성 있게 확인할 수 있습니다.

마지막으로 외국계 기업 채용에서 강조하는 것은 '직무 기술서'입니다. 구글코리아는 '채용의 시작은 직무 기술서 작성부터'라고 말합니다. 무슨 일을 할 것인지 매우 상세하게 작성해서 제시하는 것이 그 업무에 가장 잘 맞는 사람을 지원하게 하고 또 채용할 수 있는 출발점이라는 것입니다. 그럼으로써 기업과 구직자 모두에게 낭비를 줄이게 한다는 것이죠. 국내 기업들도 외국계 기업의 이런 직무 기술서 작성을 참고할 필요가 있습니다.

외국계 기업의 이 같은 채용 방식은 4차 산업혁명과 디지털 트랜스포메이션 상황에서 채택된 트렌드로서 국내 기업들 역시 이 트렌드를 따라갈 수밖에 없습니다. 외국계 기업의 채용을 주목하고 공과를 꼼꼼히 살펴볼 필요성이 더욱 커지는 지점이라 하겠습니다.

외국계 기업 채용에서
학벌은 필수가 아닌 참고 사항!

브랜든 리 피플앤잡 큐레이터

2019년 산업통상자원부와 코트라에서 발표한 자료에 따르면, 국내에 1만 4,300여 개의 외국계 기업이 진출해 있고, 고용 비중으로는 6% 정도를 차지하고 있습니다. 나라별로 보면 일본계 기업이 가장 많고 다음으로 미국, 중국, 유럽 순입니다. 지역별로는 서울, 경기에 몰려 있는데, 아무래도 국내에 들어온 외국계 기업들 대부분이 B2B(business-to-business, 기업과 기업의 거래) 형태이다보니까 파트너인 국내 주요 기업들이 많은 이곳에 몰려 있는 것 같습니다.

이들 외국계 기업 중에서 세계 1,000대 기업 정도로 끊어서 어떤 기업들이 국내에 들어와 있는지 간략하게 살펴보도록 하겠습니다. 미국 경제지 『포브스』에서는 해마다 기업의 매출액, 영업이익, 브랜드 가치, 시가 총액 등을 기준으로 해서 기업 리스트를 발표하는데, 이른바 포브스 그룹 2,000, 그중에서 1,000대 기업을 기준으로 했습니다. 업종별 업종명은 잡지에 있는 내용 그대로 가져왔습니다.

국내에 외국계 기업이 1만 4,300개나 들어와 있다!

먼저 필수 소비재(consumer staple)입니다. 많은 분들이 외국계 기업의 취업을 준비하면서 생필품, 소비재 기업, 즉 P&G, 로레알, 유니레버 같은 기업들을 생각하는데 이들 기업은 실제로 1,000대 기업 기준으로 봤을 때 가장 낮은 비중을 차지하고 있습니다. 가장 높은 비중을 차지하는 업종은 산업재(industrials) 제조 기반의 B2B 기업들입니다. 그다음으로 많은 비중을 차지하는 곳이 IT, 다음이 금융(financials)으로 투자, 은행, 보험, 부동산이고, 원재료(materials), 자유 소비재, 자동차 및 자동차 부품, 제약, 의료, 헬스케어 쪽 기업들도 많이 들어와 있습니다.

각 업종별로 주요 플레이어들을 살펴보겠습니다. 산업재는 제조 기반의 기업들입니다. 먼저 지멘스(Siemens)는 세계 최대 제조 기업입니다. 미국의 제너럴일렉트릭, 스위스의 ABB와 함께 세계 3대 엔지니어링 기업이죠. 파낙(FANUC)은 정밀 로봇 분야의 세계 톱 기업이고요. 존슨콘트롤즈(Johnson Controls)는 스마트 빌딩, 냉난방 공조 시스템 분야의 1위 기업입니다. 슈나이더일렉트릭(Schneider Electric)은 요즘 핫한 기업인데 스마트 팩토리, 스마트 그리드의 지멘스와 함께 리딩 기업입니다. 그 외에 하니웰(Honeywell), 에머슨(Emerson), 미쓰비시전기

(Mitsubishi Electric), 로크웰 오토메이션(Rockwell Automation), 파커(Parker), 이튼(Eaton) 등은 공장 자동화(factory automation)의 리딩 플레이어 기업들이고요. 이 기업들의 공통된 키워드는 공장 자동화, 스마트 공장입니다. 문재인정부에서 2020년부터 2022년까지 국내에 있는 기업들 3만 개를 스마트 공장화하겠다고 발표했는데, 그 중심에 있는 기업들입니다.

다음은 IT 분야입니다. 소프트웨어, 하드웨어, 네트워크 통신, 그리고 인터넷 서비스를 보통 IT라고 칭하는데 많은 분들이 소프트웨어, IT 위주의 빅테크 기업들은 아는데 하드웨어와 통신 쪽은 잘 모르는 것 같습니다. 하드웨어 쪽은 반도체 중심의 기업들이 많이 들어와 있습니다. 시가 총액 기준으로 세계 1위 반도체 기업인 TSMC가 있습니다. 인텔은 비메모리 반도체 분야에서 매출액 기준으로 세계 1위인데 시가

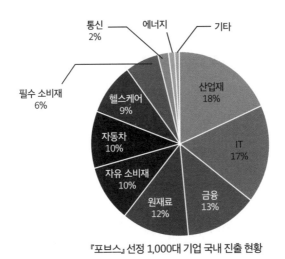

『포브스』 선정 1,000대 기업 국내 진출 현황

출처 : 『포브스』(2019)

총액이 올해 엔비디아라는 기업을 뛰어넘었습니다. 퀄컴(Qualcomm)은 스마트폰용 반도체 세계 1위 기업입니다. 최근에 자동차 반도체가 아주 급성장하고 있는데요, 기존 자동차에는 100개에서 200개 정도의 반도체가 들어가는데 자율주행으로 가게 되면 2,000개 이상의 반도체가 들어갑니다. 이 분야의 세계 1위 기업이 네덜란드 기업인 NXT입니다. 삼성전자가 투자를 많이 하고 있습니다. 반도체 장비를 보면 세계 1위 기업이 어플라이드머티어리얼스(Applied Materials), 2위가 ASML, 3위가 램 리서치(Lam Research)입니다. 특히 램 리서치는 2019년 11월에 경기도에 글로벌 R&A센터를 짓겠다고 발표했습니다. 향후 300명 정도를 채용하겠다고 해서 많은 인력 고용이 예상됩니다. 네트워크 소프트웨어와 하드웨어를 연결시키는 네트워크 통신장비 쪽의 주요 플레이어들은 시스코(Cisco), 코닝(Corning), 에릭슨(Ericsson), 노키아(Nokia)입니다. 노키아는 휴대전화 기업으로 알고 있는 분들이 많은데, 휴대전화 사업은 진작 철수를 했고 지금은 5G 통신장비 분야의 빅3 기업입니다.

2017년과 2018년에 『포브스』에서 선정한 세계 최고의 직장 1위로 꼽힌 기업이 어딘지 아세요? 세일즈포스(Salesforce)라는 B2B 클라우드 서비스를 하는 기업입니다. 얼마 전 발표에서는 시스코가 세계 최고의 직장으로 선정되었습니다.

금융 쪽은 보험, 부동산, 투자, 은행 쪽의 기업들이 많이 들어와 있습니다. 대부분 우리에게 익숙한 기업들입니다. 이들 기업의 공통점은 신입은 정규직보다는 인턴이나 계약직을 통해서 많이 뽑고 있습니다.

원재료는 화학 관련 기업이 많이 들어와 있습니다. 최근에 전기자동차로 핫한 테슬라가 있습니다. 그리고 전기자동차에 들어가는 주요 부품, 배터리가 40% 정도 제조까지 들어가는데, 2차 전지 쪽에 LG 화학이라든지 삼성 SDI, CATL, 파나소닉 이런 기업들에 관심을 많이 가지고 있습니다. 2차 전지 안에 핵심 소재가 4개가 있습니다. 그중에 40%를 차지하는 양극재 분야의 세계 1위 기업은 유미코아(Umicore)라는 벨기에 기업입니다. 국내에 이미 3개의 공장을 지었고요, 국내 매출만 1조 원 정도이고 얼마 전에 아시아 허브를 한국에 짓겠다고 발표했습니다. 그리고 3,000만 달러를 투자하겠다고 합니다. 채용이 아주 활발하게 이루어지는 기업입니다.

자유 소비재 쪽은 명품, 패션, 외식 등의 기업이 많이 들어와 있는데 주요 기업으로 루이비통, 불가리, 60개의 브랜드를 가지고 있는 세계 1위의 명품그룹 LVMH, 2위 그룹 스위스의 리치몬트, 까르띠에, 그리고 몽블랑 등이 있습니다. 이들 기업은 경기와 상관없이 해마다 최고 매출액을 갱신하면서 성장하고 있습니다. 그런데 연봉 수준을 보면 아무래도 IT 쪽과 주요 메이저 제조 기업들에 비해서 평균 연봉 기준으로 한 절반 정도 수준밖에 안 되는 것 같습니다. 그런데 많이 알려진 기업이라서 채용 때 지원을 많이 하는 것 같습니다.

자동차 쪽은 자동차 완제품 기업과 자동차 부품 기업이 있습니다. 세계 10대 자동차 브랜드 플러스 테슬라입니다. 국내에 들어와 있는 자동차 완제품 기업은 대부분 판매, 유통, 마케팅만 하는 기업들인데 그중에 제조를 하는 기업은 GM과 르노, 쌍용, 타타대우입니다. 그리고 자동차 부품 분야의 세계 톱 10 기업들이 다 들어와 있는데, 이 분야의 세계 1위 기업은 보쉬(Bosch)입니다. 많은 분들이 전동 공구를 생산하는 기업으로 알고 있는데 주력 산업은 자동차와 전자부품입니다.

헬스케어 쪽은 크게 제약과 의료기기로 나뉩니다. 제약 쪽 주력 플레이어 기업들입니다. 시가 총액 기준으로 세계 1위 기업은 존슨앤존슨이고, 2위 기업은 로슈(Roche), 3위는 화이자(Pfizer) 순입니다. 그리고 지금은 고령사회로 진입하고 있고 5년 뒤 초고령사회로 들어가면서 의료기기 쪽 시장의 성장률이 매우 높습니다. 제약은 최근 5년간 연평균 성장률이 4% 초반대인데 의료기기는 6%를 넘습니다. 그만큼 빠르게 성장하는 기업군입니다.

많은 분들이 GE, 소위 GPS라고 해서 관심이 많은데 이 분야의 매출액 기준으로 세계 1위는 메드트로닉(Medtronic)이라는 회사입니다. 아무래도 의료기기 종류가 워낙 많다보니까 각 제품별로 주력 플레이어들이 있습니다. 존슨앤존슨은 시가 총액 기준으로 1위인데, 주력 사업은 화장품이 아니라 제약과 의료기기입니다. 매출로 살펴보면 제약은 50% 이상, 의료기기는 35%, 그리고 화장품과 콘택트렌즈는 15% 정도입니다. 국내에는 4개 사업부가 다 들어와 있습니다. 구직자들이 컨슈머 사업부에 지원을 많이 하는데, 실제로 성장세가 가파르고 평균 연봉이 높은 곳은 제약과 의료기기입니다.

다음은 주요 소비재 기업들입니다. 코스트코, 네슬레는 다 아시죠? 네슬레는 식품 분야 세계 1위 기업이죠. 하이네켄, 유니레버도 유명한 기업입니다. 혹시 제너럴밀스(General Mills)라는 기업을 들어보셨나요? 실제로 2년 전에 피플앤잡에서 이 기업의 채용 공고를 띄웠는데 지원자들이 별로 없었어요. 피플앤잡을 통해서 저한테 문의가 왔기에 공고에 '기업명 옆에 괄호하고 하겐다즈라고 표기를 해놓으면 지원율이 높아질 것입니다'라고 했습니다. 하겐다즈는 수많은 하위 브랜드 중에 하나죠. 다음은 세계 1위 주류기업인 디아지오(Diageo)입니다. 주요 제품으로 기네스 맥주와 발렌타인, 윈저 같은 위스키 브랜드가 있습니다.

국내에 들어와 있는 외국계 기업에 대해서 간략하게 살펴보았습니다. 우리가 이미 알고 있는 외국계 기업들 외에 숨어 있는 주요 플레이어 기업들이 많습니다. 구직자라면 국내 기업들뿐만 아니라 이들 외국계 기업으로 시야를 넓힐 필요가 있습니다.

한국 지사보다는 외국 본사에서 직접 채용하는 추세

채용 방식은 주로 수시 채용을 합니다. 신입보다는 경력직 위주로 뽑고요. 그리고 3년 차 이하는 계약직 채용이 많습니다. 신입을 바로 뽑는 기업도 있지만 대체로 인턴이나 계약직을 통해서 선발합니다. 외부로 공고를 내기도 하지만, 내부 직원들의 추천을 받아서 입사를 하는 경우가 많습니다.

채용 절차는 서류 면접, 면접 협상 등으로 진행되는데, 서류는 국내 기업과 달리 영문 서류, 자기소개서(cover letter)나 이력서(resume)가 추가됩니다. 영문만 내는 곳도 있고 국·영문 같이 내는 곳도 있습니다. 면접은 적게 보는 곳은 한 번, 많이 보는 곳은 5번 이상 봅니다. 주로 IT 개발자들을 뽑을 때 신중한데 보통 4~5번, 많게는 7~8번까지 면접을 보는 경우를 봤습니다. 제약 산업에서도 주요 직급은 5번까지 면접을 봅니다. 면접 이후에 연봉 협상을 합니다. 이때 국내 기업에는 없는 평판 조회를 합니다. 지원자의 이전 직장 동료들에게 연락해서 평판은 어땠는지, 왜 그만뒀는지 등을 알아보는 것이죠. 평판 조회가 끝나면 글로벌 본사, 보통 아시아 본사의 승인을 받고 일단 오퍼레이터라고 하는 가계약서를 발급합니다. 대표이사가 승인을 하고, 오퍼레이터를 받고 나서 정식으로 입사 이후에 고용계약서, 근로계약서를 작성합니다.

최근 채용 트렌드를 잠깐 살펴보겠습니다. 아시아 본사에서 직접 채용하는 경우가 늘고 있습니다. 2년 전까지만 해도 한국 지사에서 채용하던 회사들이 피플앤잡 등을 통해서 아시아 본사에서 직접 채용하는 것이죠. 그리고 코로나19 때문에 경기가 위축되었는데도 세계적 인력관리 업체인 아데코코리아 기준으로 IT 쪽 헬스케어, 소비재, 커머스 쪽은 채용이 오히려 늘었습니다. 외국계 기업에서는 3년에서 5년 사이에 이직을 많이 하는데 이직을 하는 연차가 점점 줄어들고 있는 것 같습니다. 만 2년 정도만 돼도 이직 준비를 해서 능력이 되면 바로 점프를 합니다.

평판 조회는 오프라인으로 하지만 최근에는 디지털 평판이라고 해서 구글링으로도 합니다. 실제로 제가 진행했던 것 중에 하나가 디지털 평판 조회를 해서 마지막 단계에서 탈락한 분이 있습니다. SNS에서

솔직하게 자기 소신을 얘기했는데 그것이 회사 방향과 맞지 않아서 떨어진 경우죠. 반면에 개발자들의 경우에 커뮤니티 리더로서 열심히 활동해온 사람은 오히려 플러스 점수를 얻어서 채용이 되기도 합니다.

링크드인이라는 글로벌 커뮤니티 사이트가 있습니다. 직장인들의 페이스북 같은 네트워킹 사이트인데 마이크로소프트가 인수를 했죠. 이 사이트를 통해서 인사 이동이 많이 이루어집니다. 국내 7개 기업 채용 사이트 중에 1위는 피플앤잡으로 입사 제안이나 채용 등이 많이 이루어집니다.

외국계 기업이 선호하는 인재

외국계 기업은 문제 해결 능력, 소통 능력이 뛰어난 사람을 선호합니다. 국내 기업은 입사하면 사수, 부사수 개념이 있어서 챙겨주는 누군가가 있는데, 외국계 기업은 일단 들어가서 OJT(On-the-Job Training, 직장 내 교육 및 훈련) 교육을 받고 난 이후에는 알아서 일을 해야 합니다. 이때 문제 해결 능력이 필요한 것이죠. 그리고 혼자 일을 할 수 없기 때문에 누군가에게 물어봐야 하고 같이 프로젝트를 하는 사람들하고 협업을 잘해야 하기 때문에 소통 능력이 무엇보다 중요합니다.

대체로 학벌을 보긴 하지만 학벌보다는 경험, 역량, 실력을 더 중요하게 생각합니다. 토익 만점보다는 실제로 영어 잘하는 사람을 더 좋아합니다. 토익에서 만점을 받았지만 막상 면접에서 영어를 못하면 그 사람을 뽑을 이유가 없죠. 영어는 직무마다 다릅니다. 영어를 많이 쓰는 직군이 있고, 아예 안 쓰는 직군도 있습니다. 예를 들어 내가 IT 개발자이고 직무 역량이 뛰어난 A급 인재인데 영어를 한마디도 못해요. 뽑습니다. 세일즈 마케팅에서 매출과 영업이익을 엄청나게 많이 내는데 영어를 못해요. 뽑습니다. 반대로 영어는 엄청나게 잘하는데 직무 능력이 떨어진다면 그런 사람을 뽑을 이유가 없죠.

그다음에 겸손, 선한 영향력 등을 중시합니다. 세상이 너무나 빨리 돌아가고 있고 배워야 할 것도 많습니다. 그래서 항상 배우고자 하는 자세, 겸손한 자세를 갖춰야 합니다. 그리고 사람들한테 내가 가지고 있는 기술이나 지식을 알려주고자 하는 사람을 좋아합니다. 가르치면서 많이 배운다고 하잖아요? 메타인지가 생기고. 회사에서는 이런 사람들이 더 많은 역량을 발휘할 수 있다고 판단합니다.

제 블로그 구독자의 사례를 말씀드릴게요. 지방대를 나와 지방 중소기업에서 개발자로 7년을 일했습니다. 영어는 한마디도 못하는데, SNS에서 커뮤니티 리더 역할을 했습니다. 사람들한테 자신이 알고 있는 걸 알려주기를 좋아했죠. 결국 빅테크 기업으로 이직을 했습니다.

최근에 채용을 진행했던 사례입니다. 한 유명 외국계 소비재 기업에서 이커머스 오퍼레이션 쪽 경력직을 뽑았는데 제가 두 사람을 추천했습니다. 한 사람은 우리나라에서 가장 좋은 대학을 나왔고 회사에서 요구하는 경력을 갖추고 있었어요. 다른 사람은 수도권 대학을 나왔고 경력은 비슷했어요. 그런데 가장 좋은 대학을 나온 사람은 서류에서 탈락하고 수도권 대학을 나온 사람은 합격했어요. 그 이유는 자격 요건에 '마젠토 플랫폼[2] 경험이 있는 사람과 ERP[3] 툴을 활용해본 사람을 우대한다'라고 했는데, 합격한 사람은 마젠토와 ERP 툴을 다 활용해보 았고 다른 사람은 경험이 없었습니다. 이렇듯 직무 역량이 가장 부합 한 사람을 우선으로 뽑는다는 것이죠.

세계적 기업인 줄 몰라 지원율이 너무 낮다

취업과 채용의 문제점에 대해서 말씀드리겠습니다. 앞서 말씀드렸 지만 정보 격차가 큰 것 같습니다. 대부분 외국계 기업에 대한 정보가 많지 않고, 그나마 인터넷에서 돌아다니는 정보는 '카더라'가 많습니 다. '학벌이 좋아야 한다' '영어를 완벽하게 해야 한다' '유명 외국계 빅 테크 기업 위주로 바뀌었다' 같은 말이 많은데, 실제로는 그렇지 않습 니다. 특히 계약직에 대한 오해가 많습니다. 신입 3년 차 이하는 계약 직 위주로 많이 채용하는데, '계약직은 경력에 도움이 안 되는 것 아닌 가' '비정규직은 잡무만 하는 것 아닌가' 이렇게 생각하는 분들이 많습 니다. 일단 하는 일은 정규직과 동일하지만 고용 형태만 계약직인 경

---

2 마젠토(MAGENTO)는 오픈소스 전자상거래(이커머스) 플랫폼으로 기업이나 개인이 쇼핑몰을 구성하고 관리하는 데 유용한 솔루션이다. 현재 전 세계적으로 사용하는 가맹점들의 시장 점유율 이 약 30%에 이른다.
3 ERP는 전사적 자원 관리(Enterprise Resource Planning)의 약칭으로 기업의 업무 프로 세스인 생산, 판매, 영업, 재고, 인사, 회계 등을 통합 관리해주는 경영 관리용 패키지 소프트웨어 를 말한다.

우가 대부분입니다. 이것도 퇴직한 회사에서 커리어로 인정해주기 때문에 관심 있는 업종, 직종의 회사 포지션이라면 지원을 하는 게 좋습니다.

우리에게 덜 알려진 기업은 채용이 쉽지 않습니다. 아비바(AVEVA)라는 영국의 산업용 소프트웨어 기업이 있습니다. 작년에 정규직을 뽑았는데 채용 권한이 말레이시아에 있는 아시아 본사에 있습니다. 아시아 본사에서 피플앤잡, 링크드인을 통해서 배너로 채용 공고를 띄우고 링크드인을 통해서 채용 예상 후보자들한테 이메일을 보냈습니다. 그런데 답장을 하나도 못 받았습니다. 말레이시아에 사는 제 블로그 구독자가 연락해서 도와달라고 했습니다. 그래서 제 블로그에 이렇게 썼습니다.

"영국계 회사이고, 평균 연봉이 구글코리아보다 높아요. 신입 정규직이고, 빠르게 성장하는 산업용 소프트웨어 회사인데, 전년 대비 올해 40% 성장했어요. 그리고 스마트 그리드 리딩 컴퍼니에서 인수를 했고요. 시스템즈라고 하는 최근에 핫한 산업용 소프트웨어 기업과 사업이 겹치기 때문에 향후에 이직에도 유리합니다."

이렇게 포스팅을 하고, 대학 강의 때도 알려줬더니 지원자가 아주 많아서 그중에 한 명이 채용되었다고 합니다.

산업군 내에서 잘나가는 기업이 좋은 기업

독일의 제조 기업인 셰플러(Schaeffler)는 『포브스』 선정 1,000대 기업이고 글로벌 매출도 18조나 됩니다. 평균 연봉도 상위 1%로 꽤 좋고요. 베어링 제조 분야에서 세계 1위입니다. 2019년 초에 취업 사이트인 사람인에 채용 공고를 냈습니다. 친절하게 회사 소개도 했고요. 몇 명이 지원했을 것 같나요? 동종 업종인 지멘스나 콘티넨탈 같은 기업은 포지션 1개 오픈하면 500명 정도 지원하는데, 이 회사는 2개 포지션을 모집했는데 29명이 지원했습니다.

내가 언젠가 들어봐서 익숙한 기업이 유명한 기업이 아니라 산업군 내에서 유명한 기업이 진짜 유명한 기업입니다. 이런 기업들이 향후 커리어에도 도움이 되고 연봉이나 복지 등도 좋습니다. 그리고 아직 사람들에게 잘 알려지지 않아서 전략적으로 접근하면 취업 경쟁률도 그렇게 높지 않습니다. 또한 회사도 물론 중요하지만 평생 직장이라는 개념이 없기 때문에 산업과 직무가 중요합니다. 앞서 말씀드렸다시피 3~5년 사이에 이직을 하는데, 대체로 동종 업종으로 옮깁니다. 따라서 직무와 산업군을 정하는 게 중요합니다. 어느 정도 정보 격차만 해소되어도 구직자, 구인자 모두 원원할 수 있다고 봅니다.

지난 5년 동안 채용 관련 크고 작은 세미나를 백 번 넘게 했습니다. 세미나를 하고 나면 꼭 취업자가 한두 명 나옵니다. 대부분 신입으로 들어가고, 3분의 1이 지방대 출신입니다. 이렇게 직무와 산업군을 먼저 정하고 전략적으로 접근한 친구들은 산업군 내에 숨어 있는 알짜 플레이어 기업들에 진입합니다.

2017년 잡플래닛에서 국내 제조업에 근무하는 1만 5,000명을 대상으로 직장 만족도 조사를 했습니다. 전기전자 제어, 반도체 강화 LCD, 기계설비 자동차 부분으로 나누어서 조사를 했는데, 전기전자 제어에서 1위 기업은 ABB, 한전을 제치고 슈나이더일렉트릭이라고 하는 프랑스 기업이 차지했습니다. 반도체 강화 LCD는 삼성, LG, SK를 다 제치고 ASML이라고 하는 네덜란드 기업이 1위였습니다. 기계설비 자동차에서는 현대, 기아, GM, 콘티넨탈을 제치고 만앤휴멜코리아라고 하는 독일의 자동차 부품회사가 1위를 했고요. 이들 기업에 들어간 친구도 지방대 출신입니다.

혹시 '대구텍'이라는 회사를 들어보셨나요? 이 회사에서 채용 공고를 내면 지원하실 건가요? 그냥 건너뛰시겠죠? 세계 최고의 투자자인 워런 버핏이 국내에 유일하게 100% 지분을 가지고 있는 회사가 바로 대구텍입니다. 보통 워런 버핏이 투자할 때 투자할 곳을 한 번 이상 방문 안 한다고 하는데, 벌써 두 번이나 방문해서 이슈가 되었습니다. 세계 최고 투자자가 100% 지분을 가지고 있는 회사인데 많은 분들은 그냥 듣도 보도 못한 회사 취급을 하는 게 현실인 것 같습니다.

다시 말씀드리지만 산업군 내에서 유명한 기업이 진짜 유명한 기업입니다. 이러한 정보 격차를 해소만 해도 구직자와 회사 모두 윈윈할 수 있다고 생각합니다.

사티아 나델라 마이크로소프트사 회장이 몰고 온 채용의 변화

이소영 마이크로소프트코리아 이사

마이크로소프트가 지금은 브랜드 이미지가 많이 좋아졌습니다. 그러나 제가 여기서 일하는 16년 동안 12~13년은 이른바 뜨는 기업인 구글, 아마존, 페이스북 등에 비해서 사람들의 관심이 적었습니다. 뜨는 기업에는 구직자들이 몰리고 그렇지 않은 기업에는 관심을 갖지 않습니다. 그러면서 취직이 안 된다, 외국계는 불안하니 안정된 평생 직장을 가야 한다, 대기업을 가야 한다 그러면서 몇 수까지 하면서 허비합니다. 사실은 실무 경험이 중요한데도 말이죠. 그래서 회사에서 막상 젊은 친구를 뽑고 싶어도 실무 경험이 없어 뽑을 수 없는 아이러니한 상황이 일어납니다.

MS, 사티아 나델라 회장 취임 이후 달라지다

마이크로소프트의 채용 프로세스는 앞서 말씀하신 것과 아주 비슷합니다. 추가해서 말씀을 드리면, 지금 많은 게 변하고 있습니다. 특히 마이크로소프트는 변화를 조금 늦게 따라가느라 다른 혁신 기업에 비해서 잘 못한 것들이 있었어요. 과거에는 저희도 학벌 위주로 사람들을 뽑았습니다. 제 디렉터들도 하버드대 출신이 많았는데, 사실 그런 분들이 이끌 때 내부의 경쟁이 치열했습니다. 당시 저희 회사 비전은 '무조건 1등'이었지만, 막상 회사는 1등을 하지 못했죠. 오히려 혁신을 할 수가 없었습니다.

사티아 나델라(Satya Nadella) 회장은 인도에서 18위 정도 하는 지방의 일반 공과대학을 나왔습니다. 우리나라로 치면 지방에 있는 작은 공과대학을 나와서 미국으로 유학을 갔습니다. 컴퓨터 사이언스를 공부하기 위해서 학교 브랜드가 아니라 진짜 자기가 공부할 수 있는 곳으로 간 거죠. 그리고 마이크로소프트에 일반 엔지니어로 취업을 합니다.

외국계 기업은 실력만 있으면 기회가 계속 주어지기 때문에 이분이 실력을 쌓으면서 안주하지 않고 계속 공부를 합니다. 아이의 장애 때문에 뉴런 사이언스라는 인지과학에 관심을 갖고 주말마다 비행기를 타고 가서 박사 과정을 밟습니다. 자신이 그렇게 했기에 계속 공부하는 사람을 굉장히 좋아합니다. 그렇게 공부를 해서 하버드라든지 MIT라든지 하는 브랜드가 전혀 없었음에도 회장에까지 오릅니다.

사티아 나델라 마이크로소프트사 회장

　그런데 더 놀라운 것은 이분이 회장이 되고 나서 회사가 완전히 달라졌습니다. 제가 16년 동안 이 회사에 있으면서 12년은 주가가 20달러대를 넘지 못했어요. 그냥 정체했다고 보시면 됩니다. 훌륭한 외부 엘리트들을 데리고 와서 무한 경쟁을 시켰음에도 내부에서는 아무런 혁신을 하지 못했어요. 그런데 사티아 나델라 회장 취임 이후 계속 배우려고 하는, 지적 겸손을 가진 사람을 기용합니다. 제 매니저도 저보다 열 살이 어린데, 지적으로 굉장히 겸손해요. 이것을 '커뮤니티 리더십'이라고 할 수 있어요. 저는 소셜미디어 등을 활용해서 선한 영향력을 리드하는 사람들을 계속 기용하고 그들이 역량을 발휘하는 걸 보면서 그 내용을 책(『홀로 성장하는 시대는 끝났다』)으로 쓰기도 했습니다.

성장 마인드셋과 고정 마인드셋

　회사가 혁신을 하면서 나델라 회장이 이끄는 4년 동안 회사 주가가 20달러대에서 지금은 220달러대로 무려 10배가 넘게 성장했습니다. 경쟁 위주의 이겨야 한다는 사내 문화에서 성장하는 문화로 바뀌었고요. 모든 사람들이 성장 마인드셋을 가져야 한다는 얘기를 합니다. 성장 마인드셋이란 '언제, 어디서 누구든 성장할 수 있다고 믿으면 그대로 된다'는 것입니다.

　그런데 안타까운 것은 제가 대학생들 대상으로 강연을 많이 하는데, 지방대생은 자기가 지방대생이니까 이미 인생이 끝난 것처럼 더이상 성장을 하지 못한다고 생각을 합니다. 반면에 유명 대학에 다니는 친구들은 이미 성취한 것처럼 거기서 성장을 멈춰요. 이게 꼭 예전에 저희 회사에 있던 수많은 고정 마인드셋과 같습니다. 꼭 좋은 대학에 가야 하고, 좋은 회사에 가야 한다고 생각하면 성장이 안 되거든요. 마찬가지로 다양성과 포용(diversity & inclusion)이라고 해서 다양한 경험을 하고, 다양한 사람들을 포용할 수 있는 사람이 인재라고 강조를 많이 하거든요. 그래서 직원 평가표도 완전히 바꿉니다. 직원의 평가 방식도 문화의 변화에 맞춰서 대대적으로 바꾸는데, 상대평가를 없애고 절대평가를 합니다. 지금은 어떤 한 부서가 잘하면 매니저가 다 똑같이 보너스도 주고 연봉도 올려줄 수가 있어요. 예전에는 차별했죠.

　저희가 직원을 평가하는 중요한 두 가지 요소 중 하나는 고정 마인드셋이냐 성장 마인드셋이냐 하는 것입니다. 이 사람이 성장 마인드셋으로 일하는지, 고정 마인드셋으로 일하는지 평가합니다. 그런데 특이한 것은 스스로 점수를 준다는 것입니다. 즉 '나는 이러이러한 성장 마인드셋으로 이렇게 일을 했다'라고요. 그러면 매니저가 일대일로 코칭을 합니다. 우리가 보기에 고정 마인드셋이 있는데 그것은 좀 고쳤으면 좋겠다고 이야기하고 그것이 성과 평가에 들어갑니다. 고정 마인드셋이란 똑똑해 보이려고 하고, 도전 기회를 피하거나 쉽게 포기하고, 실패를 아무짝에도 쓸모가 없다고 생각하고, 부정적인 피드백을 무시하고, 다른 사람의 성공을 위협적으로 느끼는 것을 말합니다. '저 사람 때문에 승진에서 밀렸어, 저 사람이 1등이니까 난 2등이야' 같은 생각이 여기에 속한다고 할 수 있는데, 우리 교육환경의 영향 때문일 수도 있습니다.

국내 기업에 다니는 대부분의 직장인이 스트레스를 많이 받는데 이런 자세로 일하면 우리 회사에서는 평가를 잘 받을 수 없을 뿐만 아니라 승진을 거의 포기해야 합니다. 대신 그로스 마인드셋(growth mindset)으로 일한다면 늘 배우는 사람으로 좋은 평가를 받을 수 있습니다. 또한 그것을 나눠야 해요. 왜냐하면 저희가 직원을 평가하는 두 번째 요소가 임팩트거든요. 임팩트는 원래는 꼭 달성해야 하는 개인 성과입니다. 예전에는 가령 100억이 매출 목표였는데 120억을 달성하면 보너스를 받고 승진도 되었습니다. 그런데 이제는 이것만 하면 보너스도 못받고 주식도 못 받아요. 그럼 뭘 해야 하느냐? 다른 사람의 성공에 반드시 기여해야 합니다. 그리고 그 기여한 내용을 써야 합니다. 단순히 숫자로 나타나는 매출만이 아니라 '내가 이걸 해봤는데 이것을 배웠어' 이런 내용을 써서 기여할 수도 있는 것이죠. 또 다른 사람의 다른 프로젝트가 진행될 때 내가 예전에 했던 경험이 이 프로젝트에 도움이 될 것 같으면 그걸 나눌 수도 있고요.

이것을 활성화하는 게 매니저의 역할입니다. 또한 다른 사람이 어떻게 일하는지도 잘 보고 배워야 합니다. 이처럼 회사에서는 다른 사람의 성공에 기여하는지, 선한 영향력을 행사하는지를 봅니다. 이렇게 핵심 평가를 하다보니 당연히 이런 사람을 뽑을 수밖에 없는 거예요. 그리고 예전에는 성과가 훌륭한 사람을 팀 매니저로 승진시켰는데 이제는 그렇지 않습니다. 인성이나 사람을 이해하는 성숙도 등의 정성적인 지표를 가장 중요하게 봅니다. 제가 아시아 매니저가 되기 전에 제 매니저였던 친구는 저보다 열 살이 어렸는데 인성이나 성숙도가 뛰어났습니다. 지금은 디렉터까지 올라갔죠. 이렇게 해서 짧은 기간에 회사가 많이 바뀌고 어마어마한 성장을 하는 경험을 했습니다.

예전에는 회사 인재 채용의 미션이 '무조건 1등'이었어요. 그런데 지금은 '지구상에 있는 모든 사람과 조직이 더 많이 성취할 수 있도록 도와주는 회사'라고 비전을 바꾸면서 채용 방식도 바뀌었어요. 사티아 나델라 회장이 대학생들을 많이 만나는데 이렇게 얘기한다고 해요. "네가 굉장히 쿨해 보이려고 하면 다른 회사를 찾아라. 하지만 다른 사람들을 쿨하게 보이려고 하는 것을 돕는 회사에 오고 싶으면 마이크로소프트에 와라." 개인의 성과를 위해서 뛰는 사람이 아니라 다른 사람의 성과를 위해서 헌신할 수 있는 사람을 뽑습니다.

또 다양성과 포용도 중요하게 생각해서 채용도 그에 걸맞은 프로세스를 적용합니다. 팀 내에서도 성별, 인종, 나이 등의 다양성을 확보할 수 있도록 저 같은 피플 매니저에게 훈련 프로그램을 제공하고, 면접관이 8명이라면 꼭 장애인이라든지 완전히 다른 분야의 사람들을 포함시킵니다. 채용 프로세스를 좀더 자세하게 소개하면 해당 부서에서 결원이 생겼을 때 링크드인 같은 채용 사이트 혹은 사내 직원 추천으로 7명에서 10명 정도의 후보자를 선정합니다.

외국 본사에서는 한국 학벌 의미를 몰라

마이크로소프트코리아의 매니저 40~50%가 외국에 있습니다. 제가 팀원을 뽑을 때도 호주에 있는 팀원, 일본에 있는 팀원을 뽑았습니다. 그 친구들이 자기가 다닌 대학에 대해서 설명을 하는데 좋은 대학인지 아닌지 저는 잘 모릅니다. 대신 그 사람이 어떤 일을 했는지 평판이 어떤지 등을 소셜 체킹합니다. 개발자들을 채용할 때 커뮤니티 리더들을 많이 뽑는데, 그들이 온라인에서 자기 지식을 가지고 어떻게 영향력을 미쳤는지, 지식의 깊이가 어느 정도인지 등을 봅니다. 그게 학벌에서는 볼 수가 없잖아요. 학벌은 무슨 대학 무슨 과를 나왔다는 것인데, 실제 우리 회사가 원하는 직무를 했는지 안 했는지, 혹은 회사가 원하는 지식을 직접 배웠다는 얘기인지 안 배웠다는 얘기인지 알 수가 없습니다. 오히려 이 친구가 블로그에 글을 썼는데 그 글에서 어떤 일을 했는지가 나옵니다. 그러니까 링크드인에서 이미 이 친구가 어느 콘퍼런스에서 발표를 했다고 하면 그것을 보고 우리가 원하는 사람인지 판단할 수가 있는 것이죠.

이런 형태로 가기 때문에 외국인 매니저가 40~50%가 넘습니다. 아까도 아태지역 본부에서 거의 뽑는다고 했는데 그들은 한국의 서울대와 한양대를 잘 구분하지 못해요. 그리고 지방에 있는 부산은 유명하니까 부산대 하면 아주 좋은 데로 알죠. 다시 말해 학벌이 중요하지 않은데도 '서연고'라고 말하는 건 동떨어진 이야기라는 것이죠.

국내에는 생소한 직업들이 많습니다. 생소하지만 임팩트 있는 회사들이 많은 것처럼 직업도 마찬가지입니다. 이번에 유명한 개발 언어인 파이썬을 만든 사람이 입사했습니다. 그래서 한국에서 이 부문 담당자를 뽑았어요. 파이썬은 한국에서도 유명하거든요. 그런데 한 명도 지원하지 않았습니다. 왜 그런가 보니까 일단 직무 기술서가 생소한 거예요. 무엇이 몇 점 이상 이런 식으로 나와 있으면 여기에 지원할 수 있다 아니다 판단하기가 쉬운데 그게 아니니까 파이썬을 잘하는 사람들이 많은데도 지원을 못하는 거예요. 그리고 또 하나는 용기가 없는 것 같습니다. 일단 해보면 되는데 말이죠. 벤처회사나 계약직으로 1~2년만 일을 해봐도 '아, 이런 일을 하는구나' 알기 때문에 마음이 편합니다. 그래서 직무 기술서를 봐도 전혀 겁을 먹지 않습니다. 그런데 대학에서 공부만 하다가 혹은 국내 기업들에만 익숙해 있다가 이런 것을 보면 생소하니까 지원조차 안 하는 것입니다.

그래서 저희는 파트너사 직원이나 커뮤니티 활동, 혹은 업무를 통한 네트워킹 등을 통해 추천을 받는 경우가 많습니다. 저도 커뮤니티 리더들을 찾아서 추천하는데 그들의 학벌을 보면 지방대 출신이 많고 대학을 중퇴한 분도 있습니다. 그리고 외국계 기업이 평생을 약속하지 않고 덜 안정적인 것처럼 보이지만 사실 국내 기업도 마찬가지입니다. 국내 대기업은 40세에서 50세가 되면 거의 명예퇴직 권고를 받는데, 외국계 기업은 오히려 경력을 쌓을수록 전문성을 인정받아서 갈 데가 많습니다.

인턴 채용 프로세스는 다른 회사와 같습니다. 대신 회사의 미션과 문화에 맞는 성장 마인드셋이 있는지, 경력과 경험을 통해서 고객을 정확하게 이해하는지, 다양성과 포용에 대한 개념이 있는지를 봅니다. 가장 안타까운 경우가 한국에서 학원을 쭉 다녀서, 특히 서울 강남에서 학원만 다녀서 굉장히 좋은 대학을 나온 친구들인데, 인터뷰를 해보면 다양성이 없습니다. 당연히 직무 경험도 없고요. 공부는 많이 했으나 우리 회사가 원하는 걸 갖고 있지 않은 것이죠. 그리고 직급이 올라갈수록 톱 퍼포머를 채용하려고 하기 때문에 인성이나 협업 능력 같은 레퍼런스가 중요해서 아무리 성적이 좋고 실력이 뛰어나도 레퍼런스가 안 좋으면 뽑지 않습니다.

학벌보다 커뮤니티 활동력을 보여라

이제 시장과 기업, 특히 IT 기업 위주로 살펴보겠습니다. 모바일과 네트워크의 기술 발달로 시장이 매우 빠르게 다변화하고 소규모화하고 있습니다. 저희 회사만 봐도 예전에는 중간에 내부 조직이 많았습니다. 국내 기업들도 예전에는 신입사원을 많이 뽑아놓고 대리, 부장 이렇게 쭉쭉 올라가는 위계 조직의 계급 문화가 있었는데 지금은 많이 없어지더라고요. 다시 말해 중간관리자가 많이 축소되고, 저희같이 임원인데도 팀원이 없는 경우가 많습니다. 그들은 실무를 할 수 있는 임원들인 것이죠. 그런 분들은 갈 자리가 많은데, 큰 기업에서 관리만 한 분들은 갈 데가 없습니다. 앞으로 그런 상황이 계속될 것입니다. 그래서 실무 능력과 함께 다양성과 포용의 자질을 갖춘 리더십을 원하는 것입니다. 저처럼 열 살 어린 매니저가 와도 상관없이 제 실무 능력을 펼치면 기회가 옵니다. 과거에 자신이 얼마나 똑똑했는데 하는 엘리트 의식만이 머릿속에 가득하다면 회사에서 더 이상 갈 곳이 없습니다.

또 기술이 빠르게 변하고 있기 때문에 능동적으로 학습해서 실무에 적용할 수 있는 성장 마인드셋을 갖춘 인재들이 필요합니다. 제가 MVP(Most Valuable Professional)[4]를 뽑아서 그들 중 많은 분들이 저희 회사로 오는데요, 그런 분들이 많지가 않아서 뽑기가 어렵습니다. 저희는 협업 능력이나 공감 능력이 있는 사람을 보면 키우려고 합니다. 구글 등도 마찬가지이고요. 그런데 막상 국내에는 그런 사람이 많이 부족하고 용기도 없는 것 같습니다. 또 영어를 쓸데없이 어렵게만 배워서, 실

---

4 마이크로소프트의 제품 및 서비스에 대해 깊이 이해하고 있으며, 다양한 플랫폼, 제품 및 솔루션을 통합하여 실제 문제를 해결하는 90개 국가/지역에 걸쳐 4,000명이 넘는 기술 전문가와 커뮤니티 리더로 구성, 글로벌 커뮤니티에서 자신의 지식을 열정적으로 공유하는 기술 전문가를 말한다.

제 쉽게 얘기할 수 있는 사람이 거의 없습니다. 그래서 대학 입학을 위한 영어 공부보다는, 만약에 아이가 어리다면 차라리 유튜브를 보면서 영어로 커뮤니케이션하는 댓글을 달아보게 하는 게 오히려 공부가 되지 않을까 싶습니다.

이처럼 회사가 필요로 하는 인재상이 변하고 있습니다. 따라서 정해진 커리큘럼에 따라 수동적인 자세로 학습하는 것에 익숙한 과거형 인재는 기업에서의 역할이 점점 줄어들 것입니다. 심지어 이런 특정 관리 영역도 저희 회사가 지금 많이 하는 게 RPA(Robotic Process Automation, 로봇 프로세스 자동화)라고 반복하는 롤인데, 이 부분도 AI 기술이 빠르게 대체함으로써 이들의 일자리도 더 사라지게 될 것입니다.

이제 학위보다는 온라인에 남겨진 학습 흔적, 블로그나 기술 커뮤니티 공헌도 혹은 영향력, 콘퍼런스 발표 이력, 커뮤니티 운영자로서의 명성 같은 커뮤니티 리더십이 중요한 평가 요소가 될 수밖에 없습니다. 글로벌 테크 기업에서는 이미 그런 인재들을 채용하고 있습니다. 그렇게 되면 명문대 출신을 우대하거나 큰 기업 경영자를 경력자로 우대하던 관행이 사라지게 될 것입니다. 왜냐하면 '애자일(agile)' 조직은 작아지거든요. 그리고 매우 빨리 움직여야 하기 때문에 채용 매니저가 일반 HR 매니저가 아니라 실무자예요. 그래서 큰 기업에서 큰 예산을 움직여본 사람이 아니라 당장 일을 할 수 있는 사람이 필요한 것이죠. 따라서 빠르게 변화하는 것들을 스스로 학습해가면서 실무 능력을 갖추고 그러면서도 소셜미디어를 통해 사회에 영향력을 미치는 사람들에게 계속 기회가 올 것입니다.

남들이 생각하는 좋은 브랜드 기업들이 아니라 이름도 모르는 작은 기업들이 많이 생겨나고 있습니다. 채용도 많이 하고 있고요. 그런데 취업을 준비 중인 사람들은 그런 기업들에 대해 모르고 관심도 많지 않은 것 같습니다. 많은 친구들이 공무원 시험을 위해서 너무 많은 시간을 쓴다는 것은 안타까운 일이죠. 아무튼 지금의 긴 학습 기간, 대학 4년 혹은 대학원 2년은 실무 능력을 쌓는 데 방해 요소가 될 수 있으며 인턴, 조기 취업, 창업과 같은 실무 능력을 쌓으면서 학습을 병행하는 방향으로 변화해야 한다고 생각합니다.

구글의 채용 이야기[5]

교육의봄 연구팀

구글의 채용 이야기는 여러 가지로 의미하는 바가 큽니다. 4차 산업 혁명 시대에 기업들은 생존을 위해 역량 있는 인재를 찾는 데 사활을 걸고 있습니다. 그중 구글은 기술 혁신으로 존경받는 세계적인 기업입니다. 구글은 기업의 생존과 성장을 위해 가장 핵심적인 요인 중 하나를 '탁월한 인재 확보'로 보고, 이들을 찾기 위해 매우 선진적인 채용 철학과 방법을 개발·운영하고 있습니다. 그러니 기업들이 구글을 닮

---

5 이 글은 구글의 채용과 관련해 기존에 발표된 도서와 기타 자료들을 중심으로 교육의봄 연구팀이 분석 정리한 것입니다. 이를 위해서 민혜경 구글코리아 인사총괄이 재단법인 교육의봄의 외국계 기업 채용 포럼에 참석해서 발표한 내용, 구글 인사 담당 수석 부사장 라즐로 복의 도서 『구글의 아침은 자유가 시작된다』(RHK출판사), 하버드대 토드 로즈 교수가 쓴 『평균의 종말』(21세기북스)의 관련 내용을 참고했습니다. 민혜경 인사총괄의 발표 내용은 유튜브 '교육의봄' 채널에서 볼 수 있습니다.

고 배우고자 한다면, 결국 구글의 채용 철학을 참고할 수밖에 없을 것입니다.

구글은 자신들의 사명을 "전 세계의 정보를 조직해 누구나 쉽게 접근하고 사용할 수 있도록 하는 것"[6]에서 찾고 있습니다. 이를 위해 역량이 뛰어난 인재를 찾기 위해 초창기부터 다양한 시도를 해왔습니다. 그중 구글의 인사 담당 수석 부사장인 라즐로 복의 이야기는 매우 유명합니다.

라즐로 복은 구글의 인재 발굴의 비밀을 『구글의 아침은 자유가 시작된다』(RHK출판사)라는 600쪽에 가까운 방대한 책에 담아낸 바 있습니다. 이 책에서 그는 탁월한 인재를 확보하는 데는 두 가지 방법이 있다면서, 최고의 인재를 채용하든지 아니면 평범한 인재를 채용해 최고의 인재로 키우는 것을 말합니다. 그런데 교육과 훈련에 더 많은 투자를 하는 일반 기업들과는 달리 구글은 채용에 훨씬 많은 투자를 한다고 밝히고 있습니다.[7] 그에 따르면, 회사가 필요로 하는 직원을 충분히 잘 뽑으면 그만큼 교육과 훈련 비용을 적게 들여도 된다는 것입니다.

또한 그는 우수한 인재 채용과 관련해서, "회사 초기에는 하버드, 스탠퍼드, MIT 같은 미국의 유명한 대학 출신들을 채용하는 것이 쉽고 효율적이었지만, 채용 인원이 수천 명에 이르고 나서는 그런 엘리트주의적인 접근법에 오류가 있다는 것을 깨닫고 채용 방식을 전환했

6 라즐로 복, 『구글의 아침은 자유가 시작된다』, RHK출판사, 2015, 65쪽.
7 라즐로 복, 『구글의 아침은 자유가 시작된다』, RHK출판사, 2015, 107~109쪽.

다"는 것[8]입니다. 똑똑한 인재를 찾는 것도 중요하지만, 그와 동시에 '고난을 극복할 능력'과 '끈기'도 매우 중요하다고 합니다. 예를 들어 "아이비리그를 평균 성적 혹은 그 이상의 성적으로 졸업한 지원자보다 주립대학을 수석으로 졸업한 학생을 더 선호한다"는 것입니다. 그 이유는 "좋은 대학에서 받은 교육보다 그 사람이 그동안 이룩한 성취가 더 중요하기 때문"이라는 것인데요. 특히 구글은 "몇몇 직책에 있어서는 대학 교육을 전혀 고려하지 않는다"라고까지 언급하고 있습니다.

이렇게 구글은 출신학교나 학점, 우리로 따지면 수능에 해당하는 SAT 점수를 채용에서 우수한 인재를 식별하는 기준으로 보는 관점에서 상당히 벗어난 채용 철학을 가진 것으로 유명합니다.

『평균의 종말』에서 주목한 구글 채용의 전환 : 출신학교와 GPA 위상 저하

이런 결론을 이끌어내기까지 구글에서 의미심장한 실험의 과정이 있었던 것으로 보입니다. 『평균의 종말』(21세기북스)에서 토드 로즈 교수는 기업이 중시하는 인재상과 역량의 미래에 대해 매우 흥미롭고 주목할 만한 내용을 다루고 있습니다. 앞으로의 세상과 기업은 표준화된 시험의 성적이나 학점보다는 구직자 개개인의 세부 역량, 즉 '들쭉날

---

8 라즐로 복, 『구글의 아침은 자유가 시작된다』, RHK출판사, 2015, 117~118쪽.

쑥성'을 중시한다면서 구글의 인사부 분석 업무 담당자인 토드 칼라일의 인터뷰 내용을 예로 듭니다.[9]

칼라일은 구글 인사부에서 채용 관련 업무를 맡으면서 다양한 지원자들의 지원 서류를 다루며 그중 적합한 지원자 서류를 프로젝트 팀장들에게 넘기는 과정에서 흥미로운 사실을 발견했다고 합니다. 즉 프로젝트 팀장들이 인사부가 넘긴 우수 지원자 이력서에 만족하지 않고 자꾸 지원자들의 프로그래밍 경진대회 참가 여부 혹은 체스나 밴드 활동 같은 취미생활과 관련된 정보를 추가적으로 요구했다는 것입니다.

칼라일이 보기에 등급이나 시험 점수가 정말로 훌륭한 기준이라면 왜 그렇게 추가적인 기준을 찾아 기존 자료를 보완하려는가에 의구심을 품고 어쩌면 "저 바깥에 구글이 놓치고 있는 수많은 인재들이 있을지 모른다"[10]는 생각에 표준화된 시험 점수, 학위, GPA(학점) 점수 등 300가지 스펙을 목록으로 만들어서 각각이 적합한 직원을 판단하는 데 얼마나 정확한지 검증을 했다는 것입니다. 그리고 그 결과는 아래와 같았습니다.

> 검증 결과, SAT 점수와 출신학교의 명성은 재능을 미리 예견케 해주는 지표가 되지 못했다. 프로그래밍 경진대회의 우승 역시 마찬가지였다. 성적은 어느 정도 중요한 지표였으나 그것도 졸업 후 3년 동안만 그러했다. (중략) 어떤 입사 지원자든 졸업 후 3년이 지나면 시험

---

9   토드 로즈, 『평균의 종말』, 21세기북스, 2018, 138~139쪽.
10 토드 로즈, 『평균의 종말』, 21세기북스, 2018, 139쪽.

성적은 무용지물임이 밝혀진 터라 이제 구글에서는 여간해서는 입사 지원자들에게 GPA(학점)를 묻지 않는다. 이제 출신학교에 대해서도 예전과 같은 식으로 다루지 않는다.[11]

적합한 지원자인지 확인하기 위해 지원자들의 스펙과 역량의 상관관계를 조사하고 그 결과에 따라 채용 방식에 변화를 주었다는 것은 놀라운 일입니다. 이런 실증적인 검증 결과가 있으니 사람들의 편견, 즉 '명문 대학을 나왔으면 실력이 좋을 거야. 학점이 좋으면 우리가 찾고자 하는 유능한 지원자임을 암시하는 것이겠지!'라는 편견과 결별할 수 있었던 것입니다.

우리의 관심은 그다음입니다. 전통적인 스펙들이 구글이 말하는 직무 역량을 예측하지 못한다면 도대체 그들이 생각하는 직무 역량은 무엇이고 어떻게 측정하는가의 문제입니다. 또한 그것이 만일 교육적으로도 타당한 역량이라면 학교는 어떻게 이런 역량을 길러줄 것이고, 이를 위해 가야 할 새로운 길은 무엇인가라는 점입니다.

이와 관련해 우리 단체가 진행한 '외국계 기업 채용 탐색 포럼'에 민혜경 인사총괄이 참석해 발표한 구글이 중시하는 역량은 매우 인상적입니다.

---

11 토드 로즈, 『평균의 종말』, 21세기북스, 2018, 140쪽.

구글이 채용에서 중시하는 역량들 :
빠른 학습 능력, 모호한 곳에서 길 찾기, 지적 겸손 등

민혜경 인사총괄에 따르면,[12] 구글이 중시하는 주요 역량 가운데 하나는 빠른 학습 능력과 문제 해결을 나타내는 '종합 인지 능력(general cognitive ability, GCA)'입니다. 즉 변화하는 상황 속에서 새로운 가치를 만들어내는 혁신이 필요한데, 여기에 동반되는 다양한 문제들을 빠르게 해결할 수 있느냐라는 점이 중요하다는 것입니다. 두 번째로는 '업무 관련 지식'도 필요합니다. 세 번째는 리더십입니다. 이때 리더십은 복잡한 일과 조직 속에서 지속적으로 성과를 도출할 수 있는 힘, 그리고 그것을 홀로 잘하는 데서 머물지 않고 다른 동료들이 성공하도록 도와서 전체 팀의 성과가 극대화하는 것을 말합니다. 그러니까 리더십이란 팀의 성과가 극대화하도록 팀원과 협업하며 그들의 성공을 돕는 역량이라 할 것입니다. 네 번째는 구글다움(Googleyness)인데요. 구글다움이란 '지적 겸손(intellectual humility)' '모호한 곳에서 길 찾기' '열정' 등의 세부 요소들을 포함합니다.

이때 '지적 겸손'이란 내가 모르는 것이 있을 때 누구에게든지 배움을 요청할 수 있는 자세입니다. '모호한 곳에서 길 찾기'는 기업은 예상치 못한 상황을 수없이 직면하기 마련인데, 그럴 때 당황하거나 불평

---

12 민혜경, '구글코리아의 구글 채용 이야기', 2020, 재단법인 교육의봄 유튜브 중
https://www.youtube.com/watch?v=kfG1QFKV29o

하지 않고 길을 찾고, 또 길을 찾아가는 그 과정을 즐기느냐와 관련된 능력입니다. 마지막으로 '열정'인데요, 막연히 실행하지 않은 의욕이나 근거 없는 열정을 의미하지 않습니다. 그 대신 얼마나 깊게 파고, 얼마나 시도해보았고, 그 과정에서 성공과 실패를 경험했는가라는 점을 입증해주는 능력입니다.

여기서 특이한 점은 채용 과정에서 이 네 가지 직무 역량을 고려하지만, 이중에서 '업무 관련 지식' 부분에 대한 평가 반영도를 상대적으로 유연하게 가져간다는 것입니다. 민혜경 인사총괄은 그 이유를 다음과 같이 설명합니다.

해당 업무에 필요한 지식과 기능을 어느 정도 갖추고 있느냐를 묻는 것은 필요합니다. 특히 소프트웨어 엔지니어같이 기술 관련 직무에서 일하시는 분들에게는 꼼꼼히 검증해야 할 부분입니다. 그러나 우리는 업무와 관련된 전문 지식의 요구에 대해서 가장 유연하게 대합니다. 업무 관련 직접 지식을 갖고 있지 않아도 빠르게 배울 수 있는 '종합 인지 능력(GCA)'이 탁월하면 채용이 됩니다. 어차피 기업 환경이 급변해서 조직도 변화무쌍하게 개편되기에 직원들에게 요구되는 역할도 계속 바뀌거든요. 2~3년 후에도 내가 똑같은 일을 하고 있다는 보장을 할 수 없습니다.[13]

13 민혜경, '구글코리아의 구글 채용 이야기', 2020, 재단법인 교육의봄 유튜브 중
https://www.youtube.com/watch?v=kfG1QFKV29o

민혜경 인사총괄이 제시하는 구글이 선호하는 역량은 구글코리아만의 기준이 아니라 구글 전체의 준거이기도 합니다. 라즐로 복은 저서 『구글의 아침은 자유가 시작된다』에서 이 네 가지 능력을 동일하게 언급하면서, 이 능력들은 구글에서 채용한 약 1만 명과 구글이 채용하지 않았던 100만 명을 대상으로 도출한 소양이라는 것을 명시하고 있습니다.[14] 즉 구글에 입사해서 장차 높은 성과를 올릴지의 여부를 예측하는 데 핵심 소양이라는 것입니다.

구글이 종래에 중시했던 IQ, GPA, SAT, 출신학교 스펙을 덜 중시하기 시작했다는 것은 이런 표준화된 시험이 구글이 중시하는 소양을 찾는 데 한계가 있다는 것을 의미합니다. 그들은 표준화된 시험이나 이력서의 전통적인 스펙들에 의존하지 않고 구글만의 비범한 사람을 채용하는 시스템을 구축해서 운영하고 이를 위해 실제로 막대한 비용과 시간을 투자하는 것을 확인할 수 있었습니다.

이런 점은 우리 기업에도 시사하는 바가 클 것입니다. 회사의 미래를 책임지는 인재를 찾기 위해 새로운 채용의 길을 찾기에 앞서, 먼저 출신학교나 수능, 학점 스펙 같은 표준화된 시험 점수가 우리 회사가 찾고자 하는 인재를 예측하는 데 얼마나 효용이 있는지 과학적으로 점검해야 할 것입니다. 구글은 전통적인 스펙에 의존하고자 하는 관성을 버리고 오직 적합한 인재를 찾는 길 자체에 모든 관심을 집중하며 채용의 경험과 결과를 냉정히 재평가했고 지금까지의 관행을 쇄신했으

---

14 라즐로 복, 『구글의 아침은 자유가 시작된다』, RHK출판사, 2015, 164쪽.

며 그 과정과 결과를 이렇게 공개적으로 드러내고 있습니다. 그러나 우리 기업의 경우, 채용의 혁신을 실험한 여정을 정직하게 드러낸 경우는 거의 찾아볼 수 없습니다. 이제 우리 기업도 국제적인 기술 경쟁을 외면할 수 없는 시기를 맞이하고 있습니다. 그러니 우리 기업들도 지금껏 어떤 인재를 중시해왔고 그 인재를 찾는 과정에서 쓸모 있는 방법과 그렇지 않은 것을 구별하는, 과학적인 입증의 과정을 거치고 이를 오픈하며 더 나은 길을 적극적으로 모색할 때입니다.

구글의 채용 사례는 기업뿐 아니라 학교 교육에도 주는 시사점이 클 것입니다. 구글이 제시하는 네 가지 역량은 우리 기업 채용만이 아니라 한국 교육의 미래일 수도 있습니다. 한국 교육이 지금 지향하는 소위 '역량 중심의 교육과정'에서 강조하는 역량들과 구글이 강조하는 직무 능력 간에는 일치점이 대단히 많습니다. 그런데 구글이 말한 바처럼, 이런 능력들을 기존의 표준화된 시험이나 스펙으로 보장할 수 없다면, 학교 교육은 어떻게 이런 역량을 길러줄 것인가라는 문제에 대해서 이제부터라도 심각히 고민해야 할 것입니다.

외국계 기업 속에서 발견한 채용과 교육의 희망

이소영 마이크로소프트코리아 이사
민혜경 구글코리아 인사총괄
브랜든 리 피플앤잡 큐레이터
김용구 부산인재평생교육진흥원 대표
본부장 외국계 헬스케어 담당
전선희 교육의봄 연구원

사회자

지금까지의 발표를 토대로 몇 가지 질문을 드리겠습니다. 먼저 외국계 기업은 국내 일반 대기업보다 출신학교를 덜 보는 것 같습니다. 그리고 완전한 블라인드 채용이 아닌데도 외국계 기업에 취업하기 위해서 '최소한 학벌이 이 정도는 돼야지 그다음 단계로 갈 수 있어'라는 메시지는 아니라는 점에서 상당히 의미 있게 보았습니다. 이소영 이사님은 학벌이 '참고 사항 정도밖에 안 된다'라고 하셨지만, 이력서에 학벌을 쓰는 난이 있습니다. 이것이 부모들에게는 학벌을 어느 정도 갖춰야 한다는 메시지로 받아들여질 수 있습니다. 이렇게 생각하는 부모들에게 어떻게 이야기해주어야 할까요?

두 번째는 외국계 기업은 학벌을 덜 보고 실제 역량과 직무 능력 중심으로 채용하려는 추세입니다. 마이크로소프트와 구글을 중심으로 하는 글로벌 기업들의 선진적인 채용 방식이 다른 외국계 기업들에 어느 정도 영향을 끼치고, 또 국내 기업들에 주는 메시지와 영향이 어느 정도인지에 대해서 말씀해주실 수 있을까요? 그럼 앞으로의 취업 트렌드와 그에 맞게 우리 아이를 어떻게 키워야 하는지를 판단할 수 있을 것 같습니다.

세 번째는 민혜경 구글코리아 인사총괄이 구글에서 보는 네 가지 역량을 얘기하셨고, 마이크로소프트코리아 이소영 이사님도 같은 말씀을 하셨습니다. 이 부분이 교육에 주는 시사점이 무엇인지, 어떻게 아이들을 가르쳐야 하는지, 한국 교육에 어떻게 매칭을 할 것인지 판단하는 부분이 있을 것 같은데 그것도 말씀을 해주셨으면 합니다. 줌으로 참여하는 분들도 질문을 해주세요.

이소영 ⌐

채용 담당자들이 공통으로 이야기하는 게 학벌은 입사 후 2~3년이 지나면 거의 영향을 미치지 못한다는 것입니다. 과거에는 기회를 만들 수 있는 게 거의 학벌밖에 없었죠. 커뮤니티 리더십을 발휘했다고 해서 그게 영향을 미쳐서 채용되는 경우도 거의 없었고, 마이스터고 같은 전문 교육을 통해서 취업할 기회도 거의 없었습니다. 그리고 국가에서 하는 여러 가지 취업 프로그램도 없었고요. 과거라고 해봐야 그리 멀지 않은 3년에서 5년 전만 해도 이런 추세가 없었어요. 예전에는 학위나 학벌 외에 가질 수 있는 선택지가 거의 없었는데, 지금은 다른 선택지들이 많아졌어요. 아이의 특성에 맞추면 됩니다. 획일적으로 똑같은 길을 갈 필요가 없고 다양한 경험을 하는 것이 중요합니다.

사회자

이렇게 정리하면 되겠군요. 학벌은 좋은 직장에 들어가기 위한 기회 요인인 것은 틀림없는데, 과거에는 학벌이 거의 유일한 기회 요인이었다면 지금은 학벌 외에 다른 요인들이 많다는 것으로 말이죠. 국내 대기업과의 차이를 이야기하자면, 국내 대기업은 먼저 서류 전형에서 학벌로 어느 정도 거르고, 그다음 단계에서 다른 역량이 있는지를 확인하는 과정을 거치는 허들형입니다. 반면에 외국계 기업, 특히 마이크로소프트는 '학벌이 있거나 그것이 없으면 다른 능력이라도 보여줘'라는 것이죠?

이소영

마이크로소프트나 구글 같은 4차 산업혁명을 이끄는 회사들은 과거의 경쟁적이고 엘리트 중심으로 채용을 했을 때와 지금 그렇지 않았을 때 결과 차이가 너무 분명하기 때문에 다른 기업들에서 저희 사례를 많이 벤치마킹하고 있습니다. 이것이 두 번째 질문에 대한 답변이 될 텐데요, 저희의 채용 방식이 트렌드라고 할 수 있습니다. 지금 대부분의 기업들이 직무 중심, 경력 중심, 수시 채용으로 바뀌기 때문에 벤치마킹을 많이 할 수밖에 없죠.

사회자 ,

잘 이해했습니다. 민혜경 인사총괄님의 생각은 어떠신가요?

민혜경 ,

대졸 신입 지원자들의 경우 이력서를 볼 때 경력이 거의 없기 때문에 학교가 데이터 포인트가 될 수는 있습니다. 그런데 그게 당락의 기준은 아닙니다. 그리고 졸업한 지 3년 넘은 경력자는 아까 말씀하신 대로 출신학교가 그렇게 의미가 없습니다. 3년이 넘으면 학점조차 묻지 않아요.

실제로 내부 연구를 통해서 봐도 출신학교나 학점이 직원의 실제 성과를 예측하느냐 하면 그렇지 않습니다. 다만 데이터가 별로 없을 때는 학교가 데이터가 될 수 있습니다. 그러면 학교가 중요한 데이터로 작용할 수 없는 경우에는 어떻게 하느냐? 다른 데이터를 보여주면 됩니다. 그게 직무 관련 활동이나 수상 경력, 프로젝트 경험, 스타트업의 인턴 경험이 될 수도 있습니다. 기업에 참여했던 경험, 예를 들어 외국계 기업에 들어가고 싶다면 외국계 기업에서 대학생 대상으로 하는 아카데미가 많습니다. 그런 곳에서 두각을 나타낸 결과가 있으면 그것도 되게 중요한 데이터 포인트가 되죠. 그러니까 지원자가 정말 뭘 했느냐 하는 콘텐츠를 중요하게 본다는 것입니다.

사회자

그러니까 외국계 기업에서 '데이터 또는 경력이 전혀 없을 때는 출신학교를 볼 수밖에 없지만 다른 경력을 준비해서 입증할 수만 있다면 그것도 중시한다'라고 하면 구직자들은 그것을 '학벌도 준비하고 경력도 준비하면 더 좋겠구나' 이렇게 생각한다는 것이죠. 그게 사실은 스펙 경쟁이잖아요. 이 부분에서 구글은 경력도 있어야겠지만 학벌도 있으면 더 좋다고 보나요? 아니면 이런 부분에서 조금 자유로운가요?

민혜경

이력서를 볼 때 키워드를 중심으로 봅니다. 예를 들어 기술직을 채용한다면 기술직에 필요한 기술이 있습니다. 그런 키워드를 가지고 있는 분들을 우선 보게 됩니다. 그리고 그들이 이 키워드와 관련해서 이런저런 활동을 했더라, 이것만큼 재밌는 일이 없는 거예요. 그런데 학교는, 어느 학교를 다녔더라 이게 끝이거든요. 거기서 도대체 어떻게 공부를 했고, 어떤 활동을 했는지 재밌는 데이터가 없어요. 스토리가 없어요. 그런데 히스토리를 보여줄 수 있는 이력서라면 기회가 있는 거죠.

이소영

학벌에 대해 말씀을 드리면, 구글이나 마이크로소프트에서 직무기술서가 중요하다는 얘기는 곧 관련 공부도 본다는 것입니다. 전혀 관련 없는 과를 다녔는데 굉장히 좋은 학위면 오히려 마이너스 요소입니다. 반면에 지방대이지만 우리 회사에 꼭 필요한 걸 공부했다면 플러스 요소가 됩니다.

사회자

네, 좋습니다. 다음으로 브랜든 리 선생님께서 제가 드린 두 번째 질문, 즉 마이크로소프트나 구글과 같은 기업의 선진적인 채용 흐름이 특정 기업에만 국한될 거냐 아니면 확장을 할 거냐, 그리고 국내 기업에도 일정한 영향을 줄 거냐 하는 부분에 대해서 말씀을 해주세요.

브랜든 리

저는 구글이나 마이크로소프트 등 일부 빅테크 기업이 아니라 전반적인 트렌드에 대해서 말씀을 드렸습니다. 구글이나 마이크로소프트처럼 직무 역량 위주로 채용이 이루어지고 있습니다. 그리고 아까도 말씀드렸지만 해외 본사에서 직접 채용하고 있습니다. 말레이시아인이나 싱가포르인 등 외국인 채용 담당자는 지원자의 출신학교가 서울대인지 한양대인지 고려대인지 정확하게 잘 이해를 못합니다. 그보다는 직무 기술서에 있는 직무 키워드를 가지고 있는가, 직무와 관련된 역량을 쌓았는가 등을 위주로 봅니다.

사회자

국내에 들어와 있는 외국계 기업 채용의 주체는 해외 본사라는 말인가요?

브랜든 리

해외 본사가 점점 늘어나고 있습니다. 전부는 아니고요.

사회자

한국 지사에서 채용한다면 학벌을 많이 보지 않을까요? 지금까지 해온 관행이라는 게 있으니까요.

브랜든 리

참고는 한다고 생각합니다. 아까도 말씀드렸듯이 좋은 대학을 나왔는데 회사에서 요구하는 자격 요건을 갖추지 못했다면 뽑지 않습니다. 그런데 학벌이 좀 떨어져도 회사에서 요구하는 자격 요건을 충족하면 지방대를 나와도 그 사람을 뽑습니다. 저도 헤드헌팅을 하고 있으니까 국내 대기업, 외국계 기업 다 채용을 하고 있습니다. 국내 대기업은 아직도 학벌을 계속 요구해요. "이 정도 레벨을 뽑아주세요." 반면에 외국계 기업은 딱 직무 요건에 맞는 사람을 구해달라고 합니다. 그래서 직무 키워드 중심으로 채용을 하니까 SKY대 출신도 떨어지는 거죠. 현대차가 수시 채용으로 가면서 점점 직무 위주로 많이 뽑고 있습니다.

김용구[15]

저 역시 직무 역량이나 경험이 학벌보다는 우선한다는 생각이 듭니다. 그런데 CEO나 컨트롤 매니저급이 되면 출신학교가 많이 좌우하는 것도 사실입니다. 제가 아데코코리아의 대표이사로 있을때 보니 다른 아데코코리아 브릿지 60개국에 있는 컨트리 매니저들이 전부 톱 그룹에 속한 학교를 나온 친구들이에요. 지방대를 그렇게 선호하지 않는 이유 중 하나가 교육의 질에 대한 아쉬움 때문입니다.

사회자

지금 하신 말씀은 신입 직원이 아니라 CEO를 채용할 때 학벌을 상당히 본다는 말씀이신 거죠? 사람들과의 네트워크 등을 고려해서요. CEO 영역과 일반 채용 영역은 또 다를 수 있으니까 그런 것들을 구분해서 판단해야 할 것 같습니다.

이소영

지방대냐 수도권대냐보다는 계속해서 성장한다는 것이 정말 중요한 키워드라고 생각합니다. 예를 들어 사람마다 공부를 열심히 하는 시기가 다 다릅니다. 지방대를 갔다고 해서 그 친구가 게을러서

---

15 김용구 대표는 아데코코리아 대표를 역임하고 현재 부산인재평생교육진흥원에 재임하면서 그 경험을 바탕으로 외국계 기업 채용 포럼에 토론자로 참여했다.

가 아니라 상황과 조건이 안 맞아서일 수도 있습니다. 공부가 재미 있어서 뒤늦게 공부를 하고요. 사티아 나델라 회장님이나 저도 그런 경우입니다. 저도 인문계를 나왔지만 중간에 아이를 낳고 대학원을 다니면서 더 공부를 했던 것이죠. 저희 CEO도 계속해서 공부하는 자세를 보이지 않았다면 그 자리에까지 오르지 못했을 것입니다.

사회자 ⌐

마이크로소프트와 구글의 채용 방식이 국내 기업들에는 어떤 영향을 미칠까요?

이소영 ⌐

예전에는 마이크로소프트나 구글이 하는 게 그냥 독특하다, 이게 우리랑은 크게 상관이 없다고 생각했던 것 같습니다. 지금은 코로나19가 디지털 트랜스포메이션을 가속화하고 있고, AI가 실제 산업에 엄청나게 영향을 미치고 있습니다. 얼마 전 자동차 기업에 갔을 때 보니까 신입사원들을 다양하게 뽑았더라고요. 직무마다 다른 친구들을 뽑은 거예요. 지금 전기자동차로 혁신이 일어나고 있거든요. 과거에는 하지 않던 영역이 많아지면서 어쩔 수 없게 된 부분인 것 같습니다. 그런데 삼성전자 같은 경우는 하드웨어 중심이기 때문에 아직도 과거를 고수하는 것 같습니다. 그 외에는 4차 산업혁명과 디지털 트랜스포메이션을 비켜가는 기업은 거의 없습니다. 다시 말해 대부분의 기업이 트렌드에 영향을 받으면서 과거처럼 '구글 일이야, 그것은 마이크로소프트 일일 뿐이야'라고 외면할 수 없게 된 것이죠.

민혜경

저도 비슷하게 말씀드리겠습니다. 트렌드는 확실해요. 제가 직무 기술서라고 말씀을 드린 건 의도적으로 그런 것인데, 직무로 구성되어 있지 않은 전통 기업들이 아직도 많이 있거든요. 그런데 그런 기업의 인사 담당자들과 이야기를 나눠보면 가장 많이 고민하는 것 중 하나가 "저희도 직무 체제로 바꿔야 하는데 어떻게 시작해야 할지 고민이에요"라는 말이에요. 직무 쪽으로 세분화해서 가고 싶어 하는 기업이 많고, 이건 산업의 패러다임 변화가 이미 일어났고, 직무 위주로 뽑는다고 하면 이 후보자가 정말 갖고 있는 능력이 무엇이냐 하는 게 더 중요해지는 세상에 와 있는 것이죠.

사회자

수시 채용으로 가면서 역량에 초점을 맞추기 때문에 학벌에 의존하던 시대는 지났고, 이것이 앞으로 더욱 확장될 거라고 판단하시는 것 같습니다. 다음은 줌으로 참여한 분들의 질문입니다.

먼저 구글코리아 민혜경 인사총괄님께 드리는 질문입니다. '요즘은 40대 초반까지만 채용이 된다는데, 구글에서는 어떤지 궁금합니다.' '실무 경험이 없는 인턴과 신입 채용 시에는 어떤 경험을 중

심으로 평가하는지 궁금합니다. 전화 인터뷰는 짧게 진행되는 것
으로 아는데, 어떻게 면접과 다르게 평가하는지도 궁금합니다.'

민혜경

40대 초반까지만 뽑는다는 말은 사실이 아닙니다. 최근에 구글 클
라우드의 경우 클라우드 업계에서 경험이 많은 시니어들을 뽑았
고 지금도 많이 채용하고 있습니다. 사실 직무가 중요하지 나이가
그렇게 중요하지는 않습니다. 다시 말해서 나이가 어느 정도 되는
분을 뽑아야겠다가 아니라 어떤 경험을 가진 분을 뽑을지를 고민
합니다. 그리고 실무 경험이 없다면 자신이 어떤 열정을 가지고 어
떤 일을 해왔는지를 보여줄 수 있어야 합니다. 그것을 스펙이라고
보는 것은 단편적이라는 생각이 들고요. 저희가 정말 찾는 것은 콘
텐츠입니다. 이분이 어떤 콘텐츠를 가져오는지, 그리고 어떤 노력
을 해왔고, 어떤 실패를 해봤는지를 봅니다. 저희는 실패도 중요하
게 생각합니다. 실패를 통해서 더 많이 배우거든요. 그래서 이런
것들을 충분히 보여줄 수 있도록 이력서를 써야 합니다.

사회자

학부모님 질문입니다. 'IT 기업에서는 이과만 채용하나요? 문과
학생들이 지원할 수 있는 곳은 없나요?'

민혜경

이과만 채용하지는 않습니다. 광고 세일즈, 마케팅 등 문과 출신이 일할 수 있는 부서가 많습니다. 광고 세일즈라고 하면 전형적인 영업이라고 생각하는 분들이 많은데, 광고 세일즈는 사실 컨설테이션(consultation)이라고 생각하시면 돼요. 어떤 기업이 구글 광고 플랫폼을 사용해서 마케팅을 하려고 하는데 어떻게 했을 때 가장 적은 비용으로 효과적으로 많은 사용자들에게 메시지를 전달할 수 있을까에 대한 컨설테이션인 거죠. 그래서 경영학과라든지 심지어 테크 쪽 전공자들도 많이 와서 일을 합니다.

교육에 대해서 말씀드리겠습니다. 저도 학부모입니다. 우리는 교육현장에서 아이들한테 "엄마 이건 변별력이 없어, 엄마 이건 공정하지 않아"라는 말을 많이 듣습니다. 아이들이 수치로 평가하는 것에 신경을 쓰고 있다는 뜻이죠. 그래서 프로젝트를 할 때도 "이렇게 하면 몇 점이고 저렇게 하면 몇 점이어서, 이것 이것만 맞히면 점수를 얻을 수 있어"라고 합니다. 그런데 그렇게 하다보니까 물론 공정성도 중요하고, 그 점수를 가지고 아이들이 대학을 가는 거니까 중요하긴 한데, 이걸 어떻게 바꿀 수 있을까 고민이 많이 됩니다. 어떻게 하면 교육의 질을 더욱 높이고, 거기에서 아이들이 성공 경험을 하면서 재미를 느끼고, 진짜 역량을 키울 수 있는 경험을 만들어낼 수 있을까? 이것은 학부모의 입장이고, 기업 입장에서는 스펙이나 점수가 아니라 진짜 경험을 어떻게 만들어낼 수 있을까가 가장 큰 고민입니다.

사회자

민혜경 인사총괄님이 말씀하신 것처럼 변별력과 공정성 중심의 입시 교육이 기업의 새로운 채용 흐름에서 요구하는 인재상하고는 정면으로 부딪치는 부분이 있는 것 같습니다. 그래서 새로운 교육을 꿈꾸는 교육가 그룹과 새로운 채용을 위해서 열심히 노력하는 기업 그룹들 간에 만남의 시간을 만들고자 합니다. 왜냐하면 메시지가 잘못 전달되고 있거든요.

마이크로소프트나 구글이 AI 채용을 도입하고 있는지 묻는 질문이 있는데, 여기에 대해서 말씀해주세요.

이소영

제가 알기로는 마이크로소프트에서는 AI 채용을 하고 있지 않습니다. 기본적으로 직무에 대한 정보가 잘 정리되어 있는 경우에는 AI가 잘할 수 있습니다. 그런데 구글도 마찬가지고, 저희도 그렇고 직무 기술서가 자주 바뀌고, 작년에 필요했던 직무가 올해는 필요하지 않고, 올해 많이 뽑는 직무가 작년에는 필요하지 않았습니다. 그래서 막상 AI를 트레이닝해도 사용할 때쯤 되면 또 다른 직무와 역량이 필요하기 때문에 과연 그게 가능할까라는 회의가 듭니다.

브랜든 리

저희 고객사 중에 외국계 제약사를 중심으로 AI 채용을 도입하는 기업이 늘고 있습니다.

사회자

외국계 제약사는 왜 그럴까요?

브랜든 리

정확한 이유는 모르겠습니다. 여기 외국계 헬스케어 담당 선임본부장님이 나와 계신데, 외국계 제약사에서 AI 면접이 늘고 있는 이유에 대해서 말씀해주실 수 있을 것 같습니다.

본부장

AI는 공정성을 확보하고 채용 시 필요한 인력을 줄이기 위해서 합니다. 다만 지금까지는 AI를 전면적으로 도입하기보다는 참고 사항으로 활용하고 있습니다.

사회자

특정 직무에 적합한 인재를 뽑는다는 좁은 의미보다는 역량을 발견하기 위한 용도로 AI를 활용하는 것 같습니다. AI 채용에 대해서는 이후에 심층적인 연구와 토론을 진행하려고 합니다.

오늘 핵심적인 질문 한 가지만 공유하고자 합니다. 지금 외국계 기업이 전반적으로 직무 중심, 수시 채용으로 가면서 직무에 적합한 인재를 찾기 위해 내부 직원들의 네트워크를 활용해서 추천하는 방식을 많이 이용하고 장려한다는 말씀을 하셨습니다. 그렇게 채용된 사람들도 많다고 하고요. 그런데 내부 네트워크가 없는 분들은 공개 채용 정보를 통해서 취업 시도를 할 텐데 그렇게 되면 기회가 줄어드는 게 아닌가 싶습니다. 그러니까 외국계 기업들은 매우 선진적인 채용 정책을 추진하고 있지만 실제로 우리 국민들이나 취준생들에게 필요한 정보 격차의 문제를 어떻게 해소하는 것이 좋을지 이 문제에 대해서 이야기해보면 좋겠습니다.

이소영

온라인에는 아주 많은 정보가 있습니다. 기업 정보든 링크드인이든 찾고자 한다면 얼마든지 찾아낼 수 있습니다. 그것을 숨기는 게 아니거든요. 내부 네트워크에서만 하는 게 아니라 모든 정보가 온라인상에 올라와 있는데 그것을 찾아내고 가공하는 능력을 기르는 게 핵심 능력입니다.

그것을 못 찾아서, 정보 격차가 있어서 나는 잘 몰랐다고 하는 것은 회사에 와서도 문제가 됩니다. 회사에서는 하루에도 수많은 문제가 일어나는데 그것을 시시콜콜 알려주는 상사는 없습니다. 그런 정보를 수시로 찾아낼 수 있어야 하고 필요하면 네트워크도 만들 수 있어야 합니다. 커뮤니티라든지 이런 게 과거에 학부모님들이 생각하던 게 아니라는 거죠. 왜냐하면 학부모님 때에는 인터넷을 하거나 모바일을 많이 보는 게 낭비라고 생각했지만, 지금 아이들은 거기에서 많은 정보를 얻습니다. 따라서 정보 격차를 느낀다는 것은 외국계 기업이 필요로 하는 역량을 갖추지 못했을 확률이 매우 높다는 의미입니다.

그 말씀은 외국계 기업에서는 내부 직원들의 추천을 통해 채용을 하고는 있지만 채용 정보가 모두 공개되어 있으니까 직원과의 네트워크가 없다 하더라도 꼭 불리하지는 않다는 말씀으로 해석하면 될까요? 외국계 기업에 대한 구직자들의 정보 격차가 큰 문제는 아니라고 봐도 되는 것인지요?

브랜든 리 🖉

기본적으로 정보는 온라인상에 오픈되어 있는데 그것을 적극적으로 찾으려는 노력을 하지 않는 것도 있다는 것입니다. 외국계 기업하면 직관적으로 떠오르는 기업들 위주로만 구글링을 합니다. 제가 예전에 필리라는 세계 1위이긴 한데 잘 알려지지 않은 회사에 10년 넘게 다녔습니다. CRM 구매 디렉터로 일했고요. 전 세계 디렉터들끼리 모여서 3박 4일 워크숍을 했는데 그때 어떤 식으로 채용 시장에 뛰어드는지에 대한 이야기를 나누었습니다. 미국이나 유럽 사람들은 일단 관심 산업군을 정하고, 직무군을 정한 다음에 구글링을 합니다. 리스트 상위권 기업들은 너무나 유명해서 경쟁률이 높으니까 다른 쪽으로 들어가서 경력을 쌓고 점프하는 계획을 세워서 진입합니다. 반면에 한국 친구들은 그냥 직관적으로 들어본 기업, 부모님이나 친구들이 다 아는 기업이 선택 기준이거든요. 이게 정말 큰일이잖아요? 결혼 못지않게 직장 구하는 것도 중요한데, 그 정도의 구글링하는 노력도 하지 않는다는 거죠. 구글링하면 기업에 대한 정보가 다 나오고 링크드인을 통하면 얼마든지 가고자 하는 기업의 담당자들하고 네트워크를 쌓을 수 있습니다. "저를 어떻게 알고 연락하셨어요?" 하면 "블로그 보고 연락했죠." 그런 식으로 연결이 된다는 말이죠. 좀더 적극적으로 노력하면 다 가능합니다.

김용구

저도 전적으로 동의합니다. 브랜든 리 선생님도 말씀하셨지만 국내 대기업이나 구글, 마이크로소프트 같은 외국계 기업은 경쟁이 매우 심합니다. 사실 지방대를 나와서 그런 기업들에 들어가기가 힘들다고 느끼는 분들도 꽤 있을 것입니다. 앞에서 우리나라에 1만 4,300개의 외국계 기업이 있다고 했습니다. 거기 전혀 모르는 기업들에 한국인이 10명 정도 있지만 본사에는 2,000명, 2만 명 이렇게 되는 회사들이 많거든요. 그래서 엄마, 아빠, 혹은 친구들이 누구나 알고 있는 외국계 기업을 타깃으로 할 게 아니라 다른 외국계 기업들을 구글링해보고 링크드인에서도 찾아보고 해서 일단 들어가서 차근차근 준비하다보면 저처럼 지방대 나와도 CEO가 되기도 합니다.

사회자

저는 1만 4,300개의 외국계 기입의 정보를 공유하는 포틸이 생겨도 좋겠다는 생각이 듭니다.

전선희 ,

오늘 중요하게 나왔던 키워드 중 하나가 인턴인데요. 신입을 뽑을 때 인턴 경험도 중시한다고 하셨는데 거기에 대한 얘기가 부족한 것 같습니다. 국내 대기업들은 인턴을 그리 좋아하지 않는다는 말을 들었습니다. 그와 관련된 논문도 있고요. 왜 그런가 하면 자기네 회사에서 일했던 경험은 존중해주지만, 그렇지 않은 건 별로 중요하게 보지 않고 오히려 하나의 무능의 신호로 본다는 거예요. 결국 그 회사에서 인턴을 했는데도 못 들어갔다는 것이죠. 외국계 기업과 국내 기업이 인턴을 보는 시선에서 어떤 차이가 있는지, 일은 어떻게 다른지 궁금합니다.

이소영 ,

저희는 반대의 경우입니다. 회사에서 일을 해본 경험 없이 대학 4년을 다녔다는 것이 오히려 무능한 게 아닐까요. 인턴이나 아르바이트를 했다고 하더라도 지금 자기 직무랑 연관돼서 설명할 수 있는 콘텐츠나 스토리가 있느냐를 보는 것이고, 대학을 보여주고 학점이 4.0, 3.8이라고 해도 사실 무능하다고 보죠. 오히려 왜 이것만 했을까? 왜 그 긴 세월 동안 더 많은 걸 해보려고 노력하지 않았을까? 혹시 회사에 와서도 그러지 않을까? 이렇게 생각하게 되죠. 그게 네트워크를 좁히는 역할을 하거든요. 대부분 자기 학교 사람들만 알게 되기 때문이죠. 그게 좋은 학교라면 지적 허영심을 가지고 오거든요. "나는 동문이 좋아"라고요. 오히려 그런 게 입사해서는 마이너스 요소가 됩니다. 국내 대기업도 외국계 기업처럼 인턴을 보는 시각이 점차 바뀌지 않을까 싶습니다.

사회자

국내 기업들도 외국계 기업의 이런 인턴 채용 철학을 참고하면 좋을 것 같습니다. 이 문제는 더 고민해야 할 부분이고요. 오늘 나온 패널들께서는 초·중·고 교육과 학부모들을 위해서 매우 소중한 자산입니다. 따라서 저희와 함께 채용과 교육의 변화를 위해서 논의할 수 있는 커뮤니티를 만들어가면 좋겠다는 생각이 듭니다. 마지막으로 우리 교육과 학부모, 그리고 취업준비생들을 위해 도움이 될 만한 말씀을 해주시면 감사하겠습니다.

브랜든 리

취업준비생들에게 한마디 하자면, 자신이 뭘 하고 싶은지를 먼저 찾는 게 중요하다고 봅니다. 진부한 얘기일지 모르겠지만, 어떤 산업군이 있고, 그 안에 어떤 기업들이 있으며, 거기서 내가 하고 싶은 일이 무엇인지를 먼저 정하는 것이죠. 이렇게 단계별로 차근차근 준비한다면 별 어려움 없이 원하는 기회를 얻게 될 것입니다.

이소영

저는 두 가지를 얘기하고 싶은데요. 지금 국내 기업이든 외국계 기업이든 현실적으로 평생 고용이 되지 않는다는 걱정을 많이 하거든요. 앞에서도 40대 이후를 뽑느냐는 질문을 하셨는데, 저희는 50대도 뽑고 하지만 그게 현실적으로 숫자가 줄어들 수밖에 없습니다. 아무래도 젊은 친구들을 많이 채용할 수밖에 없기는 해요. 그렇다고 하더라도 계속 포지션이 만들어질 수도 있고, 새로운 직무가 생기니까 유연하게 생각할 필요가 있다고 봅니다.

이게 한 번도 가보지 않은 길이어서 불안하니까 학생들 대부분이 공무원이 되고자 합니다. 어쨌든 60세까지 정년이 보장되니까요. 그런데 이게 교육을 왜곡시키고 있습니다. 저도 중학생과 초등학생을 키우는 학부모의 입장에서 말씀드릴게요. 중학교 이후의 교육을 보면 선생님들이 임용고시라는 어려운 시험을 치른 분들이잖아요. 예를 들어 역사는 실용적인 역사를 공부하는 게 아니라 이론 위주로 하고, 영어도 실생활에서 쓰는 영어가 아니라 시험을 치르기 위한 영어를 공부하는 거죠. 이렇게 중학교, 고등학교, 대학교까지 공부를 하고 거기에다가 임용고시를 보기 위해서 거의 10년, 20년 넘게 공부를 하고 나면 유연한 사고를 하기란 쉽지 않습니다.

이렇게 한다면 외국계 기업이 원하는 인재, 특히 4차 산업혁명에서 원하는 인재가 되기란 거의 불가능합니다. 지금 아이들을 일선에서 가르치는 분들이나 사교육에도 이미 그런 시험에 특화된 분들이 많습니다. 그렇기에 과연 그분들이 지금의 아이들을 트렌드에 맞게 키울 수 있을지 회의적입니다. 오늘 여기에 참여해주신 학부모들이 굉장히 소중하고, 이런 노력이 중요한 이유입니다.

만약 학교와 선생님들이 원하는 방향으로 아이들을 키우면 공무원 시험에서 95%가 떨어집니다. 5%만 갈 수 있는 그 길을 아이들이 가는 거예요. 그렇게 떨어진 95%는 다른 길을 가기도 어렵습니다. 경력이 없어 다른 기업에 취업할 수도 없죠. 아이들을 그런 길로 가게 둘 것인지, 아니면 자기가 진짜 좋아하는 걸 찾을 시간을 주고 역량을 키우게 할 것인지 등을 교육의봄과 같이 고민해야 할 시점인 것 같습니다.

김용구

제가 교육에 대해서 드리고 싶은 말씀은 토론을 좀더 강화할 필요가 있다는 것입니다. 외국계 기업의 경우에는 직급이 올라갈수록 토론 기술이 필요해요. 제가 컨트리 매니저로 일하면서 그룹 미팅을 할 때 토론에 익숙하지 않아서 힘들었던 기억이 납니다. 초기 6개월 동안은 정말 힘들었어요. 우리는 누군가 기회를 줬을 때 이야기를 하지만 그들은 할 말이 있으면 치고 나옵니다. 그것도 영어로. 그래서 토론 클래스 자체를 국어든 혹은 영어든 간에 토론 문화, 토론 클래스를 많이 오픈해서 특히 대학생들이 토론을 하게 해야 합니다. 사지선다형이나 논술도 중요하겠지만 이런 게 훨씬 필요하지 않나 싶습니다. 앞서 이야기에 덧붙여서 말씀드리고 싶은 것은 지방에 있는 회사가 훨씬 더 가성비, 가심비가 좋다는 것입니다. 외국계 기업의 지방 지사나 본사가 있다면 한번 도전해보세요.

사회자

이제 토론을 마무리하겠습니다. 오늘은 채용 현장에서 오랫동안 일해오신 분들과 함께 외국계 기업의 채용 현황과 흐름을 살펴보았습니다. 발표자들께서도 의미 있는 시간이 되었을 것이라고 생각합니다. 이 외국계 기업 상황을 면밀하게 검토하고, 이 외국계 기업 채용의 봄을 어떻게 우리 교육이 받아낼 수 있도록 준비할 것이냐 하는 교육적 시사점을 잘 파악하는 것이 우리 교육에 중요한 부분이라고 생각합니다. 이 부분에 대해서 저희가 대안을 만들고 기회의 장을 만드는 시간을 게을리하지 않도록 하겠습니다.

3장

공기업
: 공정 채용의 새바람

　현재 공기업에서 출신학교 등 스펙을 보지 않는 이른바 블라인드 채용 제도를 운영하고 있습니다. 공기업의 채용 상황은 2017년 이전과 이후로 크게 나뉩니다. 이 제도는 과거 참여정부에서 부분적으로 도입되어 이명박정부와 박근혜정부로 이어오며 근근이 명맥을 유지하다가 문재인정부 들어서 만개했습니다. 전국 350여 개 공공기관과 공기업의 거의 대부분이 블라인드 채용 제도를 도입하고 있으니 말입니다.

　블라인드 채용에는 확고한 철학이 있습니다. 즉 출신학교, 학력, 성별, 연령, 종교 등은 지원자들이 해당 기업에 적합한 인물인지 판단하는 데 편견 요소로 작용한다고 보고, 이런 요소를 채용 과정에서 요구하지 않습니다. 특히 출신학교, 학점 등을 기록하는 난을 삭제하여 어떤 학교를 나왔든지 편견 없이 실력에 따라 공정한 취업이 이루어지도록 하고 있습니다. 또한 적격자를 판단하기 위해서 직무 능력을 강조하며, NCS, 즉 '국가직무능력표준' 기준을 정립해서 채용의 전 과정이 직무 중심으로 진행되도록 관리하고 있습니다.

　공기업의 이런 블라인드 채용에 대해서 출신학교를 가릴 경우 깜깜이 전형이라서 오히려 불공정 채용 제도라는 비판도 있습니다만, 실제 지원자들과 합격자들 및 기관 채용 담당자들을 대상으로 한 설문 조사를 살펴보면, 깜깜이 불공정 전형이 아니라 매우 꼼꼼하고 공정한 전형으로 인식하고 있었습니다. 공정한 채용이라는 입장이 98%로 압도적이었으며 합격자들의 출신학교도 블라인드 채용 이전에 비해 다양해졌습니다. 또한 이렇게 편견 요소가 제거되고 나니 사회적, 경제적, 문화적 배경이 어떻든 공정한 채용이 보장된다는 인식이 확산되어 지원율도 2019년 기준, 전년도 73:1에서 89:1로 급격히 증가한 것으로 나타났습니다.

이번 장에서 소개하는 한국남부발전은 필기시험과 면접 시험에서 탈락한 지원자들에게 탈락 이유, 강점과 약점을 분석 정리해 이를 보고서로 만든 후 당사자들에게 제공하여 이후 구직 활동에 참고하도록 배려하고 있습니다. 매우 감동적인 배려로서 공기업 전체로는 물론이고 민간기업으로도 확대해야 할 일로 판단됩니다.

물론 공기업의 블라인드 채용에는 쟁점도 있습니다. 공정한 채용이라는 점에서는 이견이 없으나, 과연 직무 중심의 적격자를 파악하는 기회로 충분한가, NCS 필기시험이 당락에 중요한 영향을 끼치는데, 이 필기시험이 직무 능력을 확인하는 방법으로 타당한가, 학벌과 학점, 전공 등을 편견 요소로 보았는데, 출신학교와 전공, 학점을 취득하기 위해 애를 쓴 지원자들에게는 오히려 역차별이 아닌가, 블라인드 채용 방식을 민간기업에 확대 적용하는 것은 곤란한가 등 쟁점은 꽤 많습니다. 그럼에도 공공기관의 블라인드 채용의 공정성이 갖는 장점이 워낙 강력해서 다른 이슈들은 이 제도가 사라져야 할 이유라기보다는 보완해야 할 정도의 문제 제기인 경우가 대부분입니다.

블라인드 채용은 날로 확산되는 추세입니다. 공기업은 물론이고 민간기업도 채용 비리가 터질 때 이를 해결하기 위한 자정 운동 차원에서 아주 강력한 대안으로 채택하고 있습니다. 은행권과 언론사의 경우 민간기업임에도 불구하고 이 제도가 상당히 넓게 확산되고 있으며, 앞으로 민간기업의 채용 비리가 터질 때마다 이 제도는 더욱 확산될 것입니다. 카카오 같은 IT 기업은 개발자 채용에서 실력 있는 인재를 뽑기 위해 이를 적용하는 등 이 제도가 갖는 긍정적 측면이 사회적으로 주목을 끌고 있다고 할 것입니다.

블라인드 채용이 현실적으로 안고 있는 가장 큰 문제점은 이 제도가 법률의 보호 없이 정부의 정책 차원에서 운영되고 있다는 사실입니다. 정권이나 대통령이 바뀌게 될 경우 언제든지 이전 채용 방식으로 회귀할 수 있습니다. 가장 대표적인 예가 참여정부 때 KBS에 도입된 블라인드 채용입니다. 정연주 사장이 들어서서 도입된 블라인드 채용이 합격자의 출신학교가 다양해지는 등 여러 긍정적인 효과가 있었음에도 불구하고 이명박정부가 들어서면서 전격 폐지되었습니다. 이는 정책 집행의 일관성에서도 문제이지만, 취업을 준비하는 청년들에게도 매우 혼란을 주는 부작용입니다.

따라서 이 제도가 갖는 장점을 지키기 위해서는 공공기관과 공기업의 블라인드 채용이 법률로 보호를 받을 수 있어야 합니다. 교육의봄에서는 '공기업과 공공기관의 공정 채용을 위한 법률' 제정 운동을 속히 진행해서 적어도 공공기관과 공기업 영역에서만큼이라도 출신학교의 차별이 없는 블라인드 채용 정책이 지속적으로 시행될 수 있도록 힘쓸 것입니다. 아울러 민간기업도 공기업처럼 강제할 수 없다 하더라도, 정부가 이를 격려하고 지원할 수 있는 지원 대책도 이 법률에 담아 블라인드 채용 제도가 더욱 확산되게끔 노력하고자 합니다.

350여 개 공기업 채용의 새바람 : 학벌, 전공, 학점 블라인드

박규현 Getjob 컨설팅 대표

저는 공기업에서 19년 정도 근무했고 인사팀에서 채용을 직접 담당했던 경험이 있습니다. 퇴직 후에는 공기업 취업을 준비하는 사람들을 위해서 활동하고 있고요. 이런 경험을 하면서 블라인드 채용이 대한민국의 미래를 바꿀 수 있는 새로운 모멘텀이 될 수 있겠다는 생각을 했습니다. 실제로 현재 공공기관 또는 공기업의 채용에서 블라인드 채용이 미치는 영향이 매우 큰 것 같습니다.

그렇다면 공공기관이란 무엇일까요? 정부가 투자, 출자 또는 운영에 관여하는 기관으로, 기획재정부장관이 '공공기관의 운영에 관한 법률(공운법)' 제4조로 지정하고 있습니다. 2021년 현재 350여 개의 공공기관이 있습니다. 자산 규모는 2019년 기준 829조 원입니다.

공운법에 따라 공공기관을 크게 분류하면 공기업과 준정부기관,

기타 공공기관으로 나눌 수 있습니다. 수입이나 자산 등으로 구분을 하며, 350개 공공기관의 전체 직원 수는 42만 명 정도입니다. 그리고 2020년 4분기 기준 알리오(공공기관의 경영 정보를 통합하여 공개하는 시스템)의 통계에 따르면 총 2만 7,000명 정도를 신규 채용한 것으로 나옵니다. 하지만 실제 이 채용 통계가 제대로 잡히지 않아서 그렇지 3만 3,000명에서 3만 5,000명 정도 채용하지 않았나 싶습니다.

전면화된 공기업 블라인드 채용

2017년 5월에 문재인정부가 새롭게 출범하면서 공공부문의 채용 정책을 크게 세 가지로 제시했습니다. 먼저 채용의 확대입니다. 더 큰 복지국가로 나아가기 위해서는 그만큼 공공부문이 해야 할 일이 많다는 것이죠. 실제로 정권 초기 공공부문에서만 약 81만 개의 일자리를 만들겠다고 천명했습니다.

두 번째는 비정규직의 정규직 전환입니다. 우리 사회에서 가장 많

구분	합계	공기업			준정부기관			기타 공공기관
		소계	시장형	준시장형	소계	기금관리형	위탁집행형	
기관 수	350	36	16	20	96	13	83	218
직원 수 (정원)	422,455	149,721	66,725	82,996	123,667	29,791	93,876	149,067
신규 채용 (명)	27,490	7,690	3,231	4,459	7,394	1,474	5,920	12,406

공공기관의 규모 및 채용 현황

출처 : 알리오(2020년 4분기 기준)

은 문제점들의 원인을 찾아가다보면 결국 비정규직이라는 키워드에 가닿는 경우가 많습니다. 그래서 정부도 비정규직 문제를 해결하기 위해 노력해왔고, 공공부문의 기간제, 파견직, 용역직의 정규직 전환 작업을 이미 95% 이상 추진한 상태입니다. 이런 정규직 전환이 좋은 정책임에도 불구하고 채용의 형평성이나 취업준비생들 입장에서는 채용 인원의 감소 등 문제점이 드러나고 있습니다. 노동조합과 노동자 사이에 갈등이 발생하기도 하고, 알맹이가 없다, 속 빈 강정이다라는 평가를 받기도 합니다. 그럼에도 정부가 추진하는 비정규직의 정규직 전환은 큰 흐름을 만들어내고 있습니다.

세 번째는 블라인드 채용의 확대입니다. 블라인드 채용의 역사를 살펴보면 2005년에 공무원 시험에서 처음 적용되었고, 2007년에 공공기관에 블라인드 채용이 도입되었습니다. 그때 채용을 할 때 토익을 안 봤습니다. 그런데 정권이 바뀌면서 흐지부지되었습니다. 그러다가 2015년에 블라인드 채용 제도에서 이름을 바꿔서 NCS 능력 중심 채용 제도가 도입되었는데, 제대로 추진되지는 못했습니다. 2017년 8월부터는 모든 공공기관에서 블라인드 채용 제도를 강하게 추진하고 있습니다.

지금은 공기업 취업의 황금시대

이처럼 공공부문 채용에서 블라인드를 도입함으로써 공공기관 취업의 황금시대가 열렸다고 할 수 있습니다. 1958년생에서 1965년생에 이르는 베이비부머 세대가 은퇴하면서 새로운 일자리가 만들어졌고, 정부에서 공공부문 채용을 확대했으며, 임금 피크제가 도입되었습니다. 이 세 가지가 함께 맞물리면서 공공기관 취업의 황금시대가 열린 것입니다.

이것은 다시 말해 그만큼 취업 경쟁도 치열해졌다는 의미입니다. 그럼 왜 구직자들이 공공기관 채용에 몰릴까요? 먼저 요즘 구직자들은 삶의 안정성이나 질을 더 추구하는 경향이 있습니다. 이것이 공공기관을 선택하는 이유 중 하나죠. 그리고 채용 규모가 커짐으로써 자신에게도 기회가 올 거라고 생각합니다. 특히 코로나19 때문에 민간부문의 채용이 급격히 줄어들거나 상시 채용으로 가면서 더 구직자들이 몰리고 있습니다. 다음은 블라인드 채용입니다. 예전에는 학교도 괜찮고 토익 점수도 높은, 스펙을 좀 갖춘 사람들이 많이 지원했습니다. 하지만 블라인드 채용으로 바뀌면서 학교가 안 좋아도, 학점이 나빠도, 토익 점수가 낮아도, 나이가 좀 많아도 충분히 가능성이 있다는 것이 알려지면서 많은 구직자들이 취업 경쟁에 뛰어들고 있습니다.

이전 정부에서는 무기계약직까지 포함해도 2만 2,000명 수준에서 채용이 이루어지던 것이 정부가 바뀐 2018년부터는 거의 2배 가까이 늘어났습니다. 정규직은 3만 3,000명, 무기계약직은 8,700명 정도가 채용되었는데 비정규직의 정규직 전환과 함께 맞물려서 많은 인원이 채용되었습니다.

공공기관의 채용 특징에 대해서 더 구체적으로 살펴보겠습니다. 공

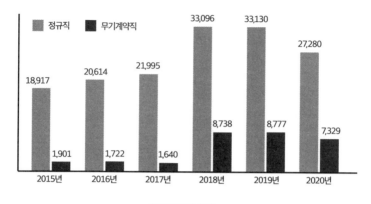

연도별 채용 현황

출처 : 알리오(2020년 4분기 기준)

공기관의 채용은 앞에서 말씀드린 대로 이력서에 사진이나 학력, 출신지 등을 기재하지 않는 블라인드 방식입니다. 실제로 한 공공기관에서는 면접장에 지원자와 면접관 사이에 스크린을 쳐놓고 아예 얼굴을 보지 못하도록 한 상태에서 면접을 보기도 했습니다.

또한 합동 채용 제도가 새롭게 도입되었습니다. 공공기관이 350여 개나 되다보니까 취업준비생들 입장에서는 지원하는 것 자체가 큰 부담입니다. 그래서 취업준비생들의 부담을 완화하고 공공기관들이 균등한 인재를 확보할 수 있도록 하기 위해서 공공기관 합동으로 채용을 진행하게 된 것입니다. 그런데 이게 완전한 형태의 합동 채용이라기보다는 시험 일자만 같이 운영하는 방식입니다. 결국 서류 전형이 없어져야 합동 채용이 제대로 이루어질 수 있을 것입니다.

다음은 지역 균형 발전입니다. 지역 균형 발전을 위해서 이전 지역 인재, 지역 균형 인재에 대한 채용을 더 확대하고 있습니다. 이전 지역 인재의 비율이 작년까지는 24%였는데 올해는 27%로 단계적으로 높아지고 있습니다. 기재부에서는 지역 균형 인재 채용률을 35%로 권고하고 있습니다. 그러다보니 지역 단위별로 모집하는 경향이 점점 커지고 있습니다. 예전에는 지역 단위 없이 채용이 진행됐던 반면에 최근에는 수도권, 중부권, 충북권 등으로 아예 지원할 당시부터 권역을 나누는 것이죠.

아래 그래프는 이전 지역 인재와 비수도권 지역 인재의 채용 인원을 살펴본 것입니다. 비수도권 지역 인재는 2017년에 1만 2,000명가량이었는데 2018년에 1만 8,600명, 2019년에 1만 9,000여 명을 채용했습니다. 이전 지역 인재 역시 2017년 이후 채용 인원이 늘어났습니다. 이것은 공기업의 채용이 늘어난 영향도 있고, 블라인드 채용을 하면서 학벌보다는 실력으로 채용된 구직자들이 많아진 영향도 있습니다. 채용 목표제의 영향도 있을 것이고요. 공공기관 인사 담당자들도 지방대

지역 균형 발전 채용 현황

출처 : 알리오(2020년 4분기 기준)

학생들이 많이 채용되고 있다고 합니다. 이는 공기업은 예전에도 지방대 학생들을 많이 채용했는데 블라인드 채용으로 인해서 더 확대되고 있다고 보는 것이 적절할 것입니다.

공공기관의 사회적 책임 부분입니다. 채용 과정에서 사회적 약자를 배려하는 움직임이 점점 커지고 있습니다. 우선 여성과 고졸, 장애인, 국가 유공자 등의 우대 정책이 추진되고 있습니다. 장애인 채용은 2017년 이후 2배 가까이 늘었습니다. 고졸 인력 역시 1,800명에서 2,800명, 3,300명으로 늘어나고 있습니다. 고졸 채용은 이명박정부에서 도입되어 흐지부지되다가 이번 정부 들어 특성화고 졸업생들을 중심으로 늘어나고 있습니다. 여성 채용도 급격히 늘고 있는데, 비정규직의 정규직 전환과 맞물리면서 더 늘지 않았나 생각합니다. 국가 유공자 채용도 눈에 띕니다. 이번 정부 들어 국가 유공자에 대한 우대에 신경을 쓰면서 국가 유공자의 자녀들에 대한 채용도 늘어나고 있는 것이죠.

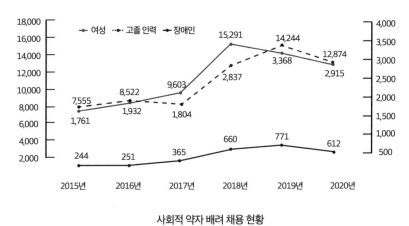

사회적 약자 배려 채용 현황

출처 : 알리오(2020년 4분기 기준)

그 밖에도 각 공공기관별로 특성에 맞는 우대 정책을 실시합니다. 예를 들어 발전소 인근 지역에 사는 자녀를 우대하거나 농어촌 자녀를 우대합니다. 제가 근무한 안전보건공단에서는 산재로 목숨을 잃은 유가족 자녀를 우대하는 정책을 실시했습니다. 신용회복위원회에서는 신용 불량에 빠졌다가 신용을 회복한 분을 우대하고요.

비중 낮아진 서류 전형

블라인드 채용을 실시하면서 어떤 변화가 일어나는지를 살펴보겠습니다. 예전에는 취업준비생들에게 토익과 학력이 가장 큰 골칫거리였습니다. 그런데 서류 전형에서 학력, 학점, 출신지 등을 보지 않게 되면서 이런 요소들의 중요성이 크게 약화되었습니다. 대신 직무 관련 경력과 경험, 자격증 등이 중요해지게 되었죠. 이것은 취업준비생들에게 새로운 부담으로 다가오고 있습니다.

서류 전형에서 확인해야 할 요소들을 블라인드 채용으로 인해 보지 못하게 되니까 서류 전형이 별 의미가 없게 되었습니다. 그래서 원서만 내면 통과하는 방식으로 진행하고 있습니다. 또는 한국전력공사처럼 토익 850점이면 100점, 자격증 하나에 10점 등으로 아예 계량화를 해서 서류 전형을 약화시키려는 움직임도 늘었습니다. 주로 규모가 큰 공기업들이 이런 경향이 많습니다. 반면에 규모가 작은 공공기관은 서류가 통과되면 필기시험 응시료, 대행 수수료가 부담이 큽니다. 그래서 오히려 서류 전형을 더 깐깐하게 보기도 합니다.

다음은 필기 전형입니다. 예전에는 인·적성 시험을 봤는데 지금은 NCS 직업기초능력평가와 NCS 직무수행능력평가를 도입했습니다. 공공기관의 취업 경쟁이 심해지고, 블라인드 채용으로 인해 필기시험을 볼 인원이 많아지다보니 필기시험의 난이도가 높아지고 있습니다. 예전에는 3개월, 6개월 바짝 공부해서 합격하기도 했습니다. 하지만 지금은 그렇지 못합니다. 특히 전공이랑 NCS 직무수행능력평가까지 하게 되면 1~2년 정도 필기시험을 준비해야만 합격할 수 있습니다.

제가 우려하는 부분도 이것입니다. 기존에는 NCS 직업기초능력평가만으로 필기 전형을 했던 공공기관들이 최근에는 전공 시험, NCS 직무수행능력평가 시험까지 도입하고 있는 것이죠. 대표적인 곳이 한국철도공사입니다. 기업의 규모도 크고 채용 인원도 많은데, 필기시험에 전공 시험까지 도입했습니다. 그 외에 근로복지공단과 한전의 송배전도 마찬가지입니다. 이렇게 필기시험의 난이도를 높이는 것은 블라인드 채용의 영향도 있지만, 공공기관의 입장에서는 더 뛰어난 인재를 확보하고 싶은 욕심 때문에 이런 복잡한 절차를 만드는 게 아닌가 싶습니다.

면접 전형 역시 크게 바뀌고 있습니다. 구조화된 면접 체계를 도입했고, 특히 경험을 바탕으로 지원자의 가치관, 발전 가능성, 인성 등을 평가하는 경험 행동 면접의 비중이 크게 늘고 있습니다. 토론 면접과 발표 면접을 도입하는 공공기관도 많아지고 있고요.

확실히 줄어든 스펙 준비 부담

분명 블라인드 채용은 긍정적인 면과 부정적인 면이 있습니다. 우선 취업준비생들의 입장에서는 스펙을 준비해야 하는데 예전에는 토익 930점도 불안했습니다. 그래서 980점을 만들려고 계속 공부를 했습니다. 하지만 최근에는 어학을 비롯하여 스펙 준비에 대한 부담이 확실히 줄었습니다. 그리고 기회도 공정하게 주어집니다. 내가 지방대를 나왔더라도, 일어일문과를 나왔더라도, 학점이 좋지 않더라도, 나이가 많더라도 얼마든지 도전할 수 있다는 것이죠. 심지어 고등학교를 졸업한 학생이 대졸 전형에 지원해서 합격한 경우도 있습니다. 학벌이 아니라 실력만 있으면 합격하는 블라인드 채용의 효과가 나타나고 있는 것이죠.

노동연구원의 논문에 따르면 인사 담당자들이 블라인드 채용이 도입되면서 신입 직원들의 직무 역량이 늘고 있다고 긍정적인 평가를 한다고 합니다. 그리고 직원의 다양성, 즉 전공과 출신학교, 연령대 등이 다른 다양한 사람들이 들어오고 있다고 하고요.

부정적인 면도 있습니다. 취업준비생들 입장에서는 필기시험 전형을 준비하는 기간이 늘어났습니다. 직무 관련 경력과 경험, 교육 사항, 자격증 등을 추가로 취득하는 것도 부담이 됩니다. 그중에서 가장 큰 문제점은 수도권 대학을 졸업한 학생들의 불만입니다. 이것이 어떤 의미냐면 블라인드 채용 자체가 세계적으로 사례를 찾아보기 힘든 제도인데 특히 출신 지역을 블라인드하는 경우는 종종 있지만 이렇게 출신 대학을 블라인드하는 경우는 없습니다. 예를 들어 광주에서 태어나서 고등학교까지 다니다가 대학은 수도권으로 옵니다. 그런데 이 학생이 수도권 대학을 졸업해서 오히려 불이익을 받는다고 생각합니다. 본인의 입장에서는 애써 수도권 대학까지 왔는데, 이 노력을 봐주지 않는다는 불만이 있을 수 있죠. 어느 대학을 나왔든 실력으로 보여주면 된다는 것이 블라인드의 취지이니까 그 점을 감안해야 할 것입니다.

공공기관 인사 담당자의 입장에서 부정적인 요소를 살펴보겠습니다. 우리 기관에 맞는 인재를 뽑고 싶은데 그럴 권한이 없습니다. 제가 공공기관 인사 담당 차장으로 채용을 진행하면서 가장 우선순위를 둔 것은 '이번 채용도 무사히'였습니다. 채용 과정에서 혹시라도 어떤 문제점이 발생하면 큰 타격을 받기 때문에 어떤 틀이 정해지면 거기에 그대로 따를 수밖에 없습니다. 정부의 지침이나 이런 것들을 따를 수밖에 없는 거예요. 그래서 기관별 맞춤형 인재를 확보하는 데 어려움이 있습니다.

또한 블라인드 채용은 준비 기간이 길고 예산도 많이 듭니다. 공공기관 입장에서는 채용을 진행하면서 문제가 생기는 걸 원치 않습니다. 그래서 채용 대행 업체에 위탁을 맡깁니다. 서류 전형을 안 하게 되면서 지원서를 내면 다 시험을 보게 합니다. 그러면서 예산이 늘어납니다. 문제는 채용 대행 업체들의 신뢰도가 낮습니다. 채용 대행 업체의 실수나 잘못 때문에 그 기관이 발칵 뒤집힌 경우도 있습니다. 그로 인해 재시험을 보거나 사과문을 낼 때 공공기관의 입장에서는 큰 부담이 아닐 수 없습니다.

채용 가이드라인이 필요하다

이런 부분에 대한 실효성 있는 가이드라인이 필요합니다. 예를 들어 서류에 인턴 근무 경력을 어떤 기관은 기재할 수 있는데, 어떤 기관은 기재하지 못하게 합니다. 블라인드에 너무 겁을 내는 인사 담당자들이 많다보니 그렇습니다. 채용 가이드라인이 들쭉날쭉하니까 혼선이 일어나는 것인데, 정확한 채용 가이드라인이 필요합니다.

그리고 기관별로 채용의 자율성을 고려해주었으면 합니다. 기관의 특수성을 고려하여 제약을 줄이는 방향으로 가야 할 것 같습니다. 하지만 이 두 가지는 서로 상반되는 개념이라서 적절한 균형점을 찾는 게 어렵긴 합니다. 블라인드 항목도 개선할 필요가 있습니다. 인사 담당자에 따라서 지원자의 전공을 보고 싶다, 지원자의 성실성을 가장 잘 평가할 수 있는 학점을 봤으면 좋겠다는 의견을 내기도 합니다. 특히 전공이 이게 좀 눈 가리고 아웅하는 건데, 교육 사항, 학교 교육 사항을 기재합니다. 회계학을 전공한 학생은 그 회계 과목들을 교육 사항에 다 기재하는 거예요. 그러면 일어일문학과를 나온 학생은 학교 교육에 기재할 내용이 없습니다. 그래서 사실은 전공을 거의 파악할 수 있습니다. 따라서 전공이나 학점을 기재하는 것도 긍정적으로 검토를 했으면 합니다. 특히 공기업의 입장에서는 경력직을 뽑아서 활용하고 싶은 욕심이 있는데 이 블라인드 채용 때문에 경력직 채용에 어려움을 겪는 경우가 많습니다.

전형 방법도 개선했으면 합니다. 공공기관의 인사 담당자는 인사 담당자대로, 취업준비생은 취업준비생대로 고생을 합니다. 그래서 앞서가는 개념이긴 한데, 공기업에서 필기가 가장 큰 문제인데, 이 필기를 정부기관에서 통합 관리했으면 합니다. 예를 들어 NCS 직업기초능력평가에서 800점을 취득하면 그걸 가지고 원서를 얼마든지 낼 수 있도록 관리하는 것이죠. 이렇게 되면 각 기관들의 부담이 줄어들 뿐만 아니라 필기시험의 질도 높일 수 있습니다. 지금은 각 채용 대행 업체별로 문제를 출제하다보니까 어떤 곳은 문제가 너무 어렵고 어떤 곳은 너무 쉽습니다. 취업준비생들도 거기에 맞춰서 준비하려니까 힘들고요. 아예 국가고시처럼 시험을 도입해서 운영한다면 이 부분을 크게 보완할 수 있지 않을까 싶습니다.

면접관도 문제입니다. 인사 담당자는 우수한 면접관을 확보하고 싶어 합니다. 하지만 이게 어렵습니다. 모 기관에서는 면접 과정에서 면접관이 말실수를 하는 바람에 크게 문제가 된 적도 있습니다. 따라서 정부에서 검증된 면접관들을 확보해서 각 공공기관에 명단이라도 제공해주었으면 합니다.

12년 공기업 경력 전문가가 들려주는 공기업 채용 이야기

임호근 커리어연구소 대표

공공기관은 크게 중앙정부 공공기관과 지방정부 공공기관으로 나뉩니다. 올해 중앙정부 공공기관은 350개로 작년보다 10개가 늘었습니다. 이들 공공기관에서 일하는 직원은 작년 말 기준으로 40만 명 정도입니다. 우리나라 대기업 집단이 64개, 기업 수가 2,280여 개, 직원이 210만여 명인 것과 비교해서 규모는 작을 수 있지만 채용에서 기여하는 부분은 대기업 못지않습니다.

중앙정부 공공기관은 크게 공기업, 준정부기관, 기타 공공기관으로 나뉩니다. 보통 우리가 공기업, 공기업 할 때 이 모두를 아울러 지칭하기도 합니다. 지자체 공공기관은 중앙정부 공공기관보다 많은 405개입니다. 그런데 종사하는 인원은 6만 2,000명으로 그렇게 많지는 않습니다. 지자체가 직접 경영하는 기업은 254개 사이고 직원은 1만 2,000

명 정도인데 대부분 상하수도, 공영개발 쪽 사업을 하고 있어서 채용과는 조금 거리가 멉니다. 간접 경영하는 공사, 공단이 151개 사가 있고 직원이 5만 명 정도 근무하는데 그중 서울교통공사가 채용에 상당히 기여하고 있습니다. 그리고 지자체가 출자 출연한 기업도 742개 정도가 있습니다.

코로나19로 주춤, 그러나 늘어나는 공기업 채용 규모

최근 신규 채용 현황을 보면 2018년, 2019년 정규직 기준에서 3만 3,000명 정도였다가 작년에 2만 7,000명으로 6,000명 정도 줄었습니다. 어떻게 보면 공공기관도 코로나19를 피해가지 못했다는 것을 알 수 있습니다. 실제로 인천국제공사, 마사회, 강원랜드 등이 매출에 타격을 많이 받았습니다. 개별 공공기관의 채용 실적을 보면 2019년에 비해서 2020년에 많이 감소했습니다. 그런데 한국철도공사는 1,900여 명, 한국전력공사는 1,500명 수준인데 이 인원은 대졸 신입사원 채용 기준입니다. 한 해 채용 규모가 이 정도라고 하면 일반 대기업하고 비교해도 큰 것입니다. 그래서 개별 공공기관들도 채용 규모 면에서 많은 기여를 하고 있다는 것을 알 수가 있습니다.

최근 5년간 공공기관 채용 계획을 보면, 작년에 2만 5,000여 명을 뽑겠다고 했는데 실제로는 2만 7,000여 명을 뽑았습니다. 그리고 올해는 2만 6,000명으로 작년보다 900명 정도 더 뽑겠다고 했습니다. 이 부

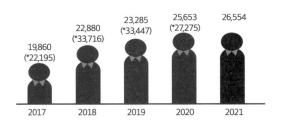

최근 5년간 공공기관 채용 계획 인원

• ( ) 채용 실적

구분	500 이상	200~499	100~199	50~99	30~49	10~29	9 이하	기타	계
2021	4	6	11	18	19	49	27	*229	10,228
2020	10	23	22	31	39	103	110	23	23,661
2019	8	22	19	37	23	90	122	36	22,362

최근 3개년 채용 계획 기준 규모 분포

• 2021년 미정 14개 기업, 자료가 없는 215개 기업 별도

분은 정부의 일자리 정책에 대한 의지가 많이 반영되어 있습니다. 그런데 실제 세부 내용을 보면 작년이나 재작년에는 채용 계획이 미정이거나 자료가 없는 기업이 23개, 36개였는데 올해는 230개 기업이 채용 미정으로 나와 있습니다. 그래서 아직은 공공기관 같은 경우에도 채용 계획이 미정이거나 불확실해서 이것이 상당한 변수로 작용할지는 좀 더 지켜봐야 할 것 같습니다.

공공기관 채용의 특징

　다음은 공공기관 채용의 특징에 대해서 살펴보도록 하겠습니다. 공공기관은 그 어느 기업보다 개별 리더의 결정보다는 정부의 일자리 정책이 가장 중요하게 작용합니다. 지원 기준 측면에서는 블라인드 채용 제도의 영향을 받아서 나이, 학교, 전공, 학점에 관계없이 지원이 가능합니다. 대기업은 나이나 전공 등에서 압박을 받는데 공기업은 상대적으로 자유롭습니다.

　또한 지원 직렬도 사무행정과 기술직으로 구분해서 하고 있습니다. 대기업은 기획, 인사, 총무 이렇게 직무 단위로 채용을 해서 그 직무와 관련된 경험이나 지식 등을 강조하는데 공공기관은 사무행정 통합으로 채용을 합니다. 직무 관련 경험을 직접적으로 하지 않았더라도 간접 경험으로도 가능하다는 것이죠. 기술직은 전공 중심으로 채용하고 있고요.

　그다음으로 직무수행능력 중심으로 채용을 하고 있습니다. 이것은 NCS 기반으로 설계된 직무 체계에서 직무 수행에 필요한 능력, 직업기초능력, 직무수행능력을 평가 기준으로 활용해서 인재를 선발합니다. 그래서 서류 전형, 필기 전형, 면접 전형에서 직업기초능력과 직무수행능력을 어느 정도 보유했는지를 평가합니다.

　직업기초능력은 열 가지, 그야말로 일하는 데 필요한 가장 기본적인 능력을 갖추었느냐를 보는 것이고, 직무수행능력은 전공 시험을 보는 것입니다. 그래서 사무행정 쪽에 지원한다면 경영, 경제, 법, 행정

등과 관련해서 기본 지식을 시험 볼 수도 있고 기술직은 건축이나 토목, 전기, 전자 등에서 해당 전공 분야 기사 시험 문제 수준으로 보고 있습니다.

채용의 공정성입니다. 공공기관 채용에서 가장 중요하게 여기는 부분입니다. 채용의 모든 과정이 투명하고 공정하게 진행되도록 많은 노력을 기울입니다. 채용 계획, 과정, 결과 등을 잡알리오를 통해서 공개하고, 채용 비리를 근절하기 위한 제도도 운용합니다. 국민권익위원회에서는 매년 채용 실태 전수 조사를 합니다.

면접 역시 중요합니다. 공공기관의 면접은 내부 면접위원과 외부 면접위원이 함께 참여합니다. 내부 면접위원은 사전에 면접관 교육을 받습니다. 외부 면접위원은 서류 평가에 한 명 이상, 면접에 50% 이상 참여하도록 해서 청탁을 사전에 방지하고 있습니다.

또 채용 대행사 공개 선정을 통해서 채용 시스템을 설계 운영하고 있습니다. 나라장터를 통해서 공개 입찰로 채용 대행사를 선정하여 청탁 등 불공정 채용을 원천적으로 배제하려는 것이죠. 최근 들어 AI 역량 검사의 도입에 대한 말이 있는데, 아직은 걸음마 단계로서 참고 자료나 일부 척도로 활용합니다.

다음은 이전 지역 인재 채용 제도입니다. 작년을 기준으로 했을 때 340개의 공공기관 중에서 192개가 지방에 내려가 있습니다. 그래서 118개 기관이 이전 지역 인재 채용 제도를 운영하고 있습니다. 올해는 27%, 내년에는 30%가량이 해당 지역 소재의 대학 또는 고등학교 출신자들을 뽑습니다. 이 부분은 채용 할당제가 아니고 채용 목표제입니다. 그래서 24%다 27%다 했을 때 100명을 뽑을 때 27명을 무조건 그 지방 출신으로 뽑아야 하는 것은 아니고 이전 지역 채용 제도에 해당하는 지원자들을 별도로 브리핑해서 봤을 때 커트라인에서 마이너스 5점 안에 드는 사람에 한해서 채용하는 것입니다. 그래서 실제로 27% 이지만 기관에 따라서 편차는 있습니다. 어떤 경우에는 24%도 나오고 18%도 나옵니다. 하지만 어쨌든 그 공공기관의 지방 이전에 따라서 해당 지역의 출신자를 우대하는 제도인데, 수도권은 해당이 되지 않아 역차별이나 불공정 이야기가 나올 수 있습니다.

지방 인재 채용 제도, 지방 대학 및 지역 균형 인재 육성에 관한 법률에 의거 35%를 권고하고 있습니다. 이것은 의무는 아니어서 대부분 공공기관에서는 가급적이면 그 가이드 안에서 주어진 역할을 하려고 노력하고 있고, 양성 인력 채용도 마찬가지로 30%가 보통입니다. 체험형 인턴제도도 공공기관에서 정부의 정책에 맞추어서 추진하는 제도 중 하나입니다.

공기업 채용 정보는
'잡알리오'와 '클린아이잡플러스'에서 한 번에 확인

공공기관 채용 절차에 대해서 살펴보겠습니다. 공공기관은 채용 공고 전용 사이트를 운영합니다. 중앙정부는 '잡알리오', 지방정부는 '클린아이잡플러스'에 채용 공고를 올립니다. 자기가 지원하고자 하는 회사의 채용 정보를 일일이 찾아봐야 하는 대기업과는 달리 공공기관은 이렇게 한곳에서 볼 수 있습니다.

또한 채용 계획이 상당히 구체적이며 그것을 공개합니다. 채용 규모, 직렬별, 지역별로 몇 명을 채용한다든지 서류 전형, 필기 전형, 면접 전형을 어떤 기준으로 어떻게 평가하고 최종 합격자 선발 기준, 인원 등까지 다 공개합니다. 대기업은 '인사, 경영 우대, ○○명' 하고 끝이거든요. 정보가 없어요. 그래서 지원자들 입장에서는 깜깜이 지원을 하는 경우가 많은데 공공기관은 그런 측면에서 상당히 앞서가고 있고 지원자들한테 정보의 비대칭 문제를 해소하는 쪽에서 기여하고 있다고 평가를 받습니다.

다음은 직무 기술서 공고를 통한 적격성 추구입니다. 일반 기업에서 직무에서 뽑는다고 할 때 그 직무가 무엇을 하는지, 필요한 역량은 무엇인지 등을 정확히 밝히지 않은 경우가 많습니다. 그에 비해 공공기관에서는 직무 기술서를 상세히 공개함으로써 지원자는 내가 이쪽 분야의 업무 내용을 이해하고 그 업무를 수행하는 데 필요한 역량을 얼마나 갖추고 있는지를 판단해볼 수 있습니다. 내가 갖춘 게 별로 없다 그러면 지원해봤자 가능성이 없을 것 같다, 이것은 하지 말아야지, 여기는 괜찮네 한번 도전해볼 만하다 그런 판단과 나름대로의 자체 평가를 통해서 지원 여부를 결정할 수 있는 것이죠. 그런데 이 부분이 NCS 가이드라인에 나온 직무 기술서 내용을 중심으로 하다보니 개별 기업의 특성에 맞춘 부분은 아직은 좀 미흡합니다. 앞으로 이 부분에 대한 보완이 필요합니다.

전형별로 서류를 간소화하고 있습니다. 처음부터 서류를 다 내는 게 아니라 필기시험 합격자의 경우에 면접 전에 필요한 서류를 냅니다. 채용 이의 제도도 있습니다. '내가 필기시험을 잘 본 것 같은데, 면접을 잘 본 것 같은데 왜 떨어졌지?'라는 의문이 든다면 문의를 해볼 수 있습니다. 반면에 대기업은 채용 일정이나 절차 정도만 나오고 규모나 전형별 평가 기준 등은 거의 나오지 않습니다. 직무 기술서가 잘 되어 있는 기업도 있지만 그렇지 않은 기업도 많습니다.

그리고 서류 전형에서 입사 지원서를 쓸 때 직무와 관련성이 높은 부문만 기재하도록 합니다. 그래서 교육 사항, 경력 사항, 경험, 자격증, 외국어 등을 위주로 쓰죠. 그렇다면 이것이 어떤 의미를 가지고 있느냐? 대기업은 인사 쪽을 뽑을 때 '경영학 우대'라고 명시합니다. 그러면 대학에 입학할 때의 전공으로 이미 결정이 되어버립니다. 내가 영문학과를 나왔는데 인사에 관심이 있어서 인사 과목 15개를 들었습니다. 또는 나는 경영학과를 나왔지만 인사에 관심이 없고 마케팅에 관심이 있어 인사는 전공 필수 두 과목밖에 안 들었어요. 그런데 대기업에서는 인사에 가면 경영학 우대 이렇게 나옵니다. 그래서 인사 과목을 많이 들은 영문학과는 지원을 못하고 인사 과목을 안 들은 경영학과는 지원할 수 있습니다. 그런 측면에서 공공기관은 경영학이냐 영문학이냐가 중요한 게 아니라 인사 부서에 지원하고자 하면 인사 과목을 몇 개 들었는지가 중요하기 때문에 저는 이 부분은 긍정적으로 평가하고 있습니다. 기술직은 일부 전공을 기술하는 부분이 있는데 보편적으로 사무행정에는 전공이나 학교, 학점보다는 직무와 관련된 어떤 과목을 이수했고 그 과목에서 어떤 평가를 받았냐 이런 부분을 직접적으로 묻는 쪽이 오히려 더 효과적이지 않을까 생각합니다.

자기소개서도 조직 적합성, 직무 적합성, 직업기초능력 등으로 항목이 구성되어 있습니다. 그런데 대기업하고 다른 또 하나의 특징은 자기소개서 항목이 매번 바뀌는 공공기관이 많습니다. 대기업은 10년이 가도 안 바뀌는 기업이 있는데 공공기관은 자주 바뀌는 것이죠.

서류 전형 평가 기준을 다양하게 운영합니다. 어떤 기관은 서류 전형을 안 한다거나 서류 전형 적격만 심사해서 대부분의 지원자에게 필기시험의 기회를 주는가 하면 교육, 자격증, 경력, 경험, 자기소개서 등을 평가해서 제한된 인원만 서류 전형을 통과시켜서 필기시험을 보게 하는 곳도 있습니다. 필기시험도 무제한으로 기회를 주거나 7배수, 10배수로 제한하기도 합니다. 모두 장단점이 있는 것 같습니다.

필기 전형은 기본적으로 인성 및 조직 직무 적합도를 평가하는데 직업기초능력은 모든 공공기관에서 다 시험을 봅니다. 그런데 그게 세 가지 기본 영역에 한 가지나 두 가지를 추가하는 정도입니다. 직무별 전문 능력 평가는 이른바 직무능력평가인데, 제가 알기로는 20% 정도는 직업기초능력만 보고 전공 시험을 안 보는데, 80% 정도는 직무수행능력 시험, 즉 전공 시험을 봅니다. 그런데 우리가 직무수행능력 중심으로 사람을 뽑아야 한다고 하는데 과연 이 전공 시험을 보는 게 맞느냐고 할 때 저는 보는 게 맞다고 생각합니다. 직업기초는 그야말로 공통적인 지식 부분이 아닌가 하는 생각도 듭니다. 그런데 전공 시험도 기관마다 다릅니다. 어떤 곳은 경영학이나 경제학 한 가지 과목만 보는 데가 있고, 어떤 곳은 경영학, 경제학 통합으로 보는 데가 있으며, 어떤 곳은 경영, 법, 행정을 통합해서 보기도 합니다.

인성 평가는 거의 모든 공기업에서 실시하고 있습니다. 합격자 기준도 직업기초능력과 직무수행능력을 5대 5, 7대 3, 8대 2 등으로 다양하게 보고, 필기시험 합격자는 최종 선발 인원의 2배수에서 3배수 정도입니다. 그래서 어떻게 보면 필기시험이 공공기관 전형 중에서 가장 어려운 관문이기도 합니다. 철도공사의 경우 서류 적격만 보고 거의 다 필기시험 기회를 주다보니 필기시험에서 90% 이상이 탈락합니다. 필기시험 통과가 하늘의 별 따기인 이유죠. 그렇다면 서류에서 10배수로 잘라서 필기에서 2배수로 통과시키는 게 맞는지, 아니면 서류에서 100배수로 해서 필기에서 2배수로 통과시키는 게 맞는지 고민이 필요한 지점입니다. 이것은 그 기업에서 어떤 인사 철학이나 경영 철학을 가지고 있느냐에 따라서 달라질 것입니다. 어쨌든 공공기관 입사의 승패는 필기시험에 달려 있고, 지원자들은 이 시험에 통과하기 위해서 열심히 준비해야 할 것입니다.

면접 전형은 대부분 2차로 나뉘어 진행됩니다. 1차는 직무와 관련된 주제로 발표 면접 또는 토론 면접을 보고, 2차는 인성, 역량 중심의 종합 면접을 보는데, 여기에 경험 면접, 상황 면접 등이 들어 있습니다. 일반 대기업과 크게 다르지 않습니다. 그다음에 공정성, 객관성을 고려한 면접 전형이 진행되는데 바로 블라인드 면접입니다. 면접 대기 장소에서는 물론 실제 면접장에서도 블라인드 면접에 대해 인지를 시킵니다. 면접의 객관성을 위해 외부 면접위원을 활용합니다. 그리고 구조화된 질문을 통해서 가급적이면 공정하고 객관적으로 운영될 수 있도록 합니다. 공공기관은 채용 대행사가 해마다 바뀝니다. 그러다보니 가장 기본적인 NCS 가이드를 적용해서 기본적인 수준에서 계속 운영하고 있습니다.

대기업은 기업마다 면접 전형이 다른데 공공기관은 비슷한 부분이 많습니다. 대기업은 일부에서 PT나 토론 면접을 했을 때 최종 면접에서 모든 정보를 제공해서 회의에서 최종적으로 합격자를 논의할 수 있게 하는데, 공공기관에서는 공정성 측면에서 이전의 정보 제공이 좀더 낮은 수준에서 운영되지 않을까 생각합니다.

마지막으로 공공기관에서 선호하는 인재는 먼저 주어진 일을 책임감 있게 성실하게 해내는 사람입니다. 그래서 이윤 추구를 최고의 가치로 여기는 일반 기업이 혁신적이고 새로운 아이디어를 내는 사람을 선호한다면 공공기관은 보수적인 기업 문화 특성상 겸손한 태도를 가진 사람을 좋아하는 것 같습니다. 다음으로 법, 규정, 매뉴얼에 기반해서 업무가 수행되므로 원칙을 준수하는 사람을 원합니다. 또한 직업윤리가 철저하고, 국민인 고객을 중요하게 생각하며, 수익성보다는 공익성, 공공성을 중시하는 사람을 뽑고자 합니다.

탈락자도 배려하는
한국남부발전의 블라인드 채용

손승현 한국남부발전 차장

한국남부발전은 국내 전력 생산의 약 10%를 담당하는 발전 공기업입니다. 현재 인천, 삼척, 영월, 안동, 하동, 부산, 남제주 등 전국에 7개의 발전소를 운영하고 있고 신세종복합발전소를 건설하고 있습니다. 남부발전은 2001년 4월 한전에서 분사한 이후 2014년 10월 본사를 부산으로 이전하면서 본격적인 부산 본사 시대를 열었습니다. 남부발전의 발전 사업은 국내에만 국한하지 않습니다. 요르단, 칠레, 미국을 거점으로 하는 신규 사업을 집중 개발하고 있고, 그중에서 미국은 발전 공기업으로는 최초로 북미 사업을 따낸 쾌거라고 할 수 있습니다.

저희는 부산에 본사를 이전한 이후 2016년부터 2020년까지 연평균 165명을 채용해오고 있습니다. 매년 신규 채용의 규모는 물론 정원과 예산 등에서 정부의 통제를 받는 공기업의 특성상 약간의 등락은 있지만 눈에 띄는 점이 있습니다. 바로 부산의 지역 인재와 비수도권 지역 인재의 비율입니다. 부산의 지역 인재는 2016년 35%에서 2018년, 2019년 50%에 다다른 이후 2020년에는 30%입니다. 비수도권 인재는 연도를 불문하고 대략 과반수 이상, 적게는 58% 많게는 70%까지 신입사원으로 입사하고 있습니다. 올해도 70명 이상의 대졸 또는 고졸 채용이 예정되어 있고, 그 외에 직무 체험을 다양하게 제공할 수 있는 체험형 인턴을 연말까지 전국 200명 이상 채용할 계획입니다.

NCS 기반, 보듬 채용, 온택트 채용

남부발전은 다른 공공기관처럼 서류, 필기, 면접 전형을 봅니다. 다만, 지원자 모두에게 필기시험의 기회를 주지는 않습니다. 자기소개서를 심사해서 30배수만이 필기 전형에 응시할 수 있습니다. 그리고 지원자들이 진검 승부라고 표현하는 필기에서 약 3배수를 선발합니다. 면접은 실무 역량을 측정하는 1차 면접과 인성 등 조직 적합성을 측정하는 2차 면접이 있습니다. 면접에 통과하면 신원 조회, 신체검사, 비위 면직자 조회를 거쳐 최종 합격이 됩니다. 채용 공고를 내고 합격까지 약 3개월이 걸립니다.

남부발전의 채용 제도를 설명하기 전에 세 가지 키워드를 눈여겨볼 필요가 있습니다. 첫 번째는 NCS 기반의 블라인드 채용입니다. 저희뿐만 아니라 모든 공공기관이 도입하고 있으며 직무 역량과 능력 중심의 채용 제도라고 할 수 있습니다. 채용의 모든 단계에서 블라인드를 함으로써 학력이나 스펙 등 편견 요소를 배제하게 됩니다. 남부발전은 이 분야에서 2016년, 2018년, 2019년에 장관상을 수상하면서 우수 기관 인증을 받았습니다.

두 번째는 남부발전의 고유 프로그램인 '보듬 채용'입니다. 이것은 뒤에서 자세히 설명하겠지만 탈락자에게 강·약점 보고서를 제공하고, 지역과 사회 형평자까지 보듬는 채용이라고 할 수 있습니다. 이 프로그램으로 2019년에 대통령상을 수상하면서 채용 분야에서는 힘든 큰 성과를 내기도 했습니다.

마지막으로는 온택트(on-tact) 채용입니다. '온택트'는 '언택트'와 '온라인'이 합쳐진 것으로, 온라인으로 연결되는 채용, 즉 남부발전형 온라인 면접이라고 할 수 있습니다. 면접 준비에 필요한 비용을 줄이고, 면접관과 지원자가 온라인으로 만나면서 생길 수 있는 라포 형성의 어려움을 해소하기 위한 사전 자기소개 영상 평가 등 다양한 방식으로 운영하고 있습니다. 이 부분에 대해서도 뒤에서 자세히 소개하겠습니다.

모든 채용 단계에 블라인드를 적용

먼저 NCS 기반의 블라인드 채용입니다. NCS 기반 직무 역량 평가와 관련하여 채용 설명회를 가보거나 지원자들과 대화를 해보면 NCS가 도입됐는데, 블라인드 제도가 도입됐는데 채용 준비, 취업 준비는

	2013년 이전	2014년	2015년 ~ 2020년
서류 전형	전공, 어학, 자격증 가점 대학 졸업자 제한	전공 가점 폐지 어학 성적 가점 축소 역량기반 입사지원서 작성	지원 자격 제한 조건 없음 블라인드 입사지원서 작성 직무역량중심 지원서 심사
필기 전형	전공 시험 인·적성 검사 논술	전공 분야 기초 지식 KOSPO 가치기반 적성 검사 한국사 및 영어	전공 분야 기초 지식(100점) 직무 적합성 평가(적부판정) NCS기반직무능력평가(K-JAT)(100점) 한국사(25점) 및 영어(25점)
면접 전형	경영진 면접(인성) 실무진 면접 Presentation 면접 Group Discussion	경영진 면접(인성) 실무진 면접 Presentation 면접 Group Discussion	1차 면접 실무 면접, Presentation, Group Discussion 2차 면접(인성, 직무 적합성 등)

한국남부발전의 채용 제도

어떻게 해야 하느냐라는 질문을 많이 받습니다. 사실 그 질문에 순서나 방법 자체가 조금 문제가 있다고 생각합니다. 위의 표는 남부발전의 채용 제도를 정리한 것입니다. 2013년 이전과 2014년, 2015년 이후로 구분을 해보았습니다.

2013년 이전에는 지원 자격 자체가 전공과 어학, 자격증에 가점을 두고, 대학 졸업자로 제한했는데 이것이 하나씩 폐지되면서 2015년부터는 모든 지원 자격의 제약이 없어졌고 입사 지원서는 블라인드 형식으로 바뀌었습니다. 그 외 필기와 면접 전형은 변화가 없습니다. 물론 세부적인 평가 요소들은 단계별로 더 고도화되고 구조화된 부분이 있겠지만 기본적으로 직무 역량 평가를 진행하는 채용의 방식은 달라지지 않았다는 것입니다. 그렇기 때문에 세월의 변화가 있다고 해도 NCS와 블라인드라는 단어에 매몰되지 말고 공기업 취업에 성공하기 위해서는 채용 제도가 어떻게 변화되어왔고 그렇게 구조화된 채용 전형이 어떻게 설계되어 있는지를 살펴볼 필요가 있습니다.

1만 2,000명 지원자 서류 모두 읽어

2015년 이후 서류 전형을 보면 지원서에 어떠한 인적 사항도 적지 않게 되어 있습니다. 하지만 지원서 기반의 자기소개서와 직무 능력 소개서를 평가한다고 말씀드렸는데요. 평가위원들이 지원자 1만 2,000명에서 1만 5,000명의 지원서를 다 읽어봅니다. 1주일이든 열흘이든 지원서를 다 읽어보고 그 내용을 바탕으로 정성 평가를 진행합니다. 기본적으로 심사위원회는 3인 1조로 구성되고 3인이 1인을 심사위원장으로 호선한 다음 회사가 제시한 처리 기준에 따라서 서류 심사를 통해 30배수를 선발합니다.

자기소개서는 다섯 가지의 직업기초능력을 평가하기 위해 사전에 설계된 내용으로 운영하는데, 이런 내용을 토대로 통과된 필기 전형은 인성과 직무능력평가, 전공기초평가, 영어, 한국사로 구성되면서 실제로 회사의 맞춤형 인재를 선발하기 위한 입체적인 업무 역량을 검증하게 됩니다. 그리고 서류 전형부터는 탈락자에게 강·약점 분석 보고서 형태로 전달됩니다. 이는 추후 수험생의 학습 분야에 대한 방향을 제시하는 데 소중한 자료가 될 것입니다.

면접에도 NCS와 블라인드 제도를 반영하고 있습니다. 면접 전형에는 역량 평가의 개념이 적용됩니다. 역량 평가는 미리 업무 수행을 예측하면서 진단 개발한 다양한 평가 방법의 집합을 의미합니다. 저희 회사는 발표와 토론, 실무 면접 세 가지의 기법을 활용해서 1차 면접 전형을 진행하고 2차 면접 전형은 질의응답을 통해 인성과 직무 적합성에 대한 부분을 평가합니다.

면접위원의 성비 또한 중요합니다. 저희는 발전 공기업이어서 신입 여직원의 채용 비율이 20%가 되지 않습니다. 전체 여직원도 15%가 넘은 지가 얼마 되지 않았습니다. 기술 분야에 전문 특화된 기업이기 때문에 그런 것도 있지만 면접에서 여성이 더 피해를 본다는 지원자들의 이야기를 참고하여 그것을 사전에 차단하고자 채용에 참여하는 면접위원들의 성비 균형을 맞추기 위해 노력했습니다. 즉 면접에서 여성 면접위원을 과반수 이상 참여시키고자 했죠. 그 결과 최근에는 22% 이상의 여성 합격자가 나오기도 했습니다. 서류 전형 탈락자와 마찬가지로 면접 전형 탈락자도 구체적으로 피드백을 합니다. 각 면접별, 직군별 평가 요소들을 사전에 정하고 이런 부분들에 대한 정보를 심사위원에게 알림으로써 구조화된 면접과 평가를 진행할 수 있습니다.

탈락자에게 탈락 이유를 담은 강·약점 보고서 제공

두 번째는 보듬 채용입니다. 일부 공공기관에서 채용 비리가 발생하면서 그 어느 때보다 공정 채용에 대한 국민들의 관심이 높아졌습니다. 이에 더해 전형에서 탈락한 지원자들이 왜 자신들이 떨어졌는지를 물어왔습니다. 그런데 그것에 대해 명확하게 알려주는 기관이 없었습니다. 저희는 여기에 착안해서 2019년에 채용의 상대적 약자를 보듬어주는 '보듬 채용 프로그램'을 만들고 세 가지 추진 과제를 설정했습니다. 전형별 탈락자를 위한 '탈락자 보듬', 발전소 주변 지역에서 진행하는 채용 설명회인 '지역 보듬', 그리고 이공계 여성과 고졸 출신자를 위한 '사회평등 보듬'이 그것입니다.

그중에서 탈락자 보듬은 필기와 면접 전형에서 탈락한 지원자들에게 강·약점 분석 보고서를 전달합니다. 합격자와 불합격자 평균 및 본인의 점수를 비교 분석하고, 보완할 부분을 코멘트를 해줍니다. 여기에서 그치지 않고 희망자를 대상으로 채용 알림 서비스를 제공합니다. 채용 알림 서비스에는 채용 지원 제도와 채용 설명회도 포함되어 있습니다. 또한 회사에서 진행하거나 참여하는 채용 박람회 또는 채용 설명회에 강·약점 분석 보고서를 지참하면 최근 2년 내에 입사한 직원들이 직접 나서서 개인별 맞춤형 학습 방향을 컨설팅해주는 맞춤형 컨설팅 또한 진행합니다. 설문 조사 결과 73명이 취업에 성공했다고 합니다. 또한 임산부와 50대 신입사원이 입사하기도 했습니다.

물론 보듬 채용을 진행하는 과정이 쉽지만은 않습니다. 업무의 과중, 비용 문제 등 해결해야 할 이런저런 일이 있습니다. 이에 전문 인력을 투입하고 채용 프로세스를 표준화하는 등 일을 줄여나가기 위해 노력하고 있습니다. 그리고 채용 결과에 대한 검수 전담팀을 운영하면서 데이터의 정확도를 높이기 위해서도 힘을 기울이고요.

공정성과 소통이라는 두 마리 토끼를 잡은 온택트 면접

마지막으로 온택트 면접입니다. 2000년 초에 이미 온라인 면접 형태를 구상하고 있었습니다. 그런데 작년에 코로나19로 인해 채용이 직접적으로 타격을 입는 상황이 발생했습니다. 채용이 전년 대비 44%가 축소되었고 대규모 채용 행사도 모두 연기되었습니다. 공기업에 대한 취업 선호도가 그 어느 때보다 높은 시기인 만큼 어떤 상황에서도 채용을 중단 없이 진행하기 위해서 온택트 채용을 작년 2월부터 약 120일 동안 준비를 하고 시뮬레이션을 하면서 도입을 했습니다.

비대면 면접은 3단계로 진행이 됩니다. 지원자와 면접관이 각각 집합하여 화상 면접을 진행하는 1단계, 지원자는 집에서, 면접관은 집합하여 진행하는 2단계, 그리고 3단계는 지원자와 면접관 모두가 개별 장소에서 화상으로 진행을 합니다. 저희는 초기 시행인데도 2단계를 운영하도록 구상을 했습니다. 사실 시뮬레이션을 하면서 공정성 면에서 큰 난제가 있었습니다. 바로 온라인상 참여자의 소통 방식을 통일하는 것이었습니다. 온라인으로 연결되어 있지 않으면 면접이 진행되지 않는 문제를 해결해야 했습니다. 그래서 무선 블루투스 이어폰 등 면접에 필요한 물품을 직접 제작해서 지원자들에게 발송했습니다. 상세한 화상 면접 FAQ도 제공했고요. 그럼으로써 공정성을 확보하고 소통에도 문제가 없는 두 마리 토끼를 잡을 수 있게 되었습니다. 면접 단계 또한 대기실에 다수가 입장하면 그중 한 사람이 확인실로 온라인 링크를 통해 이동한 다음 거기에서 신분증, 즉 개인 정보를 확인하고 마지막으로 면접 영상은 면접장으로 다시 링크를 타고 넘어가게 되는 3단계 형태로 운영했습니다. 면접 영상은 녹화해서 관리를 강화했고요.

어떻게 보면 온택트 면접도 보듬 채용의 일환입니다. 그런데 비대면 면접을 위해서 지원자들이 노트북이나 장비를 사야 하는 부담이 있었습니다. 그래서 저희는 대한민국 인구의 97%가 사용하는 스마트폰을 활용해서 장비 구입 비용을 제로로 줄였습니다. 또한 화상 면접을 하면 라포 형성, 즉 지원자가 면접관과 심리적 친밀감을 느낄 수 있는 기회가 없기 때문에 사전에 지원자의 자기소개 영상을 만들어서 업로드하고 이를 면접관이 먼저 시청하도록 했습니다. 면접 시간 또한 기존 5분에서 15분으로 늘렸습니다. 남부발전 유튜브 채널에 가면 채용 제도에 대한 더 상세한 정보를 확인할 수 있습니다.

많은 지원자들이 "합격에 자격증이 큰 영향을 미치냐?"라고 묻습니다. 사실 서류 심사가 완화되었기 때문에 필수 자격증은 없습니다. 다만, 특정 직무에 전공과 자격증이 필요할 수는 있습니다. 자기소개서를 실제로 읽어보느냐고 묻는데, 불성실하게 기재한 지원자를 빼고는 모든 정보를 꼼꼼히 읽고 이를 채용에 중요한 정보로 활용합니다. 따라서 성실하게 작성을 해야 합니다. 블라인드 채용을 한다면 특정 회사의 인턴 경력을 언급해서 자신을 어필할 수 있느냐라고 물어보는데, 당연히 소속을 특정할 수 없는 용어로 표현이 가능합니다. 가령 남부발전에서 인턴을 했다면 '에너지 공기업' 또는 '발전 공기업'이라는 표현을 쓸 수 있겠죠.

온택트 면접, 즉 온라인 면접은 앞으로도 계속될 것입니다. 온라인의 특성상 지원자가 면접을 보면서 실시간으로 정보 검색을 하여 면접에 대응하는 것을 모두 통제하기는 어렵습니다. 그렇기 때문에 자신의 머릿속에 들어 있는 지식과 성취도를 측정하는 것을 넘어서 이제는 주어진 시간 안에 정보에 접근해서 그 정보의 질을 선별하고 이것을 본인의 언어로 표현할 수 있는 능력이 점차 중요해질 것입니다.

400대 1의 경쟁률을 뚫고 들어온 신입사원이야말로 남부발전형 인재라고 생각하고 그들의 인재 데이터베이스를 구축해나가고 있습니다. 그리고 이 데이터베이스를 활용하여 AI 기반의 인재 선발 프로그램을 도입하기 위해 준비하고 있습니다. 최근 들어 어떤 위기 상황 속에서도 채용은 중단 없이 진행되어야 함을 더욱 절실히 느끼고 있습니다.

외국처럼 207개 직무 기술서로 채용하는 공기업 이야기

임동환 한국우편사업진흥원 주임

한국우편사업진흥원은 과학기술정보통신부 산하의 우정사업본부, 흔히 말하는 우체국 산하의 공공기관입니다. 주로 하는 일은 우체국 쇼핑몰인 우체국쇼핑의 운영, 우편 상품을 만들고 판매하는 우편 사업, 우편과 관련된 문화사업을 진행하는 우정문화, 그리고 우편고객센터의 운영입니다. 이렇듯 많은 일을 하다보니 채용 영역이 넓습니다. 과거에는 용역이나 파견 등이 담당했던 업무도 정규직으로 바뀌면서 저희 기관이 직접 고용을 합니다.

예를 들어 쇼핑몰을 운영하려면 많은 인원이 필요합니다. 먼저 쿠팡이나 티몬처럼 쇼핑몰을 직접 운영해야 하니까 쇼핑몰을 유지 보수하고 개발하는 개발자들이 필요합니다. 상품의 질을 관리할 사람들도 필요하고요. MD도 빠질 수가 없습니다. 공산품 MD든 식품 MD든 해당 분야에 전문 지식을 가지고 있고 판매를 촉진할 수 있는 방안을 기획하고 꾸려갈 사람들이죠. 쇼핑몰에 필요한 사진 이미지를 담당하는 특수 직무도 있습니다. 소상공인이나 지역 농가에서는 쇼핑몰에 들어갈 사진을 직접 촬영하거나 상세 페이지를 만들기가 쉽지 않기 때문에 해당 업무를 할 사람을 채용하는 것입니다.

채용 조건을 상세히 공개하는 모범 사례

저희도 여느 공공기관과 마찬가지로 블라인드 채용을 합니다. 지원자의 성별, 나이, 학벌, 외모 등이 아닌 직무 능력 중심으로 평가를 함으로써 채용의 공정성과 합리성을 확보하고자 하는 것이죠. 블라인드 채용을 도입하게 된 배경은 대외적으로는 공정한 사회 실현에 기여할 수 있는 선도적인 공공기관으로서의 사회적 책임을 다하기 위해서이고, 내부적으로는 우수한 인재를 선발하기 위해서입니다. 전형은 다른 기관과 마찬가지로 서류, 필기시험, 면접으로 진행됩니다.

블라인드 채용의 도입 과정에서는 기획재정부, 고용노동부, 인사혁신처 등 상급 부처에서 지침이 많이 내려옵니다. 공공기관의 규정에는 채용과 관련된 별도의 세칙을 마련해야 한다, 채용 비리가 발생했을 때는 징계 양정 기준에 따라서 어떻게 징계를 내려야 한다, 그리고 기관장이 아니라 별도 인사위원회를 두어서 통제해야 한다는 내용부터 해서 채용 공고를 내기 전에는 주무 부처 협의를 거쳐야 한다는 내용도 들어 있습니다. 그리고 작년에는 필기 전형은 합격자들의 점수와 커트라인까지 공개하도록 했습니다. 저희는 상급 부처의 채용 지침을 최대한 반영하고 있습니다. 블라인드 채용도 그런 과정에서 도입된 것이고요.

저희만의 자랑거리가 있다면 채용 공고에 채용 조건을 상세하게 공개한다는 점입니다. 채용 공고문의 정석이라고 할 수 있습니다. 채용인원은 물론 직급, 시험 과목, 배점 비율, 응시 자격, 직무별 맞춤 직무기술서, 급여 및 복리후생 등을 모두 공개하는 것이죠. 2019년 기준 207개의 직무 기술서가 완성되었고, 이 직무 기술서를 바탕으로 채용을 하고 있습니다.

제가 이 일을 하면서 나름 뿌듯하고 자랑스러웠던 순간은 2020년에 인사혁신처와 기재부, 고용노동부에서 합동으로 발행하는 공정 채용 가이드북에 저희 기관이 대표 사례로 실린 것입니다. 저희가 그렇게 실릴 수 있었던 것은 다양한 분야의 직무 기술서들을 개발했기 때문입니다. 그리고 공고문에 블라인드 위배 사례에는 어떤 것들이 있으니까 그런 것들을 쓰지 말아달라는 구체적인 사례도 제시했습니다.

얼마 전 진행했던 채용 공고를 예로 들어볼게요. 14개 분야 21명의 직원을 뽑는데 공고문 하나에 다 들어가지가 않았습니다. 분야별로 상이한 부분은 지원자들에게 혼란을 줄 수도 있고요. 그래서 분야별로 공고문을 나누었습니다. 가장 지원자가 많은 일반직을 예로 들면, 어떤 업무를 하는지와 입사 후 바로 어떤 업무를 하는지, 응시 자격도 일반직 신입과 비수도권 지역 인재로 나눴는데, 기본 자격은 청년고용촉진 특별법상 34세 이하인 자이고 그중에서 비수도권 지역 인재 1명, 일반직 2명인데, 비수도권 지역 인재가 어떤 것이고 어떤 의미가 있는지 등을 적어두었습니다. 근무 조건과 급여 등도 명시를 했고요. 문제가 되는 않는 범위 내에서 정보를 공개했습니다.

전형 절차와 방법에 대해서도 마찬가지입니다. 직무수행능력과 직업기초능력은 50, 50으로 평가한다, 30배수를 선발한다, 그리고 필기 전형에서는 어떤 문항이 출제될 것이다, 필기 전형 장소는 추후 공지 예정이라고 나와 있지만 서울 지역이고 면접 심사는 상호 면접 50%, 경험 면접 50%로 진행하겠다 등으로 구체적으로 명시를 했습니다. 면접 전형 이후 제출 서류, 가점, 우대 사항 등도 밝혔습니다.

스펙 제한 폐지, 어학 성적 자격 요건 전부 해제

각 전형에 대해서 구체적으로 살펴보겠습니다. 먼저 서류 전형은 별도로 스펙에 대한 제한을 두지 않습니다. 일부 기관은 어학 성적이 몇 점 이상인 자로 자격 요건을 두기도 하는데 저희는 법률이나 지침 상의 근거가 있지 않으면 그런 제한을 전부 해제했습니다. 그러다보니 어학 같은 경우도 국제 행방 조사라든지 외국과 관련된 업무를 하는 사람만 어학과 관련된 성적을 기입할 수 있게 칸을 만들었습니다. 출신 대학, 가족 관계, 성별, 나이 등도 적지 못하게끔 지원서에 항목을 삭제했고, 혹시라도 그런 인적 사항이 드러날 경우에는 불합격 처리한다는 문구가 있고 실제로 블라인드 위배 사항이 발견되면 불합격 처리하고 있습니다.

입사지원서에서 인적 사항은 인사 담당자들이 합격이나 불합격 여부를 알리는 용도이고, 평가위원들에게는 그 부분이 가려진 채로 제공됩니다. 가점은 어떤 게 들어가고 공통 자격, 결격 사유 해당이 있는지 없는지 체크하게끔 되어 있고, 교육 사항은 학교 교육이나 직업 교육, 과목명이나 주요 내용을 관련성에 따라서 점수를 평가하게끔 만들어두었습니다. 자격 사항은 내부 기준에 의거해서 평가를 할 수 있는 자격증을 배치해두었고요, 자격증이 아닐 경우 아예 검색이 불가능하게끔 시스템을 설정해두었습니다. 경력 사항과 경험 사항 같은 것도 마찬가지입니다.

다음은 필기 전형입니다. 저희는 외부 대행 업체에 문제 출제를 맡기는데, 대행 업체에 위탁을 맡길 때 CCTV 설치 여부를 확인하고 외부 출입을 통제하는 등 관리를 엄격하게 합니다. 출제위원이 학원에서 강의를 하거나 수험서를 발간한 적이 있는지도 체크하고요. 문제지 봉인부터 채점까지 전 과정을 감사실 참관하에 관리 감독을 합니다. 그리고 작년 기준으로 필기 점수와 합격자 커트라인을 공개하고 있습니다. 필기는 직업기초능력과 직무수행능력평가를 하는데 직업기초능력은 문제가 다음과 같이 나옵니다.

보건소에서 4월 1일부터 한 달 동안 재학생을 대상으로 금연 교육을 몇 회 하려는데 그때 조건은 이러이러합니다. 이때 옳은 것 혹은 옳지 않은 것을 고르세요.

지원자들 대부분은 문제를 풀 수 있습니다. 그런데 이런 문제들이 50개가 배치가 되다보니까 시간 배분을 잘 해야 합니다. 직무수행능력 평가는 분야별로 전공 시험으로 대체하고 있습니다. 이공계는 기사 시험으로, 인문 사회, 행정, 일반 행정은 경영학이나 재무 등으로 대체하고 있고요.

인성 검사도 실시하는데 평가에 직접적으로 영향을 끼치지는 않고 면접위원들이 참고용으로 활용합니다. 인성 검사도 문항이 많은데 주어진 시간이 짧기 때문에 시간 배분을 잘 해야 합니다.

면접 전형은 외부 면접위원이 무조건 들어가게끔 규정되어 있습니다. 그런데 한 번 한 사람은 연속으로 할 수가 없어 섭외에 어려움을 많이 겪었습니다. 그래서 인사혁신처에 국가인재 DB를 활용하겠다고 협조 요청을 해서 인사혁신처에서 보내준 면접위원 풀에서 적합한 인물을 선정했습니다.

저희는 직무가 굉장히 많습니다. 그래서 직무에 맞게 면접도 다양하게 구성하는데, 연구직은 실제로 프로젝트를 많이 발표하거나 외부 용역 업체들로부터 프로젝트 제안을 많이 받기 때문에 발표 면접을 통해서 전문성이나 PT 능력 등을 봅니다. 디자인이나 콘텐츠 제작 업무는 경험 면접과 함께 직접 컴퓨터실을 대여해서 실기 과제를 수행하고 그 결과물을 면접위원들이 평가합니다.

일반직은 상황 면접이라고 해서 업무를 하면서 부딪히는 문제들을 어떻게 해결할 것인지에 대한 평가를 합니다. 예를 들어 코로나19 상황에서 화훼 농가가 어려움을 겪고 있습니다. 이런 상황에서 화훼 농가의 매출을 올리기 위해 어떻게 마케팅 전략을 수립할 것인지 지자체와 어떻게 협업할 것인지 등이 문항으로 나오게끔 실제 상황을 구성해놓았습니다. 그리고 토론 면접은 프로그램 개발자들처럼 실제로 기획자랑 업무 수행하는 사람들과 협업을 해야 하는 분들에게 토론 면접을 평가 척도로 사용해서 대인관계나 의사소통 능력을 봅니다. 그리고 전 분야 공통으로 경험 면접을 실시합니다.

블라인드 채용으로 신규 입사자의 전공, 학력이 다양해져

블라인드 채용이 도입된 2017년 7월 이전과 이후를 비교해보았습니다. 먼저 신규 입사자의 다양성입니다. 전공과 연령대가 다양해진 것은 물론 여성과 고졸 합격자도 늘어났습니다. 신규 입사자의 전공이 블라인드 채용 이전에는 12개 정도였는데 블라인드 채용 후에는 35개까지 늘어났습니다. 연령대도 블라인드 채용 이전에는 20대와 30대가 많았다면 이후에는 40대와 50대까지 아우르고 있습니다. 고졸 신규 입사자도 블라인드 이전에는 12명이었다면 이후에는 82명으로 늘어났습니다. 여성 입사자도 38명에서 212명으로 증가했고요.

다음은 신규 직원의 만족도와 직무 성과의 향상입니다. 신규 직원의 입사 첫 해 업무 성과와 업무 목표 달성률을 보면 블라인드 채용 이전과 이후를 비교했을 때 통계적으로 유의미한 차이가 있는지는 아직 검증하지 않았지만 증가하는 모습을 보여주었습니다. 신입사원 채용 절차 만족도도 모든 항목에서 높은 점수를 받았고요. 그리고 그런 것들이 공공기관 입사 수기 공모전 등에서 수상하는 결과로 나타났습니다.

저희는 앞으로 규정을 좀더 정비해서 더욱 공정하게 채용을 하고, 내부 직원들에게는 산업인력공단에서 주최하는 면접관 교육 등을 이수하게 해서 직원들의 면접 역량을 갖추게 할 계획입니다. 그리고 지원자 중심의 채용으로, 채용 종료 후 지원자 설문 조사를 통해서 추후 채용에 반영할 수 있도록 할 것입니다.

블라인드로 뽑고 나서
달라진 것은 무엇인가?

전선희   교육의봄 연구원

임동환   한국우편사업진흥원 주임

손승현   한국남부발전 차장

윤지희   교육의봄 공동대표

임호근   커리어연구소 대표

박규현   Getjob 컨설팅 대표

사회자

지금까지 발표한 내용 중에서 확인이 필요하거나 궁금한 부분을 구체적으로 살펴보도록 하겠습니다. 줌으로도 많은 분들이 참여하고 계신데, 저희가 먼저 발표자들에게 질문을 하고 나중에 의견을 받도록 하겠습니다.

전선희

네 분의 발표를 들으면서 공공기관이 참으로 모범적으로 채용을 하고 있고, 앞으로 채용이 그렇게 갔으면 좋겠다는 희망을 가질 수 있었습니다. 블라인드 채용은 크게 두 날개가 있다고 생각하는데 하나는 편견 요소를 배제하는 것이고 또 하나는 직무 역량 위주로 사람을 채용하는 것입니다. 편견 요소를 배제할 때 다양성이 확보된다는 결과는 어느 정도 예상이 가능한데, 이런 과정을 통해 어떻게 훌륭한 직무 역량을 가진 사람을 뽑을 수 있느냐가 핵심이라고 생각합니다. 왜냐하면 민간기업이 변화하기 위해서는 단순히 편견 요소를 배제한 것만 가지고는 설득이 어렵고 이렇게 했더니 정말 훌륭한 사람들이 많이 뽑혔다는 결과물이 있어야 움직일 거라고 생각합니다.

또한 채용 과정에서 가장 중요한 것은 필기시험이라고 했잖아요. 이 필기시험으로 직무수행능력과 직업기초능력을 보겠다는 것인데, 항간에서는 이것이 결국 답을 잘 맞히는 능력을 보려는 것이 아닌가라는 말이 있습니다. 답을 잘 맞히는 것과 일을 잘하는 건 상관없다는 말인 것이죠. 그나마 고무적인 것은 한국우편사업진흥원의 경우 블라인드 채용으로 입사한 신입사원들의 업무 성과가 더 높았다는 것입니다. 여기서 두 가지 질문이 있습니다. 하나는 신입사원들의 직무 성과를 어떻게 평가하는지입니다. 다른 하나는 NCS 시험 점수와 그 점수를 높게 받은 사람이 실제 성과도 좋다 이런 식의 두 가지의 연관성, 즉 NCS의 평가 도구의 타당성 문제가 좀더 중요하다고 생각하거든요. NCS 평가 도구의 점수와 실제로 그 사람이 일하는 능력의 연관성, 상관관계 이런 것에 대한 내부적으로 정리된 자료가 있는지 궁금합니다.

임동환

한국우편사업진흥원이 블라인드 채용 제도를 도입한 2017년 7월을 기준으로 이전과 이후에 입사한 신입사원들이 어떤 변화가 있었는지를 통계를 통해 살펴보았습니다. 통계는 그 직원들의 연봉 평가라고 해서 그 성과에 대해서 평가하는 것이 하나가 있고, 또 개인별 MBO[16]가 있습니다. MBO 달성률과 연봉 평가를 비교했을 때 MBO 같은 경우는 미미하게나마 블라인드 채용 이후에 입사한 직원들의 달성률이 더 만점에 가까웠던 점, 그리고 연봉 평가 같은 경우는 얼핏 봐도 이게 통계적으로 유의미한 차이가 있었는데 블라인드 채용 이후에 입사한 직원들이 평균 점수가 더 높았던 점을 확인할 수가 있었습니다. 그래서 블라인드 채용에 좀 고무적이었던 것 같습니다. 전선희 연구원이 NCS 시험 점수와 직무 역량이 상관관계가 있는지, 정말 타당성 있는 도구인지를 검증하는 게 중요한 것 같다는 말씀을 하셨는데 저도 이 부분에 공감합니다. 하지만 이게 인사에서 어려운 부분이 있습니다. 따라서 인사팀에서 수행하는 근무 성적 평가나 연봉 평가의 신뢰도, 타당도 등을 먼저 살펴봐야 할 것 같습니다. 그게 완료되면 NCS 채용 도구와의 상관관계 분석이 가능하겠죠.

---

16 MBO(Managements by Objectives)는 조직의 목표 관리를 하는 경영 기법으로서 상사와 부하가 공동으로 목표를 설정한 후 목표가 달성된 정도를 측정하고 평가하여 경영의 효율성을 향상시키기 위한 조직관리 전략을 말한다.

사회자

예리한 답변이시네요. 이미 데이터를 가지고 있고 또 비교한 것들도 있겠지만, 인사팀의 평가 자료와 NCS 점수 결과 또는 면접 결과와 호환, 상관관계의 문제는 인사팀의 평가 자료가 의미 있는 자료일 때만이 비교도 가능하죠. 그 부분에 대해서는 더 연구가 필요한 것 같습니다.

손승현

지원 단계에서의 우수자가 입사 이후에도 우수한 성과를 내느냐에 대해서는 사실 블라인드 제도 특히 NCS, 블라인드를 구분해서 볼 필요가 있다고 생각합니다. NCS라는 직업기초능력, 직무 기반의 채용 제도로 볼 때 이전과 비교해보면 저희는 직무 기반의 신입을 뽑았기 때문에 신입 교육 기간을 단축했습니다. 이후 현장에서도 적응해서 일을 잘하고요. 그럼에도 블라인드 채용에 관해서는 질문해주신 내용이 어느 정도 데이터가 있다면 저 역시 박사학위 논문을 써보고 싶은 욕심이 날 정도로 궁금합니다.

하지만 블라인드 채용을 수년간 경험해보니 그 이전과 이후를 비교했을 때 블라인드의 형태로 채용된 사람이 그 이전보다 뛰어나다고 제시할 만한 자료는 없습니다. 다만, 블라인드 채용 제도를 도입했다고 해서 인력의 질이 하락하지는 않았다는 내용의 데이터는 있습니다. 신입 교육 기간에 다양한 형태의 직무 교육을 수행합니다. 저희는 발전 회사이기 때문에 발전에 대한 기초 직무 교육부터 공통 교육까지 다 수행하는데 그 교육에 대한 성취도를 측정할 때 수년간 비교해온 데이터의 분포도를 비교해보면 블라인드로 들어왔던 비수도권 인재 기반의 많은 신입사원들이 그 이전보다 점수가 더 낮거나 그 분포도가 더 분산되어 있거나 하는 영역은 없었습니다. 다시 말해 별 차이가 없었습니다.

사회자

데이터에 근거하지 않더라도 인사를 담당했던 분들이 블라인드 채용으로 입사해서 일하는 직원들에 대해서 겪어보면서 한 말이 있고 그게 사례로 소문으로 돌 수도 있잖아요. 그런 관점에서 들리는 말은 없었습니까?

손승현

오히려 채용하는 방식에서 바로 정규직을 뽑느냐 아니면 체험형 인턴을 뽑느냐의 차이이지 블라인드 채용 때문에 인력의 질이 어떻다는 평가는 없었습니다.

윤지희[17]

저희는 블라인드 채용의 성과와 관련해서 얼마나 증명할 만하고 신빙성이 있느냐에 관심을 갖고 있습니다. 이후에 민간기업들에

---

17 윤지희 대표는 이 포럼을 주최한 (재)교육의봄의 공동대표를 맡고 있어 토론에 참여했다.

확대되는 지렛대 역할을 한다는 측면에서도 관심이 있고요. 2017년 7월에 공공기관에서 처음으로 블라인드를 도입하고 난 이후 한양대 연구팀이 산업인력공단에서 의뢰를 받아 전수 조사를 한 성과 보고서가 있기는 한데 그때에는 1년 이후의 이직률이라든지, 들어와서의 만족도, 출신 대학의 다양성 등 약간 외형적인 성과를 지표로 삼았던 것 같습니다. 그런데 그것보다는 실제 업무 내용에서의 변화에 주목하는 것이고 또 기업이나 운영하는 측면에서는 그게 중요한 것이기 때문에 다양한 대학 출신들이 들어왔다 이런 것보다는 업무에서 어떤 탁월성이 있는가가 관심일 것이라고 생각합니다. 그래서 저희가 고용노동부 쪽에 블라인드 채용 이후 변화에 대해서 조사한 게 있느냐라고 물었는데 보고서가 인쇄 중이라는 답변을 받았습니다. 아마 조금 더 진전된, 어떤 지표에 의한 보고서가 나올 거라고 기대합니다. 그리고 한국남부발전 손승현 차장님이 말씀하셨듯이 연수 기관에서의 성취도가 더 나빠지지 않았고 대동소이하거나 더 나았다는 것도 중요한 지표라는 생각이 듭니다. 고용노동부에서 조사한 내용도 살펴보겠지만 각 기관들에서 이런 것에 대한 어떤 질적 평가, 질적 성과에 대한 관심을 갖고 또 외부의 평가 전문가들과 조사하여 지표의 엄밀성, 타당성, 신뢰성을 확보할 수 있는 결과가 나온다면 저희가 앞으로 민간에 확대하고 또 발전시킬 수 있는 좋은 토대를 마련할 수 있을 것이라고 생각합니다.

사회자

어쨌든 블라인드 채용이 공공기관에서 끝나지 않고 민간기업으로 확산돼서 대한민국의 채용에 변화를 가져오기 위해서는 아마 그 과정에서의 연구 성과가 더 의미 있을 것 같다. 이런 부분에서 지금 발표하신 각 기업의 사례들이 조금 더 모아지고 체계화되면 그런 단계까지 가지 않을까 싶습니다.

임호근 대표님, 공공기관에서는 잡알리오와 클린아이잡플러스라는 채용 공고 전용 사이트를 만들어서 정보를 공개한다고 하셨는데, 대학생들이나 취준생들은 다 알고 있는 내용인가요?

임호근

네. 관심 있는 사람은 다 압니다. 공공기관이 워낙 많고 또 다양한 직무별로 채용 공고가 수시로 나기 때문에 일일이 찾아보기가 힘든데 잡알리오나 클린아이잡플러스에 들어가면 한꺼번에 볼 수 있습니다.

사회자

저는 처음 듣는 내용이라서 여쭤봤습니다. 정부가 채용과 관련된 서비스를 이렇게 종합적으로 관리하고 있었군요. 중소기업중앙회에서도 정부와 손잡고 매력적인 중소기업들을 정리한 사이트를 만들었더군요.

지금 공공기관에서 이루어지는 블라인드 채용의 좋은 성과를 민간으로 확산하기 위해서는 공공기관의 블라인드 채용의 성과를 더 체계적으로 정리해서 객관적으로 입증할 수 있는 과정을 거쳐야 하지 않을까 싶습니다. 그래서 출신학교 같은 스펙만을 보지 않는 인식이 더욱 확산되었으면 합니다. 임호근 대표님과 박규현 대표님께 여쭙고 싶은데요, 지금 블라인드 채용이라는 전반적인 흐름이 공공기관에 머물지 않고 민간 대기업으로 확산되는 것에 대해 어떻게 생각하시나요? 또 그렇게 생각하시는 근거도 말씀해주세요.

박규현

블라인드 채용 제도가 공공기관에 도입되면서 여러 가지 가시적인 성과가 나타나고 있습니다. 그런데 그것을 구체적으로 계량화해서 평가한 자료나 지표가 아직 없어 좀 아쉽습니다. 방금 사회자가 말씀하신 것처럼 블라인드 채용이 민간부문까지 확산되기 위해서는 법적인 강제나 유도가 필요하겠지만 그보다는 민간기업에서 채용 시스템에 대한 자발적인 니즈가 있어야죠. 예를 들어 지방 전문대를 졸업했더라도 코딩 실력이 뛰어나고 그것이 제대로 평가받을 수 있다면 그때 자연스럽게 깨질 수 있다고 생각합니다. 그래서 저는 민간에 맡겨놓는 게 낫지 않을까 싶습니다.

사회자

그러니까 제 얘기는 법으로 강제하자는 게 아니라 지금 운영되는 공공기관의 블라인드 채용 시스템이 민간으로 가더라도 설득력이 있고 더 유익할 수 있겠다라고 말할 수 있는 것인지, 아니면 어렵고 걸림돌이 있더라도 국가가 지원해주고 이런저런 요소가 있기 때문에 할 수 없이 하는 것인지 그런 부분을 듣고자 하는 것입니다.

박규현

블라인드 채용이 여러 가지 좋은 점도 있지만 분명 보완해야 할 점도 있다고 생각합니다. 그래서 민간부문에까지 적용되기에는 시간이 걸리지 않을까 싶습니다.

임호근

지금의 채용 제도를 그대로 두고 블라인드를 도입할 거냐 말 거냐 이런 관점보다는 LG가 앞으로 신입사원 채용을 인턴으로 하겠다, 두 달 동안 일을 시켜보고 판단하겠다고 하면 블라인드냐 아니냐는 아무 상관이 없거든요. 두 달 동안 여러 일을 시켜보고 적합한 인재를 고를 테니까 그것은 블라인드 제도와는 다른 것이죠.

개인의 능력보다는 학벌 같은 간판을 보고 뽑으니까 학벌이 좋아 회사에 입사해도 적응을 못하거나, 반면에 실력이 있는데도 취업을 못하는 문제가 발생합니다. 우리가 대규모 정기 공채로 한꺼번에 사람들을 뽑을 때는 블라인드 제도가 효과를 발휘할 텐데, 정기 공채도 수시 채용으로 바뀌어서 가령 인사 담당자 1명 뽑는데 20명이 왔어요. 그럼 그 20명을 인사에서 하는 게 아니라 현업에서

이 잡듯이 다 뒤지게 됩니다. 학교, 전공, 학점을 다 보고 면접에서도 그렇겠죠. 수시 채용으로 바뀌면서 두드러진 특징은 대기업에서 필기시험을 안 보는 데가 많습니다. 면접도 더 심도 있게 보고, 인턴 근무 등을 통해서 보기도 하고요. 이렇게 채용 제도가 변화하면 블라인드를 전면적으로 도입해야 한다는 관점보다는 긍정적으로 작용할 수 있는 부분을 도입하는 게 좋다고 생각합니다.

예를 들어 저희도 10년 전에 이미 1차 실무를 과장급이나 팀장급에서 PT 토론을 보는데 블라인드로 했습니다. 그런데 최종 임원 평가에서는 블라인드를 하지 않았습니다. 그래서 그런 것들이 기업의 어떤 상황이나 목적에 맞게끔 도입되어 효과를 발휘할 수 있는 쪽도 있고 그렇지 않은 쪽도 있는 것 같습니다. 그런데 지금 채용의 흐름이 정기 채용에서 수시 채용, 언택트와 택트의 혼합, 더욱 복잡해진 면접 등으로 가니까 천편일률적으로 블라인드를 해야 한다 말아야 한다 이런 것보다는 블라인드를 도입했을 때 효과가 날 만한 부분에 도입하는 게 어떨까 싶습니다.

사회자

그러니까 수시 채용과 직무 중심의 채용으로 전환된다면 어떤 역량을 가지고 있는지를 중시할 것이고, 그럼 출신학교 요소는 블라인드를 하든지 아니면 참고 사항 정도로만 하는 시대로 흘러갈 것이라는 말씀이시네요.

임호근 ,

앞으로는 그렇게 되겠죠. 또 정기 채용에서 수시 채용으로 바뀌면
서 가장 두드러진 게 면접 등에서 간판이나 스펙보다는 직무 역량
에 대한 지식이나 경험이 매우 중요해졌습니다. 그래서 이른바 올
드 루키(중고 신입)들에게 유리한 부분도 있습니다.

사회자 ,

네, 맞습니다. 한국남부발전 손승현 차장님은 대통령상까지 받을
정도로 새로운 채용 제도를 만들고 지금까지 관리를 잘 해오고 계
신데요, 민간기업에 채용 관련해서 전해줄 메시지가 있을까요?

손승현 ,

사실 저희가 채용과 관련한 아이템을 만들 때 비용이 덜 들어야 하
고 인적 자원의 투입도 최소화해야 한다는 개념이 있었습니다. 돈
을 써서 할 수 있다면 누구나 할 수 있을 것이고, 시간을 너무 많이
투자한다면 그건 저희 채용 담당자들에게 고통이 되기 때문이죠.
그래서 보듬 채용을 진행하고 또 온택트 채용에 대해 고민할 때도
이런 부분을 고려했습니다. 다른 민간 영역이 소규모 채용으로 가
면 블라인드나 다양한 요소에 있어서 약간의 공백이 생길 수는 있
지만 그럼에도 해야 하는 것은 지원자에 대한 배려거든요. 게다가
면접의 평가 요소나 면접의 기법을 알려주고 그에 따른 결과를 알
려주는 것은 그렇게 많은 비용이나 노력이 필요하지 않습니다.

사회자 ↲

감사합니다. 보듬 채용은 탈락한 지원자를 배려하는 정책인데요. 돈이 들든 안 들든 사회적 책무 차원에서 기업이 응당 해야 할 일이 아닐까 생각합니다. 또한 지원자 입장에서는 이것을 바탕으로 다음 취업을 준비할 수 있으니까 매우 유용하겠죠.

박규현 ↲

블라인드 채용의 핵심은 서류 전형에 있다고 생각합니다. 서류 전형에서 이력서에 사진, 학력 등을 다 제외해야 하는데 이게 민간기업 쪽에도 적용되려면 서류 전형 절차 자체가 약화되거나 없어져야 하겠죠. 그렇게 되면 서류 전형에서는 탈락자가 거의 없이 누구나 원서를 내면 필기시험을 보고 실력을 평가받고, 면접에서는 훨씬 더 직무 역량을 많이 평가를 받을 수 있게 되는 것이죠. 이 부분을 민간기업이 받아들일 수 있을지가 관건이 될 것 같습니다.

사회자 ↲

그렇죠. 블라인드 채용과 서류 전형의 약화는 서로 영향을 주고받을 텐데, 이 부분에 대해서는 나중에 더 자세히 살펴보겠습니다. 블라인드 채용이 공공기관만이 아니라 민간기업으로도 확산되는 것은 분명해 보입니다. 은행권은 물론 IT 기업에서도 블라인드 채용을 하고 있습니다.

앞에서 전선희 연구원이 블라인드 채용이 편견 요소를 제거한다는 것과 적격자를 제대로 발굴할 수 있는 도구냐 하는 차원에서 질문을 하셨는데요. 그런 의미에서 적격자를 발굴하기 위해서 NCS라는 필기시험 제도를 두고 있는데 혹자는 이것이 결국은 필기시험을 잘 보는 사람, 수능 시험을 잘 보는 사람을 찾는 용도이고 그 사람의 역량, 기업이 필요한 역량을 보는 데 설명이 되느냐는 질문을 많이 합니다. 그래서 새로운 방법을 찾아야 하는 것 아니냐, 필기시험에 의존해서 어떻게 미래 역량을 확인할 수 있겠느냐 이런 질문이 있어서 일부에서는 NCS를 비판합니다. 이게 대기업에서는 SSAT 시험이나 인·적성 검사가 있어 필기시험을 안 보는 것도 아니기는 한데 이 부분에 대해서 하실 말씀이 있나요? NCS 시험이 기업이나 공기업에서 필요로 하는 인재를 판별하는 도구로써 물론 면접도 있지만, 이 필기시험에서 결국은 2배수로 줄이고 3배수로 줄이잖아요. 여기서 모든 것이 결판나다시피 하는 아주 중요한 전형이라고 할 때 과연 NCS에 모든 것을 걸 만한 미래적 역량을 판단할 수 있기 때문에 이렇게 하는 것인지 아니면 공정성 담보 차원에서 다른 도리가 없다고 생각해서 여기에 초점을 맞추는 것인지 궁금합니다.

박규현

NCS 기반의 필기시험 전형에 대해서는 찬반이 있을 수 있습니다. 부작용이나 문제점도 있을 것이고요. 하지만 현실적인 대안이 없는 상황에서 하는 비판은 의미가 없다고 생각합니다. 예를 들어

NCS가 도입되기 전에 인·적성으로 평가했을 때는 '소금물 농도를 계산하라'라는 유의 문제가 있었습니다. 그러다 최근에는 실제 직무에서 수행할 수 있는 여러 가지 가정, 상황을 제시하고 그에 따라 필기 문제들을 개발하고 있습니다. 물론 초창기에는 기존 인·적성과 무슨 차이가 있느냐는 비판도 있었고 이게 실제 직무 역량을 평가할 수 있는 척도냐 하는 문제도 있었지만 시간이 지나면서 양질의 문제들이 개발되어 그 부분은 보완이 될 것이라고 생각합니다. 다만, 제가 앞에서도 말씀드렸듯이 채용 대행 업체에서 문제를 출제하다보니 문제의 변별력이나 타당성에 문제가 생겨서 국가나 정부기관에서 개입을 하여 질을 끌어올리고 틀을 갖추는 노력이 필요한 것 같습니다.

예를 들어 한국남부발전에서 채용 대행 업체와 계약을 맺습니다. 물론 실력 있는 업체와 계약을 하면 문제의 질이 어느 정도 보완될 텐데 정부 계약이란 게 단가를 고려할 수밖에 없어 신생 업체나 경험이 부족한 업체와 거래를 하게 됩니다. 게다가 업체가 바뀌면 이전과는 다른 문제가 출제되기도 합니다. 그럼 취업준비생들은 난감할 수밖에 없습니다. 따라서 이런 문제를 보완할 수 있는 공신력을 가진 장치를 마련할 필요가 있습니다.

임호근 ⌐

100명을 뽑는데 1만 명이 왔습니다. 어떻게 뽑아야 할까요? 서류전형에서 많이 자르면 필기시험 기회도 안 준다고 야단입니다. 그래서 1만 명에서 결시 인원 1,000명을 제외하고 9,000명을 필기시험을 보게 합니다. 거기에서 면접에 몇 명을 붙일 거냐? 최종적으로 100명을 뽑는데 3,000~4,000명이 면접을 볼 수가 없잖아요. 그럼 몇 달을 봐야 하는데.

그래서 정합성을 찾아가야 합니다. 일부 공공기관은 서류에서 10배수, 필기에서 2~3배수를 뽑습니다. 반면에 특별한 문제가 없으면 서류 전형에서 거의 통과시키고 필기시험 기회를 주는 곳도 있습니다. 공부했으니까 실력을 겨루어보라고 기회를 주는 것인데, 문제는 300대 1인데 2배수를 뽑으면 298명이 거기서 떨어질 수밖에 없습니다. 그래서 문제를 자꾸 어렵게 내는 것이죠. 예전에는 서류에서 많이 잘랐는데 지금은 필기에서 거르게 되니까 필기가 당락의 관건이 됩니다.

사회자

그건 민간기업도 마찬가지겠네요.

임호근

민간기업은 서류 통과율이 15% 정도밖에 안 됩니다. 서류에서 다 자르죠. 반면에 공공기관은 건강보험공단같이 서류에서 7배수를 자르는 곳도 있지만 50배수, 100배수, 혹은 아예 전부 통과시키기도 합니다. 그런데 NCS나 전공 시험은 미래 역량을 볼 수는 없고 문제 해결력, 의사 결정 능력, 수월성 등 전공과 관련해서 공부를 얼마나 잘했는지, 지금까지 얼마나 준비를 착실히 했는지를 볼 수밖에 없습니다. 그나마 고무적인 것은 옛날같이 그냥 암기 중심에서 지금은 실제로 그 회사에서 일하는 데 필요한 내용으로 지문이 구성되어 실제 업무 역량을 볼 수 있는 쪽으로 많이 개선되고 있습니다. 앞으로도 그렇게 가야 할 것이고요. 그렇지 않고 NCS 필기시험이 너무 고통을 주니까 혹은 백해무익하다고 해서 없애자고 하면 방법이 없을 것입니다.

사회자 ⤸

일반 대기업에서 블라인드 채용을 받을 거냐 말 거냐 할 때 핵심은 서류 전형에서 대폭 줄일 거냐 아니면 필기 전형에서 줄일 거냐 이 부분에 대한 판단이 전략적으로 매우 중요하다는 것이네요. 필기에서 대폭 줄이겠다고 하면 블라인드 채용을 할 수 있고, 그렇지 않고 서류 전형이 중요하다, 여기에서 적격자 후보를 많이 찾아내겠다고 하면 서류 전형에 의존할 수밖에 없는 것이죠. 선택의 문제가 간단하지 않은 것 같고, 기업의 철학과도 관련이 있는 것 같습니다.

다음은 줌으로 참여하신 분들의 질문을 살펴보겠습니다. 아주대 경영학과 교수님이신데요. '한국남부발전에서 사무행정직으로 채용하면 이전에 인사 이동하듯이 직무, 직군 간에 인사 이동을 하게 되나요? 또 한국우편사업진흥원에서는 콘텐츠 개발이나 MD 같은 특정한 기능이 요구되는 담당자도 채용이 된 뒤 다른 직무나 직종으로 인사 이동을 하는지요? 채용 공고에 이런 식의 직종 간 전환이나 이동도 알려주시나요? 블라인드 채용 때문에 전공, 학점, 자격증 등을 보지 않는다고 하는데 실제 직무 능력을 파악하려면 그런 요소가 중요한 지표가 되고 대학 간의 교육과 수학 수준의 차이도 있는데 이런 것도 직무 능력 파악에 반영하는 것이 타당하다고 봅니다. 지나치게 공정성만 따지다가 능력과 생산성은 무시해버린 것 같은데 한국남부발전과 한국우편사업진흥원에서는 직무 능력을 블라인드 채용과 면접만으로 충분히 파악하고 있다고 보시나요? 또 한국우편사업진흥원에서 신입사원의 업무 성과가 좋아졌다고 했는데 그 성과가 구체적으로 무엇인가요?'

정리하면 '특정 학교와 전공, 그 전공의 학점을 보는 것이 뭐가 나쁘냐? 사람의 역량을 보는 데 의미 있는 참고 요소는 되는 것 아니냐?'라고 할 수 있겠는데요. 학벌 문제는 여기서 언급하지 않았으니 논외로 하고요. 사례 발표를 하신 한국우편사업진흥원 임동환 주임님과 한국남부발전 손승현 차장님이 답변을 해주세요.

임동환

교수님의 날카로운 질문 잘 들었습니다. 순서대로 답변을 드리겠습니다. 첫 번째로 콘텐츠 개발이나 MD 직무가 인사 이동 대상이 되는지에 대해서 질문하셨는데, 저희가 2~3년 전만 해도 MD로 뽑은 사람은 인사 이동이 없다고 공고문에 명시했습니다. 그런데 저희는 순환 근무가 원칙이고, 기관의 여러 가지 사업을 두루 경험해보아야 진정한 직원으로 성장할 수 있다는 철학이 대두가 되었습니다. 그래서 최근의 공고문과 직무 기술서에는 '당신은 이 업무로 선발이 되지만 기관 내부 사정에 따라서 근무지와 업무가 바뀔 수 있다'는 부분을 명시하고 있습니다.

사회자

교수님의 질문은 '그렇게 업무 순환이 된다면 뽑을 때 특정 영역의 기능을 중심으로 뽑는 것보다는 일반 능력 중심으로 뽑는 것이 더 타당하지 않을까' 하는 문제 제기인 것 같습니다. 왜냐하면 디자이너로 들어와서 정년까지 마칠 거라면 디자이너를 뽑는 게 맞지만 여기저기 부서 배치를 할 것이라면 디자인만이 아니라 다른 것도 봐야 하는 것 아니냐는 질문인 것이죠.

임동환

그 부분에 대해서는 저희도 고민을 많이 했습니다. 이번에 일반직 채용 공고를 냈습니다. 우체국쇼핑에서 지자체와 협업 관련 업무를 맡게 되는데, 입사한 이후에는 그런 업무를 맡는다고 기재를 해 놓았지만 직무 기술서는 일반직이 수행하는 품질 관리나 경영 관리, 그리고 우정문화, 우편사업 등까지 통틀어서 구성되어 있습니다. 평가 영역도 쇼핑이나 마케팅 문항만이 아닌 경영 관리나 재무 문항도 배치를 했습니다. 어느 정도 순환 보직을 염두에 둔 것이죠. 두 번째 질문에 대한 답변을 드리겠습니다. 전공과 학점도 중요한

데 이 부분을 너무 경시하는 것이 아닌가 하는 질문으로 이해했는데, 이 부분 역시 고민을 많이 했습니다. 그래서 학점 같은 경우는 직무와 관련된 교육 사항을 기재한다고 할 때 최소한 'B⁺, B⁰ 이상의 학점만 기입할 수 있습니다'라는 식으로 제한을 두는 것도 가능합니다.

사회자

그게 가능합니까?

임동환

네, 가능합니다. 학점에 제한을 걸어서 'A⁰ 이상의 학점만 기입할 수 있습니다'라는 식으로 할 수 있습니다. 그런데 블라인드 채용이다 보니까 대학생만 지원하는 게 아니라 고등학생도 지원할 수 있습니다. 그럴 때는 몇 점을 제한으로 두어야 하는지, 또는 평생 학습 시설을 수료한 사람은 어떻게 해야 하는지 등 아직 내부적으로 논의가 끝나지 않았습니다.

세 번째는 신입사원의 업무 성과가 좋아졌다고 했는데 그 성과가 구체적으로 어떤 것인지에 대한 질문이시죠? 먼저 연봉 평가는 상급자가 피평가자, 즉 대체로 신입사원의 그해 업무 성과를 S부터 D까지 구분해서 줍니다. 그 평균 등급이 올라갔는가를 보는 것 한 가지와 그리고 개인들 MBO 같은 경우는 직원들이 1년 동안 본인이 업무 목표를 설정해둔 지표가 있습니다. 예를 들어 '나는 이번에 신규 채용을 10명 이상 하겠다'라든지 '직무급 도입과 관련된 어떤 보고서를 작성하겠다'라든지 해서 목표를 세우게 되는데 그 목표 달성률이 블라인드 채용 이전과 이후를 비교했을 때 미미하게나마 증가한 통계를 확인할 수 있었습니다.

사회자

감사합니다. 손승현 차장님도 답변을 해주시겠습니까?

손승현

한국남부발전에서는 7개 직군으로 직원을 선발하고 있습니다. 각 직군은 직무의 단위를 모아놓은 분야인데요. 사무직군으로 들어오면 사무직군 안에서만 이동하고 다른 직군으로는 갈 수가 없습니다. 즉 기계, 전기, 토목, 건축, ICT, 화학, 사무 등으로 직군별로 선발하고 직군 내에서만 이동이 가능합니다.

두 번째 질문은 기관을 막론하고 채용 담당자들이 많이 고민하는 부분입니다. 실제로 일반적인 채용, 즉 공채에서는 자격에 제한을 두지 않고 선발하는데, 일부 자격이 필요한 분야도 있습니다. 예를 들어 사내 변호사나 연소 공학 전문가를 뽑을 때는 해당 직무에 대해서 훨씬 세분화된 자격 요건을 설정할 수가 있습니다. 그게 지금 운영하는 블라인드나 직무 중심 채용의 핵심입니다. 실제로 대학 간 수학의 성취도나 교육 수준의 차이 등이 있다고 지적하는데 학벌을 보지 않는다는 점 때문에 이런 말을 하는 것 같습니다.

물론 아쉬운 점도 있습니다. 예를 들어 외국의 사례를 들면서 지원서에 사진을 넣지 말라는 권고 사항이 내려옵니다. 그런데 영미권에서는 사진으로 드러나는 심각한 인종 차별 때문에 시작된 것인데 우리나라에서는 사진으로 판단할 수 있는 게 전혀 없는데도 사진을 못 받으면서 필기시험에서조차 본인이 시험을 치러 온 게 맞는지도 확인되지 않는 상황이 발생합니다. 외국에서는 추천 제도가 활발한데 우리는 그런 제도조차 막혀 있습니다. 그렇기 때문에 현재의 블라인드 제도는 초기 버전이라고 생각합니다. 초기에는 말 그대로 이제 도입을 했기 때문에 여기에서부터 조금씩 바뀌나가야 할 것입니다. 그런 지점에서 이런 토론이 의견 공유의 장으로서 중요한 것이고요.

사회자

감사합니다. 공공기관의 블라인드 채용은 초기 상태에서 지금 지적되는 부족한 부분을 메우면서 이상적인 채용 과정으로 가는 것이고, 대기업 등 민간기업에서는 자기들 나름대로 채용해왔던 터전 속에서 이상적인 채용의 형태를 찾아갈 것입니다. 그 접점이 마지막 단계에서 만날 수 있는지, 또는 만날 수 없다 할지라도 각각은 다 훌륭할 것인지가 관건일 것입니다. 그래서 그 채용 방식이 초·중·고와 대학 교육에 유익하고, 학생들로 하여금 입시에 목매지 않으면서 기업이 필요로 하는 역량을 갖추는 경험을 쌓게 할 수 있을지가 저희에게는 가장 중요한 관심사입니다. 그렇게만 할 수 있다면 블라인드 채용이든 무엇이든 관계없이 그 채용 제도를 지지할 것입니다.

마지막으로 한 가지 질문이 더 있습니다. 정부가 채용 대행 업체를 양성해서 양질의 채용 서비스를 공급할 준비를 하고 있는지, 또는 그런 업체를 양성할 의도가 있는지를 알고 싶습니다.

박규현

제가 아는 한에서는 그런 움직임이 없습니다. 그래서 과도기적으로 예를 들면 용역 계약 공고를 낼 때 몇 번의 채용 경력을 가지고 있거나 어떤 과업을 수행했던 경험을 입찰에 응할 수 있는 자격 요건으로 두는 방식으로 보완하면 되지 않을까 싶습니다.

임호근

나라장터에 채용 공고를 내면 우리나라의 내로라하는 채용 기관들이 입찰에 들어옵니다. '사람인'부터 시작해서 '인크루트' 등 다 들어오죠. 또 헤드헌터 쪽에 전문 지식을 갖고 있는 사람들도 많고 메이저 대행사도 있습니다. 반면에 3인, 5인 소규모로 구성된 회사들도 있고요. 그런데 어떤 쪽은 지식과 경험이 많고 어떤 쪽은 상대적으로 지식과 경험이 부족합니다. 부족한 쪽에서 가끔 문제가 생겨서 다음 입찰에서 제외하기도 합니다. 지금은 정부에서 전체적인 틀에서 관리하지는 않습니다. 따라서 공공기관에서는 최고의 경쟁력을 가진 업체인지를 주의 깊게 살펴서 선정해야 할 것입니다.

임동환

작년에 정부에서 공공기관 채용과 관련한 기구를 만들어서 통합해서 채용하는 것에 대한 수요 조사를 했습니다. 저도 설문 조사에 응했는데, 결과가 어떻게 나왔는지에 대한 답변은 아직 못 받았습니다.

윤지희

앞에서 논의했던 필기시험 문제와 지금 이야기되는 정부가 새롭게 채용 대행 업체를 준비하는 것을 연결해서 생각해볼 쟁점이 있는 것 같아 말씀드립니다. 현재 블라인드를 하면서 서류 전형이 약화되고 필기시험이 당락에 중요한 역할을 하고 있다고 봤을 때 임호근 대표님이 말씀하셨듯이 이 필기는 전공 영역에 대한 지식과 또는 기술을 얼마나 잘 알고 있는지에 대한 현재와 과거의 역량 그것도 지식적인 측면을 많이 보는 것이라고 하면 이제 잠재적 역량이나 미래적 관점은 빠져 있는 부분이 있는 것 같습니다. 또 박규현 대표님이 과거에 지식만 보고자 하는 것에서 일의 실제를 볼 수 있는 질문들로 변화하고 있다고 말씀하셨듯이 필기시험 제도에 어떤 변화가 있어야 하지 않을까 하는 생각이 듭니다. 시험 보는 능력을 키워내는 지금의 교육을 바꾸기 위해서라도 채용에서 필기시험의 변화가 불가피한 것이 아닌가 하는 생각이 들어서요. 더

구나 채용 대행 업체가 난립하는 문제에 국가가 나서서 표준화된 필기시험을 본다면 공공기관이라고 할지라도 각 기관들이 필요로 하는 인재상이 다를 수도 있는데 이게 과연 맞는가 하는 부분에 대한 의구심도 듭니다.

사회자

그 쟁점은 좀 심각한 문제인 것 같습니다. 아까 말씀하시길 채용 대행 업체가 NCS 시험을 각 기업에 맞춰서 개발한다고 했는데 그 과정을 들여다보면 결국은 각 대학의 전공 영역 교수님들을 불러서 출제를 하게 한다고 했습니다. 그런데 그렇게 하면 서류 단계에서 전공 영역의 학점을 보는 것과 결국은 같아지는 게 아닌가. 오히려 학점이라는 것은 해당 직군에 필요한 여러 과목을 1년 내내 혹은 몇 년에 걸쳐서 계속 공부한 결과를 평균 학점으로 설명하는 것이라고 본다면 한 번의 NCS 필기시험보다, 어차피 교수님들이 출제하는 것인데, 그것보다 훨씬 더 설명력이 높은 것 같은데 말입니다. 물론 여기서 빠지는 사람도 있죠. 비전공 영역에서 새로운 영역으로 공부를 하는 사람이라든지 고졸 출신이라든지 그런 부분을 제외한다면 NCS가 가지고 있는 이상과 학점과의 관계를 따져보면 서로 중복되지 않는가 하는 생각도 들고요. 그래서 학점으로 표현하는 것이 NCS를 통해서 해소가 되어버리는 것이라면 학점을 볼 필요가 없는 것이고요.

이것은 지금 토론을 한다고 해서 해결되는 문제가 아니라서 별도로 저희의 숙제로 남겨두겠습니다. 어쨌든 마무리해야 할 때 갑자기 생각나는 것은 공공기관도 블라인드 채용의 명암이 있다고 할 때 그 암을 명으로 바꾸는 과정이 필요합니다. 그런데 국가가 따로 통제하지 않아도 블라인드 채용을 하는 민간기업이 있습니다. 그러면 이렇게 블라인드 채용을 하는 민간기업에서 명을 발견해서 공공기관의 암을 바꾸는 지렛대 내지는 어떤 기준점으로 삼을 수 있는 게 나오면 그것도 의미가 있을 것 같습니다. 그래서 민간기업에서 하는 블라인드 채용의 실상을 별도로 파악하는 일은 여전히 중요하겠다는 생각이 듭니다. 이것 역시 저희의 과제이기도 해서 별도로 의논하는 과정을 가져보겠습니다.

4장

금융권

:블라인드 채용과 IT 인재

금융권은 안정성을 최우선으로 삼는 기업의 특성상 채용에서도 가장 보수적인 태도를 가진 기업군이라고 할 수 있습니다. 그러나 금융권 역시 4차 산업혁명의 영향을 비껴갈 수 없어 큰 변화를 겪고 있습니다. 한 예로, 휴대전화가 은행의 역할을 하면서 은행 지점 수가 급감하고 창구 인력 등이 감소하면서 채용 규모가 대폭 축소되었습니다. 또한 코로나19로 인해 비대면 업무가 늘어나면서 금융과 IT가 결합한 금융서비스의 확대, 인터넷 전문은행 등의 등장으로 금융권 내에서도 IT 관련 인력 채용이 큰 폭으로 늘어나는 등 환경이 급격하게 변화하고 있습니다.

이러한 환경에서 금융권 채용에서 주목할 만한 중요한 흐름은 블라인드 채용이 확대되고 있다는 점입니다. 이는 2017년 정부 주도로 시행된 공공기관 블라인드 채용 의무화와 같은 맥락에서 금융권 채용 전반의 투명성과 공정성을 담보하기 위한 변화입니다. 이런 흐름은 금융권에서 그간 터진 채용 비리, 즉 출신학교 등급제 운영으로 인한 부작용을 막기 위한 조치였습니다. 박창동 KDB 산업은행 전문위원에 따르면, 2018년 6월 은행연합회가 중심이 되어 '은행권 채용 절차 모범 규준'을 제정했고, 2020년 2월에는 6대 금융협회장들이 '범금융권 공정 채용 자율 협약'을 체결해서 운용하고 있습니다. 그 결과 2018년 고용노동부의 실태 조사에 따르면 금융권 블라인드 채용 기업의 비율은 전체의 약 50% 정도로 여러 산업 영역 중 가장 높은 수준이며 실제로 국민, 신한, 우리, 하나, 농협은행 등 채용 규모가 상대적으로 큰 주요 은행들 모두 블라인드 채용을 시행하고 있습니다. 기업별로 시행하는 방식에 다소 차이는 있겠으나 금융권의 이러한 채용 변화의 흐름은 구직 시장뿐만 아니라 좋은 학벌을 취득하기 위해 극심한 입시 경쟁에 내몰린 우리 교육에 충분히 긍정적인 신호를 줄 수 있습니다.

이렇게 금융권에 블라인드 채용이 도입된 것은 매우 반가운 소식인 한편 금융권 채용에서 구직자들을 크게 어렵게 하는 부분도 동시에 확인되었습니다. 그것은 금융권에서 실시하는 필기시험의 난이도가 매우 높다는 점입니다. 2018년 고용노동부의 통계에 따르면 금융권 기업의 66.7%가 채용에서 필기시험을 실시하고 있으며 이는 다른 영역에 비해 매우 높은 수준입니다. 박창동 전문위원은 한국은행, 산업은행, 금융감독원과 같은 금융공기업 필기시험의 경우 '금융 고시'라고 불릴 정도로 난이도가 높다고 말했습니다.

이에 더해 석의현 혼JOB 대표는 구직자들이 선호하는 금융공기업의 경우 필기시험 준비에만 평균적으로 2년 정도를 투자한다고 언급하면서, 기업은행의 사례를 토대로 필기시험 단계에서 응시자의 약 89%가 탈락하는 것을 지적했습니다. 이는 서류 전형(35.5%), 실기 시험(71.5%), 임원 면접(21.1%) 등 다른 단계들에 비해 현저히 높은 수치입니다.

또한 NCS 기반의 직업기초능력평가를 위해서 지원자들은 의사소통, 수리, 문제 해결 등 10개의 영역에 더해 직무수행평가를 위해 금융, 시사·경제, 경영학, 경제학 등 다양한 전공시험을 준비해야 하는 상황에 놓여 있어 필기시험 준비에 상당한 부담과 어려움을 가지고 있는 것으로 나타났습니다. 물론 기업의 입장에서는 필기시험을 통해 평가하고자 하는 지원자의 능력이 있겠지만, 이런 필기시험으로 직무 능력을 제대로 검증할 수 있는가, 그것이 과연 금융권의 인재상과 일치하는가 하는 점에 대해서는 면밀한 검토가 필요합니다.

한편으로는 금융권의 필기시험이 어렵다보니 블라인드 도입 이후 오히려 시험에 능한 SKY대 출신 합격자 비율이 상승하는 '블라인드 채용의 역설'이 생기는 게 아닌가 하는 문제가 제기되었습니다. 그러나 통계를 확인해보니 이는 사실이 아니었습니다. '블라인드 채용의 역설'은 금융권 최상위 3개 정도의 기업에서만 미미하게 나타났을 뿐, 대다수 은행들에서는 SKY대 비율이 줄고 다양한 대학 출신이 입사했습니다. 이 점을 이 포럼에 참석한 업계 채용 전문가들도 사실이라고 확인해주었습니다.

금융권 역시 다른 기업들과 마찬가지로 수시 경력직 채용의 흐름이 확대되고 있습니다. 한 조사에 의하면 신입사원이 들어와서 현장에 제대로 활용되기까지 18.3개월가량이 걸리고 약 6,000만 원의 비용이 든다고 합니다. 인터넷 전문은행 등의 등장으로 은행들의 생존 경쟁이 심화되는 상황에서 이와 같은 비용을 최소화하고 단기간에 성과를 내기 위해 경력직을 채용하는 현상은 자연스러운 결과라는 것입니다. 여기에 은행이 개인 저축을 받아 수익을 내는 구조에서 다양한 금융서비스 개발이 필요한 상태입니다. 기존 인력만으로는 감당할 수 없는 복잡하고 전문화된 업무 영역이 생겨나면서 해당 직무에 전문성을 갖춘 경력직 인력을 수시로 채용하기 시작했다는 것입니다.

금융권 채용의 또 다른 특징은 IT 인력 채용의 증가입니다. 실제로 최근 은행권의 채용 공고를 보면 개인 정보 보호, 디지털 마케팅, 블록체인, 클라우드 서비스 등을 담당할 IT 인력 채용이 꾸준히 증가하고 있습니다.

이번 포럼에 참석한 발표자들 역시 이와 같은 흐름이 향후 더욱 확대될 것으로 전망했으며, 이는 금융권 채용을 준비하는 구직자들에게 새롭게 개발되는 직무와 관련된 능력과 경험을 쌓는 것이 매우 중요하다는 시사점을 제공합니다.

금융권의 새로운 채용 변화를 보면서 우리는 두 가지 문제의식을 갖습니다. 첫 번째는 금융권에서 확대되는 수시 채용을 어떻게 볼 것인가 하는 것입니다. 포럼의 토론자로 참여한 윤영돈 윤코치연구소 소장은 금융권의 수시 채용의 확대가 자칫 전체적인 채용 규모를 줄이는 수단으로 활용되는 것이 아닌가 하는 우려를 제기했습니다. 이에 대해 또 다른 분은 수시 채용의 확대와 채용 인원의 감축은 별개의 문제이며, 수시 채용은 주로 신입 공채에서 확보하기 어려운 전문 인력을 선발하기 위한 방법이라는 입장을 밝혔습니다. 하지만 2020년 국내 주요 5개 은행의 신규 채용 규모가 전년보다 무려 34%나 급감했다는 점에서 앞으로 이에 대한 면밀한 추이 분석과 검토가 필요해 보입니다. 이와 더불어 수시 경력직 채용이 가속화됨에 따라 상대적으로 경력과 경험이 부족한 대졸 신입들의 구직 기회가 줄어드는 것이 아니냐는 문제 역시 제기됩니다. 이에 대해 석의현 대표는 기존 인턴제를 내실화함과 동시에 역량 있는 인턴의 채용 전환 비율을 높이는 방안을 제안합니다.

두 번째는 지금의 고난도 필기시험이 과연 금융권에서 필요한 인재를 선발하는 타당성 있는 평가 도구인가 하는 것입니다. 이에 대해서는 발표자들의 입장에 다소 차이가 있었습니다. 석의현 대표는 금융권 채용의 특징을 '지식 중심의 채용'이라고 명명하면서 NCS를 포함한 금융권의 필기시험과 대기업에서 실시하는 인·적성 검사의 경우도 필요 이상으로 난이도가 높아지고 있음을 지적했습니다. 반면, 박창동 전문위원은 현행 필기시험은 단순 지식이 아니라 현장에서 겪을 수 있는 다양한 직무 상황에 대한 문제 해결력을 평가하는 도구로 활용되고 있다고 주장했습니다. 그럼에도 아직 선발 인력의 업무 성과와 필기시험 점수 간의 상관관계가 명확하게 규명되지 않았다는 점에서 앞으로 이에 대한 지속적인 논의와 연구가 필요해 보입니다.

가장 보수적인 직업군에 해당하는 금융권이 민간 영역에서 가장 높은 비율로 블라인드 채용을 한다든지, 순혈주의가 가장 심한 공채의 기수 문화가 수시 경력직 채용이 늘어나면서 2010년 전후로 완화된 사례를 볼 때, 금융권 채용은 이미 큰 변화를 맞고 있습니다. 그러나 여전히 필기시험으로 당락이 결정된다고 할 정도로 그 부담이 크고 적격자 선발에 적합한지에 대한 의문이 듭니다. 채용에서 기업 우위의 상황임에도 대기업들을 포함한 전 영역에서 적격자 발굴을 위한 채용의 변화를 다양하게 모색하고 있다는 점에서 금융권도 더 나은 발전적인 대안 찾기가 필요합니다. 이를 위해서 앞서가는 기업들의 채용 사례가 널리 알려지고 공유되어야 할 것입니다.

은행권 채용 키워드 2, '블라인드'와 'IT 인재'

김현빈 KOTTN Partners 대표

최근 모든 산업이 그렇듯 기존의 보수적이었던 금융권 역시 빠른 변화를 겪고 있습니다. 금융권의 최근 채용 트렌드를 다음과 같이 몇 가지로 정리할 수 있습니다.

현 정부가 청년 채용에 많은 관심을 기울이고, 정책적으로 공공부문의 채용을 확대하면서 금융기관 역시 이에 동참하려는 흐름이 있었습니다. 하지만 최근에는 여러 어려움으로 인해 금융권의 전반적인 채용 규모가 축소되었습니다. 예전에는 시중은행들에서 상반기, 하반기로 나누어 정기 공채를 진행했는데, 이제는 1년에 한 번 채용이 이루어지거나 아니면 그마저도 수시 채용으로 바뀌고 있습니다. 이러한 흐름 속에서 금융권으로 가는 문이 더욱 좁아지지 않을까 하는 생각도 듭니다. 어떻게 보면 산업 구조 자체가 변하는 과정이라서 금융계 인력 채용에 대한 전반적인 흐름 역시 달라질 것으로 예상합니다.

여러분도 잘 아시다시피 블라인드 채용이 확대되는 분위기입니다. 예전에는 블라인드 채용이 공기업이나 공공기관 중심으로 이루어지고 민간기업은 권고 사항이었습니다. 하지만 이번 정부 들어서면서 금융위원회에서도 시중은행의 고객 데이터베이스 관리의 투명성 제고, 채용 비리 근절 등에 대한 이슈를 강조하기 시작했습니다. 특히 몇몇 시중은행의 채용 비리를 계기로 상당수의 시중은행들이 블라인드 채용을 실시하고 있습니다.

블라인드 채용 도입 초기에는 말도 많고 힘든 부분도 있었습니다. 그러나 면접관 교육이나 제도가 어느 정도 자리를 잡으면서 이런 부분들이 많이 개선되어가는 것 같습니다. 제가 보기에 블라인드 채용의 핵심은 학벌을 보지 않겠다는 것이 아니라 '좋은 교육을 통해서 좋은 역량을 갖췄다면 실제 채용 과정에서 당신의 역량을 발휘해보세요'라는 것이 아닐까 싶습니다.

금융권 역시 채용 규모가 줄어들고 있는데 그 이유 중 하나는 은행의 오프라인 지점의 축소와 채용 전문화입니다. 예전에는 증권사가 건물마다 하나씩 있었는데 이제는 증권사 업장도 많이 사라지고, 은행 점포도 대대적으로 축소되고 있습니다. 이렇게 되면 지점에서 근무하는 인력도 줄어들 것입니다. 그리고 예전에는 공채를 통해 많은 인력을 한꺼번에 선발해서 신입 교육과 순환 보직 근무를 통해 최종적으로 적절한 업무에 배치하는 것이 일반적이었는데 지금은 대기업이나 금융권, 은행 등 큰 기업들은 이런 교육을 할 만한 여력과 시간이 충분하지 않습니다.

IT 인력 증가, 카카오뱅크가 몰고 온 쓰나미

　금융권에서도 구직자의 직무 전문성을 보고자 하는 경향이 뚜렷해졌습니다. 요즘 채용 공고를 보면 일반 공채가 아닌 분야별 채용을 하고 있고 분야도 개인, 기업 지원, IB(투자은행), 리스크 관리, 글로벌, IT, 디지털 등으로 다양합니다. 이는 과거 외국계 금융기관이 실시했던 채용 방식과 유사합니다. 그리고 금융권이라고 통칭하지만 세부적으로 살펴보면 금융권 내에도 전문 분야가 다양하고 직무별로 요구하는 능력이 다릅니다. 기업들은 직무별 요구 사항이나 자격 조건을 세분화해서 구직자들이 해당 직무와 관련된 자격증이나 능력을 미리 준비할 수 있게끔 합니다.

　또 하나의 흐름은 인터넷 전문은행이 생겨난 이후 금융권에서 IT 및 디지털 분야의 인력 채용이 급격히 늘어나고 있다는 것입니다. 제가 보기에 케이뱅크가 태풍이었다면 카카오뱅크는 거의 쓰나미라고 표현할 수 있을 것 같습니다. 이에 위기의식을 느낀 시중은행들은 유능한 IT 인재 영입에 사활을 걸고 활발하게 채용을 하고 있습니다. 이 과정에서 IT, 디지털 분야의 경력사원 채용 비중도 높아지고 있습니다. 과거 경력직 채용에 보수적이었던 금융권에서도 많은 변화가 생긴 것입니다. 특히 IT, 디지털 분야는 석·박사 채용이 많아지고 있습니다. 현장에서 제대로 된 업무 능력을 발휘하기에는 학부의 경험만으로는 부족하다고 보는 분위기가 있는 것이죠. 전문 분야인 리스크 관리, IB 분야는 국내 은행, 증권사, 공기업에서도 전문 인력에 대한 선호도가 상당히 높아지고 있습니다.

채용 시험은 NCS 기반 필기시험, 인·적성 검사, AI 면접 등으로 다양하게 진행됩니다. 그런데 NCS 기반 필기시험이 다소 어려워지고 있습니다. 원래 금융권 기업들이 면접을 강화한 것 자체가 필기시험만 잘 보는 사람이 아니라, 실제 업무를 잘하는 사람을 뽑고자 하는 이유였습니다. 그런데 면접만 강화하니까 여러 불만과 민원이 들어오고, 게다가 채용 비리까지 겹쳤어요. 현장에 계신 분들의 이야기를 들어보면 NCS나 필기시험 자체를 어렵게 만들면 불만이나 민원이 덜 들어온다고 하더라고요. 그런 탓만은 아니겠지만 NCS 기반의 필기시험의 난이도가 더 높아지고 있습니다.

인·적성 시험 역시 강화되고 있습니다. 최근에 인성 평가의 비중이 강화되어 제가 면접에 들어갔을 때도 인성 평가 결과를 옆에 참고로 두고 다른 것은 보지 않는 경우가 많았습니다. 한 구직자는 인성 검사에서 세 번 떨어지기도 했습니다. 그래서 기업들이 좋은 인재를 선발하는 과정에서 인성에 많이 신경 쓴다는 것을 알 수 있습니다.

인턴 채용도 더욱 확대되고 있습니다. 국책은행을 포함하여 시중은행, 증권사 일부는 계속해서 인턴을 채용하고 있습니다. 체험형 인턴뿐만 아니라 채용 전환형 인턴도 선발해서 일정 기간 능력이 검증된 인력을 채용하는 것도 늘고 있습니다. 요즘 특히 신입 구직자들 사이에서 이슈가 되는 것은 AI 면접인데, 이것은 보충 자료 정도의 역할을 합니다. 패턴을 분석해보면 인·적성과 비슷한 형식으로 지원자들의 일관성, 적성 등을 중심으로 보는 것 같습니다.

골드만삭스, "우리는 더 이상 금융기관이 아니다!"

다음으로 외국계 금융기관에 대해서 살펴보겠습니다. 이 영역의 채용 정보가 매우 제한적이어서 어떻게 보면 '그들만의 리그'라고 할 정도로 이미 해당 영역에 진출한 선배들로부터 정보를 듣거나 아니면 유학생 커뮤니티를 중심으로 해서 채용이 이뤄지고 있습니다. 우리나라에 들어온 외국계 금융기관들은 지점의 형태이기 때문에 규모가 크지는 않지만 그 영향력이 아주 작다고만은 할 수 없습니다. 특히 중국계 은행들의 자본력이 매우 큰데, 중국공상은행(ICBC) 같은 경우는 세계 최대의 자산을 보유하고 있고 서울뿐만 아니라 부산에도 지점을 설치했습니다. 그런데 이런 외국계 은행들은 우리나라의 일반 기업이나 공공기관 등을 대상으로 주로 B2B 형태로 거래가 이뤄지다보니 구직자들의 정보 접근이 제한적일 수밖에 없습니다. 하지만 직무, 부서별로 채용이 이뤄지기 때문에 해당 분야의 전문성을 갖춘 지원자들에게는 매력적일 수 있습니다. 현재 우리가 많이 고민하는 현업 부서 중심의 선발은 이미 외국계 기업에서는 일반화된 방식입니다.

채용이 전문화되고 분야별로 이뤄지고 있지만 그렇게 좋은 인력을 선발한 이후에도 지점에서 트레이닝 도중 탈락하는 사례가 생깁니다. 그래서 최근 몇몇 은행에서는 아예 개인금융, 기업금융 구분 없이 세일즈 중심의 인력을 선발하겠다고 발표하고, 최소 3년 동안 지점에서 버틸 수 있는 역량을 검증하기 위해 PT 면접, 세일즈 면접 등 고난도의 면접을 시행했습니다. 그리고 채용 시장에서 문과, 이과 출신에 관한 이야기가 많지만, 요즘 금융권에서는 융합형 인재에 대한 수요가 높습니다. 기존에는 상경, 법학 계열 출신이 주로 간다고 알려져 있었는데 지금은 상황이 많이 달라졌습니다. 대표적인 투자은행인 골드만삭스의 로이드 블랭크페인(Lloyd Blankfein) 전 회장이 "우리는 더 이상 금융기관이 아닌 IT 회사다"라고 선언했을 정도로 금융권의 산업 구조 자체도 많이 변화하고 있습니다. 구직자들 역시 금융권의 이러한 변화를 빠르게 받아들이고 그에 맞게 준비를 해야 합니다.

금융권 채용 5단계 :
확 늘어난 필기시험 비중

박창동 KDB산업은행 전문위원

　여러분은 "누구를 버스에 태워주시겠습니까?"라는 문장을 들어보셨나요? 채용 관련 서적의 서문이나 첫 줄에 나와 있는 질문입니다. 이 문장을 보고 어떤 생각이 들었나요? 저는 이 질문에 대해 오랫동안 고민해왔고, 특히 인재를 모신다는 관점에서 '누구를'이라는 문제에 대해 늘 의문을 제기해왔습니다.

　현재 우리 산업계의 채용 제도의 출발점은 1957년 삼성물산이 실시한 정기 공개 채용으로 거슬러올라갑니다. 그 당시는 인재의 공급보다 수요가 컸기에 기업에서는 인재를 확보하는 것이 매우 중요했습니다. 어떻게 적합한 사람을 확보하느냐가 기업들의 주요 관심사였던 것이죠. 그러다보니 최대한 많은 인력을 모으기 위해 그물망식 채용이 이루어졌고, 거기에는 잘났든 못났든 최소한 일정 기준 이상의 능력을 갖추면 입사의 기회가 열려 있었습니다.

그러다 외환위기를 계기로 우리나라의 인사관리 시스템이 크게 바뀌었습니다. 외환위기 이전의 인사관리 체계는 주로 연공서열식의 구조로 평생직장의 개념이 강했습니다. 그러나 외환위기 이후 외부로부터의 컨설팅을 받고 나서 기업들의 인사 체계가 크게 바뀌었습니다.

'금융 고시'로 불리는 난이도 높은 필기시험

금융권 채용은 서류, 필기, 면접으로 이루어집니다. 그리고 이 프로세스는 2018년 6월에는 은행연합회가, 2020년 2월에는 6개의 금융협회가 금융권 채용 비리 때문에 공정 채용을 위한 자율협약안을 만들어 고용노동부와 협약을 맺게 되면서 공정성이 제고됩니다. 기본적인 구조는 같지만 세부적인 절차와 과정은 은행마다 다릅니다. 예를 들어 산업은행은 서류 전형 시 자기소개서에 한 문장은 손글씨로 쓰도록 합니다. 글씨를 보면 그 사람을 알 수 있다는 말처럼 글씨에 담긴 태도와 정성을 지원자를 판단하는 하나의 평가 요소로 활용하는 것이죠.

필기시험의 난이도는 다른 산업군보다 높은 편입니다. 특히 산업은행과 한국은행, 금융감독원, 수출입은행, 한국거래소 등 5개 금융공기업의 필기시험은 흔히 언론에서 '금융 고시'라고 할 정도로 어렵습니다. 1차 관문인 필기에서 선발 인원의 대략 4배수가 선발되고 이후 1차 면접, 2차 면접을 보고 마지막으로 건강검진을 진행합니다. 1차 면접

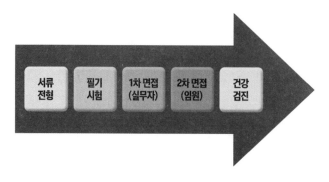

금융권 채용 절차

이 일반 은행과 조금 차이가 있지만 큰 틀에서는 별로 차이가 없습니다. 이러한 틀은 오랜 시간 동안 정착되어왔고, 앞으로도 크게 변하지는 않을 것입니다.

다음은 우리가 역량이라고 흔히 말하는 KSA(Knowledge, Skill, Attitude)라는 세 가지 요소를 금융권 채용의 관점에서 살펴보겠습니다. 서류 전형은 이제는 블라인드입니다. 저는 블라인드가 옳은 방향이라고 생각합니다. 현재 오디션 관련 프로그램이 많은데, 오디션은 학력과 전공을 보지 않습니다. 서류 전형에서 집중적으로 보는 것은 지식(Knowledge)입니다. 예전에는 학점을 봤는데 이제는 별 의미가 없는 숫자가 되어버렸죠. 태도(Attitude)는 자기소개서의 내용을 많이 본다고 보면 될 거 같고요. 다시 말해 필기시험에서는 지식을, 면접에서는 태도를 주로 봅니다. 따라서 지원자들은 채용 단계별로 KSA 중 어디에 주안점을 두고 평가하는가를 사전에 알고 준비하는 것이 좋지 않을까 생각합니다.

은행들이 제시하는 여러 인재상과 평가 방식

다음은 은행들이 원하는 인재상을 살펴보겠습니다. 2020년 은행들의 인재상을 보면 '창의적인 열정과 고객 가치를 다루는 프로 금융인' '리더십을 겸비한 리더' '창의력을 갖춘 금융 전문가' 등입니다. 인성을 위주로 본다는 말이죠. 우리은행과 NH농협 정도가 역량을 본다고 되어 있습니다. 은행원이 기본적으로 갖춰야 할 덕목은 '충(忠)'과 '신(信)'입니다. 고객을 최선을 다해서 모셔야 한다는 의미에서 '충', 고객의 자산을 신의성실 원칙에 의해 투명하게 관리해야 한다는 의미에서 '신'입니다. 인성을 보는 이유입니다.

20여 년 전으로 되돌아가서 어릴 때 들었던 말을 떠올려봅시다. "저 사람 어떻습니까?"라고 물었을 때 "성실하다" "근면하다" 등의 얘기를 많이 들었을 것입니다. 이것은 농경사회를 기반으로 한 사람에 대한 평가입니다. 그럼 그것이 지금은 없어졌을까요? 성실성과 근면성은 가장 기초적인 바탕으로 깔려 있습니다. 그 위에 '열정'과 '도전정신'이 또 다른 키워드로 발전해온 것입니다. 그러니까 성실성과 근면성은 은행원이 되고자 하는 사람이 갖추어야 할 가장 기본적인 덕목으로 보면 됩니다. 요즘은 '열정' '전문성' '도전' 등을 많이 쓰는데, 이는 급박한 시장, 기하급수적 변화에 얼마나 잘 대응해 살아갈 수 있느냐를 보는 것입니다.

이 인재상을 면접에서 어떻게 평가하는지 하나은행과 우리은행의 사례를 들어보겠습니다. 하나은행의 인재상은 '전문 역량'과 '리더십'

입니다. 참고로 2018년의 면접 패턴은 전문 역량을 평가하기 위해 지원자의 행동 사례를 살펴보았습니다. 구체적인 어떤 사례를 가지고 이 사람이 역량이 있는지를 평가하는데, 마케팅 형태도 될 수 있고 아니면 다른 여러 가지 미션 형태에 따라서 달라질 수도 있습니다. 리더십은 개인별 PT를 통해서 볼 수도 있고, 행동 사례까지 포함해 평가할 수도 있습니다. 우리은행은 '최고의 금융 전문가'입니다. 그래서 마케팅이나 세일즈, 협상도 해보는 거예요. 따라서 금융권 취업을 준비하고 있는 분이라면 각 기업의 인재상을 보고 거기에 맞춰 어떤 전략을 세워야 할지 미리 유추해보면 도움이 될 것입니다.

휴대전화가 은행이 된 시대

다음은 금융권 채용에서 왜 지금처럼 많은 변화가 일어나고 있는지를 살펴보겠습니다. 쉽게 말해 네 가지의 큰 틀이 바뀝니다. 4차 산업혁명 자체는 산술급수적 변화가 아니라 기하급수적 변화를 만들어내고 있습니다. 굉장히 빨리 변하고 있어요. 은행이 디지털 플랫폼 중심으로 전환되면서 생긴 대표적 변화를 한번 보세요. 지금 은행을 직접 찾아오는 사람이 100명당 8.8명입니다. 거의 나이 든 사람들이죠. 은행 점포도 1층에서 2층으로, 2층에서 4층으로 올라가고 있습니다. 이런 추세라면 은행은 점포를 더 많이 접게 될 것입니다. 다만 하나 정책적으로 고민스러운 것은 그럼 노년 인구는 어떻게 해야 하느냐입니다.

앞에서 인터넷 전문은행을 말씀하셨는데, 인터넷 전문은행은 점포가 2개밖에 없습니다. 그럼에도 매년 두세 배의 성장률을 보이고 있습니다. 패턴이 바뀌는 것이죠. 최근 언론 보도에서 우리은행은 3년간 1,000명을 구조조정하겠다고 발표했고 다른 은행들도 2021년 초에 대대적으로 구조조정을 하겠다고 합니다. 인건비가 너무 높다는 얘기죠. 1990년 초반에 많은 인원을 뽑다보니 지금은 그 인원이 50대 중후반을 넘어가서 은행들도 비용적인 측면에서 매우 부담스러울 수밖에 없는 상황이 된 것입니다.

또한 디지털 전환의 측면에서 은행도 매우 발전한 것처럼 보이는데, 그렇지 않은 것 같습니다. 왜냐하면 실제 금융상품을 비교해보면 예전에 비해 지금의 상품이 크게 달라진 게 없거든요. 증권지수를 테마로 한 펀드, 방카슈랑스와 같이 보험을 같이 결합한 상품 외에는 크게 달라진 게 없습니다. 예·적금이라고 하는 기본 펀드에 신탁이라는 것밖에 없는데, 프로세스만 IT랑 접목해서 디지털 플랫폼으로 바꾸는 정도입니다. 그러다보니까 새로운 수입원 없이 예금을 받아서 대출을 하는 예대마진만 가지고는 은행이 살 수 있는 구조가 아니어서 구조조정을 하는 것입니다.

그다음에 소비자의 욕구가 커지는 만큼 시장의 불안정성은 점차 강화될 수밖에 없습니다. 그래서 시장원리에 맡겨둔다면 금융권의 채용 인원이 줄어들 수밖에 없습니다. 뱅크(Bank)는 과거에는 장소적 개념이었습니다. "최근 3개월 이내에 은행에 다녀오신 분이 있습니까?"라고 물으면 거의 없을 거예요. 예전에는 돈을 입금하거나 송금할 때 은

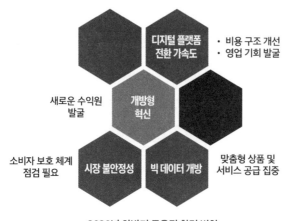

디지털 플랫폼
전환 가속도
· 비용 구조 개선
· 영업 기회 발굴

새로운 수익원
발굴

개방형
혁신

소비자 보호 체계
점검 필요

시장 불안정성

빅 데이터 개방

맞춤형 상품 및
서비스 공급 집중

2020년 하반기 금융권 환경 변화

행에 갔습니다. 그래서 은행 점포 자체가 만날 수 있는 장소적 채널이었습니다. 그것이 멀티(multi)가 되고 옴니(omni)로 바뀝니다. 지금은 디지털 옴니 채널로 바뀌었기 때문에 굳이 은행이라는 장소에 갈 필요가 없는 거죠. 여러분의 휴대전화가 곧 은행입니다. 거기서 모든 게 이루어지고 있어요. 더구나 휴대전화뿐만 아니라 주변 편의점 등에서도 금융 거래를 할 수 있을 정도로 다변화되어 있고 쓸 수 있는 수단도 많아졌습니다. 그러니 경쟁이 치열해질 수밖에 없습니다. 그렇다면 과연 옛날 패턴이나 방식의 인재가 필요할까? 이것이 지금 우리 금융권이 앞으로 나아가야 할 방향을 판단하는 데 있어 매우 중요한 질문입니다. 앞으로 어떤 인재가 필요할까? 적합한 인재가 누구일까?

마지막으로 채용과 오디션을 연관 지어 설명해보겠습니다. 오디션 상황 자체가 블라인드입니다. 오직 노래만을 가지고 채점을 하잖아요. 수시 채용 역시 지원자의 역량을 중점적으로 평가합니다. 오디션은 토너먼트 방식으로 치러지고 한 번 떨어지면 끝이 나지만 간혹 패자부활전이 있습니다. 그런데 채용은 그렇지 않습니다. 면접을 하다보면 잠재력은 있는데 그 경계선을 왔다 갔다 하는 분들이 있습니다. 면접은 인성 면접, 발표 면접 등 여러 가지가 있는데, 다 묶어서 점수를 냅니다. 문제는 그 점수가 균질화된 평가 요소에 기반한다는 것이죠. 그런데 오디션은 평가위원마다 다 다릅니다. 참가자의 감성을 보는 사람이 있는가 하면, 끼를 보는 사람도 있습니다. 이런 요소들을 모두 종합해서 결과를 내죠. 반면에 채용은 거의 만들어져 있는 표준화된 형식에 사람을 집어넣고 걸러내는 방식입니다. 과연 이러한 방식이 4차 산업혁명 시대에 적합할지 생각해볼 필요가 있습니다. 왜 조금 색다른 친구가 없을까? 저는 사실 이게 매우 궁금합니다. 우리에게 조금은 특이한 친구가 있어도 될 것 같은데 말이죠.

그래도 채용과 오디션의 한 가지 분명한 공통점은 있습니다. 나는 누구인가를 잘 표현하는 사람, 즉 자기다움이 있는 사람을 선호합니다. 오디션에서 한 평가위원이 이렇게 얘기를 합니다. "기존 가수를 따라 하지 마라. 기존 가수를 따라 하는 것은 누구나 할 수 있다. 너만의 색깔을 내라." 금융권에도 바로 이런 인재가 필요하지 않을까 싶습니다.

또 하나, 저는 '인력'이라는 용어를 싫어합니다. 인력은 단어 그대로 사람의 힘입니다. 과거 농경사회는 사람의 힘이 필요했습니다. 지금은 넓은 땅을 파고자 할 때 삽으로 파는 사람이 있습니까? 포크레인이 더 효율적이죠. 포크레인을 운전할 수 있는 역량만 있으면 됩니다. 그 사람이 바로 인재입니다. 인적 자원이라는 개념 자체가 바로 그런 면에서 기업의 자원이 되는 것인데, 그것을 인력이라고 하는 좁은 수단적 의미로만 생각해서는 안 된다는 것이죠. 제가 오디션을 말씀드렸던 이유는 오디션의 좋은 점을 차용해서 채용을 좀더 다양하게 하면 좋지 않겠느냐는 이유에서였습니다. 물론 여기에도 한계는 있습니다. 새로운 시도를 할 때 사회에서 색안경을 끼고 본다는 부담 때문에 활성화하지 못하는 부분이 있습니다만, 제가 보기에는 앞으로 다양한 세대의 다양한 경험을 가진 젊은 사람들을 필요한 자리에 배치하기 위해서는 다양한 방식의 채용이 필요하지 않을까 생각합니다.

휴대전화가 은행이 된 후

석의현 혼JOB 대표

저는 운이 좋게도 은행 인사부서에서 근무한 경험을 바탕으로 금융권 취업을 준비하는 친구들과 가장 가깝게 소통하고 있습니다. 그래서 구직자와 기업의 중간지대에서 금융권 채용의 흐름을 키워드 중심으로 살펴보도록 하겠습니다.

금융권 채용의 키워드 4

금융권 채용의 첫 번째 키워드는 '빈익빈 부익부'입니다. 금융권은 크게 금융공기업과 은행으로 나눌 수 있습니다. 실제로 학생들이 가장 가고 싶어 하는 곳들인 만큼 경쟁률이 어마어마합니다. 그리고 최근 새롭게 주목받는 카카오뱅크와 뱅크샐러드, 렌딧 같은 P2P(peer-to-peer, 개인과 개인의 거래) 업체, 인터넷 전문은행이 있습니다. 증권보험사와 외국계 쪽은 채용 인원이 적은 편이라 도전 자체를 부담스러워하는 경향이 있고요. 다음에 저축은행 등의 제2금융권, 그리고 상호금융인 지역농협, 새마을금고, 신협 등이 있습니다.

이렇게 금융업을 종류별로 분류하면 매우 다양합니다. 이것을 다시 크게 구분해보면 실제 공적인 업무를 수행하는 금융공기업과 같은 금융기관이 있고, 중간 영역인 회색지대에 있는 은행이 있습니다. 은행을 회색지대에 넣은 이유는 사실상의 면허 산업이기 때문입니다. 현재 6개 시중은행에 정부가 면허를 주고 있습니다. 이들도 공적인 면허를 가졌기 때문에 정책자금 지원 등 다양한 공적인 업무를 수행하면서 수익을 창출하고 있습니다. 그래서 도산했을 때 정부가 세금으로 자금을 지원해주는 유일한 산업은 은행업 외에는 없습니다. 결론적으로 은행은 그러한 공적자금을 받을 수 있는 하나의 시스템 내 영역이고 그 외 나머지는 상업적인 영역입니다. 사실 도산한다고 해도 정부에서 어떻게 개입할 수 있는 여지가 없습니다.

사람들 사이에서 금융공기업, 특히 A매치라고 일컬어지는 한국은행, 금융감독원, 산업은행 등은 구직자들의 선호가 높은 만큼 들어가기가 매우 어렵습니다. B매치는 신용보증기금, 주택금융공사, 자산관리공사 등입니다. 이는 필기시험 난이도로 구분한 것으로 보입니다. 그다음에 기업은행, 농협이 있습니다. 특별법에 따라서 만들어진 금융기관들은 구직자들에게 상상을 초월할 정도로 인기가 높습니다. 반면에 저축은행은 인사 담당자랑 이야기를 해보면 직원의 이직에 대한 걱정이 많다고 합니다. 막상 뽑아놓으면 1년도 안 돼서 이직하는 경우가 많은 것이죠. 공기업이나 은행의 1%대 이직률에 비해 높은 편입니다. 이렇듯 금융권 채용도 양극화 현상이 뚜렷합니다.

두 번째 키워드는 '채용 단계별 과도한 부담'입니다. 구직자들이 가장 많이 지원하는 기업은행의 사례를 보면, 2020년 상반기를 기준으로 서류 전형에 1만 9,000명이 응시했습니다. 해마다 2만 명 정도가 응시하는데 1만 3,000명 정도를 합격시킵니다. 2020년 하반기에는 코로나19 여파로 필기에 대한 부담이 있어서 많이 줄었지만, 기본적으로 공정성 차원에서 필기시험 기회를 많이 줍니다. 그다음 필기시험이 NCS 직업기초능력평가입니다. 보통 '의수문'이라고 하는데 의사소통, 수리, 문제 해결, 자원 관리, 정보 경영 이렇게 시험을 치릅니다. 다음으로 직무수행능력으로 경제, 경영, 금융, 시사와 관련된 시험을 보고요. 1만 1,000명 가까이 응시해서 1,200명 정도가 합격할 정도로 여기에서 대부분이 낙방하죠. 그리고 다시 실기시험입니다. 이게 1차 면접인데 기업은행은 이름을 바꿔버렸어요. 아예 블라인드로 진행하고 모든 걸 NCS 기반의 역량 면접을 하겠다고 해서 이름 자체를 1년 전부터 '실기시험'이라고 바꿔버렸습니다. 그래서 1,144명이 응시해서 325명만 합격할 정도로 여기에서도 꽤 많은 수가 걸러집니다. 오히려 임원 면접에서는 많이 붙여줍니다.

시중은행이나 증권보험사는 서류에서 많이 탈락시키는 반면, 기업은행은 서류를 잘 붙여주는 대신 필기시험 통과율이 낮습니다. 기업은

서류 전형	NCS 직업기초	실기 시험	임원 면접
50배수	경영/경제/금융 객관식+주관식 5배수	1.3배수	
19,298명 응시 12,452명 합격	10,855명 응시 1,236명 합격	1,144명 응시 325명 합격	317명 응시 250명 합격

2020년 상반기 기업은행 채용 사례

행을 포함해서 농협은행, 금융공기업은 필기시험 부담이 매우 높습니다. 그다음에 실기시험, 다시 말해서 1차 면접이라는 실무 면접도 사실 시중은행이라든지 모든 곳에서 거의 최소 5대 1 정도입니다. 5명 중 1명이 붙는 것이죠. 그래서 대부분 은행권 면접은 5대 1 정도의 수준으로 이미 실무 면접에 대한 부담감도 꽤 높다고 할 수 있습니다.

　세 번째 키워드는 '지식 중심의 채용'입니다. 실무 경험이 아니라 지나치게 지식 중심의 평가로 몰려 있습니다. 이 필기시험을 다시 뜯어 보면, 실제로 구직자들이 금융권 취업을 위해 준비해야 하는 것들이 아주 많습니다. 좀전에 이야기했듯이 NCS는 직업기초능력, 의사소통, 수리 등 열 가지 문제 영역이 있습니다. 그중 여섯 가지 영역을 준비하는데 부담이 크죠. 또 하나의 큰 문제는 현재 출제기관들이 NCS에 대한 이해도가 떨어진다는 것입니다. 그래서 공직적격성 평가(PSAT)에서 문제를 많이 차용합니다. 사실 NCS가 처음에는 이런 취지가 아니었는데 어느 순간 공직자 직무적성검사 같은 문제들이 나오면서 일반 구직자로서는 시험 준비에 대한 부담이 엄청나게 커진 상황입니다. 뿐만 아니라 직무수행능력 파트가 있는데요. 예전에는 은행 채용 설명회에 가서 "직무수행능력을 어떻게 준비합니까?"라고 질문하면 "그냥 신문 열심히 보세요"라고 했습니다. 그런데 이제는 신문을 읽는 것으로는 턱도 없는 상황이고 경제학 원론, 경영학 원론, 회계 기초, 재무관리도 공부해야 합니다. 게다가 금융과 관련된 시사적인 내용을 별도로 익혀야 합니다. 범위로만 따지면 그 어느 산업계보다 넓다고 할 수 있습니다.

다음은 인·적성입니다. 금융이면서 대기업 계열 쪽이면 대기업 계열에서 실시하는 적성 검사를 또 준비해야 합니다. 각 대기업 계열 금융사들에서는 다양하게 인·적성 검사를 진행하고 있습니다. 금융공기업 지원자들은 논술을 준비해야 하는데 논술 문제가 보통 어려운 게 아닙니다. 그래서 아마 대입 때 논술 전형으로 들어온 친구들은 어느 정도 감을 잡을 수 있겠지만, 수시나 정시로 들어왔던 친구들은 논술을 어떻게 써야 할지 모를 정도로 문제 난이도가 높습니다. 금융공기업에서 하는 전공은 말할 것도 없이 거의 고시 수준이죠. 게다가 FP(자산관리사), AFPK(재무설계사), CFP(국제재무설계사), 신용분석사, 투자자산운용사 등 자신의 직무에 맞게 관련 자격증까지 취득해야 합니다.

네 번째 키워드는 '문송합니다+올드보이 전성시대'입니다. 개인금융, 기업금융, WM(자산관리) 영역은 원래 영업이라고 하는 금융서비스 직군입니다. 그래서 이 분야는 문과생들이 많이 도전해볼 수 있는 곳인데 최근 은행들이 디지털 영역으로 옮겨가면서 이 영역의 수요가 점점 줄어들고 있습니다. 또한 IB나 리스크 자금, 글로벌 등의 분야는 기

채용 부문	주요 내용
개인금융	개인고객 대상 영업 및 영업지원 관련 직무 수행
기업금융	기업/기관고객 대상 영업 및 영업지원 관련 직무 수행
WM	PB고객 대상 자산관리상품 소개 및 종합자산관리 서비스 제공 생애주기별/고객 성향별 전략 수립 및 신규 고객 유치
IT	IT 전략 수립 및 IT 업무 지원/상품 및 서비스 전산개발 지원 비대면채널, 플랫폼, 핀테크, IT 등 관련 전략 수립 및 상품 서비스 개발
디지털	AI 기반 사업 기획/모델링/블록체인 활용 금융서비스 개발 빅 데이터 활용 전략 수립 및 응용/온오프라인 디지털 마케팅 추진
IB	M&A 인수금융/혁신성장금융/부동산투자금융/구조화금융/인프라금융 등
리스크/자금	신용/시장/금리/유동성/운영리스크 관리/신용평가모형 개발 및 관리 글로벌리스크 관리/FX/파생상품 트레이딩
글로벌	신남방지역 및 BRICs 지역 관련 전공자 우대

은행 채용 직무 예시

존의 상업은행이 아니라 투자은행 쪽 업무에 가깝습니다. 그래서 시중은행들이 기존 상업은행의 성격에서 투자은행 쪽으로 가려고 하다보니까 이러한 현상이 생기는 것 같습니다. 투자은행 쪽은 실제 현직자들도 잘 못 건드리는 분야입니다. 기업금융을 꽤 오래 했던 친구들도 구조화 금융이나 M&A, 인수금융 쪽으로 보내려면 CFA(국제재무분석사)의 자격증도 있어야 합니다. 현직에서 기업금융에 대한 이해도를 꽤 요구해서 몇 년간 경력을 쌓아야만 이동이 가능합니다. 이런 직무 능력을 신입사원에게 기대할 수는 없습니다.

5명을 한꺼번에 면접 보고 어떻게 뽑을 수 있나?

다음은 제 나름대로 생각해본 채용 개선 방향입니다. 우선 신입을 뽑을 때 인턴 채용을 확대했으면 합니다. 현재 기업은행 외에는 대다수가 인턴제도를 도입하고 있지 않습니다. 신한은행, 우리은행, 국민은행 등이 구직자들이 원하는 곳인데요. 정말 순수하게 민간은행이면 모르겠지만 이들 은행은 실제로 공적 업무도 많이 수행합니다. 그래서 인턴 채용과 관련해서 정부 차원의 조치가 필요하다고 생각합니다. 전환 비율도 높였으면 합니다. 체험형, 채용형으로 나눠서 할 것이 아니고요. 실제로 금융서비스 업종은 일을 시켜보면 대략 느낌이 오거든요. 정말 일을 잘하는 친구들은 몇 %라도 전환을 시켜서 필기시험 없이 채용했으면 합니다. 또한 예전에는 은행들이 순수 혈통주의가 강해서 경력자들이 가기가 쉽지 않았는데, IB와 같은 영역은 경력자 중심으로 가는 게 맞지 않나 싶습니다.

서류 전형도 간소화했으면 합니다. 자기소개서를 예로 들어볼게요. 구직자들한테 가장 미안한 부분이, 면접에서 자기소개서를 안 본다는 겁니다. 외국에서처럼 자기소개서를 이력서나 커버레터 정도만 간단하게 쓰게 해서 뭘 하고 살았는지만 보면 어떨까 싶습니다. 만약 자기소개서를 세세하게 쓰게 했으면 면접에서 충실하게 관련 질문을 해주고요. 그다음에 필기 전형은 출제 방향을 더 명확하게 해주었으면 합니다. 특히 공적인 영역에 있는 은행들은 기출문제를 공개해야 한다고 생각합니다. 은행들은 공개하지 못한다고 하는데, 한국은행은 공개하고 있고 별 문제가 없습니다. 필기 유형도 은행연합회나 금융연수원 등과 연계해서 공통으로 만들었으면 합니다. 그리고 필기시험을 합격, 불합격 형태로 해서 그 시험에 통과한 사람은 내년에도 면접 기회를 주는 방식으로 입사 기회를 넓힌다면 필기 전형에 대한 부담을 조금 덜지 않을까 생각합니다. 지금은 필기시험에 대한 부담이 너무 큽니다.

면접 전형도 일대일 비중을 높였으면 합니다. 제가 씨티은행에 있을 때 면접을 보면 지원자들과 꽤 오랜 시간 마주 앉아서 이야기를 했습니다. 그런데도 지원자들에게 미안했습니다. 지원자들이 "5명을 한꺼번에 면접 보고 어떻게 뽑을 수 있나요?"라고 이야기했으니까요. 이런 이야기가 나올 정도로 좀 성의 없게 진행된다는 느낌을 많이 받았습니다. 사실 어른으로서 지원자들에게 원래 세상이 다 그렇다라고 말하기에는 조금 미안한 부분이 있었습니다. 그래서 이렇게 제안을 하는 것입니다.

금융권 블라인드 채용의 역설은
진짜인가?

김현빈	KOTTN Partners 대표
박창동	KDB산업은행 전문위원
석의현	혼JOB 대표
윤영돈	윤코치연구소 소장
전선희	교육의봄 연구원
윤지희	교육의봄 공동대표

사회자

발표 잘 들었습니다. 먼저 윤영돈 소장님[18]께서 지금까지의 발표 내용에 대해서 몇 가지 질문을 해주셨는데요. 발표한 순서대로 답변을 들어보도록 하겠습니다.

김현빈

윤영돈 소장님께서 "특수은행, 국책은행, 지방은행이 어떻게 변화할 것이냐?"에 대한 질문을 해주셨는데요. 특수은행이나 국책은행

---

18 윤영돈 소장은 '윤코치연구소' 소장으로서 금융권의 채용 실태 포럼에 토론자로 참여하여 각 발표자들에게 질문을 했다.

은 채용의 변화와 관련하여 정부가 추구하는 바를 가장 먼저 흡수하는 곳입니다. 그래서 빠르게 움직이죠. 사실 일반 기업처럼 시장에서 오는 변화를 가장 먼저 받아들이기는 어려운 면이 있다고 생각합니다. 또한 국책은행이나 특수은행의 채용은 정부 정책과도 긴밀하게 관련되기 때문에 시장 상황과 똑같이 움직이면서 인재를 뽑아야 한다고는 생각하지 않습니다.

국책은행이나 특수은행에는 우수한 인재가 많이 들어가는 만큼 구성원들의 자부심 또한 높습니다. 그런데 이것이 종종 선민의식으로 변질되는 경우가 있는 것 같습니다. 우리 사회가 근절해야 할 부분 중에 하나가 바로 '갑 근성'이에요. 물론 국책은행과 특수은행의 공적인 지위도 있지만, 저는 국책은행 또는 금융공기업과 같은 정책기관은 일반 경영이 아닌 정책 쪽을 담당하기 때문에 국가에서 그만큼 많은 시간과 직업의 안정성을 주고 조금 더 큰 그림을 볼 수 있도록 지원을 해주는 것이라고 생각합니다. 그래서 오히려 이들에게는 좀더 금욕적인 자세와 철저한 직업의식이 필요하지 않나 싶습니다. 2008년 금융위기를 예견했던 세계적 경제 석학 로버트 쉴러 교수는 저서 『새로운 금융시대』에서 금융기관들이 너무나 맹목적으로 이윤 추구에만 몰두하다보니 이로 인해 심각한 문제들이 발생한다고 주장합니다. 그래서 국책은행이나 특수은행은 바람직한 태도와 직업의식에 대해서 특별한 교육이 필요하다고 생각합니다.

한편, 지방은행은 디지털과 IT 쪽을 많이 활용하면서 작지만 강한

은행으로의 변화를 꾀하고 있습니다. 특히 지역 금융의 특수성을 빠르게 잡아내고 지역 인재를 발굴하는 것에 대한 의지가 강합니다. 이러한 변화상이 앞으로 지방은행이 나아가야 할 방향이라고 생각합니다.

박창동

윤 소장님께서 코로나19 이후 미래 인재상이 어떻게 변화할 것인가에 대해 질문을 해주셨는데요. 인재상이라는 것 자체가 환경 변화에 많은 영향을 받습니다. 무엇보다 우리가 최근에 겪고 있는 4차 산업혁명, 코로나19, 주 52시간 근무제 도입 등의 변화는 사회의 흐름을 바꾸고 있습니다. 수많은 기관과 기업에서 원격 근무가 진행되고 있고, 10명 중 7명이 이를 찬성하는 상황이고요. 직장 내 괴롭힘 방지법도 조직 문화를 바꾸는 요인이 되고 있습니다.

채용은 인사관리의 첫 단추라고 할 수 있지만, 그동안 금융권의 인재상은 잘 바뀌지 않았습니다. 앞으로 어떻게 변할지는 두고 봐야겠지만, 김현빈 대표님이 말씀하셨다시피 금융권이 상당히 보수적이고 안정을 추구해서 리스크를 잘 떠안지 않으려 합니다. 하지만 4차 산업혁명 시대에는 빠른 변화만큼 산업도 유연하고 신속하게 대응해야 합니다. 금융권도 마찬가지이고요. 그래서 제가 인사 담당자라면 가장 중요한 인재상을 문제 해결 역량이라는 키워드에 두고 싶습니다. 물론 전체적으로 금융 전문인으로서의 역량의 필요성은 변하지 않습니다. 다만 인성의 여러 측면 중에 문제 해결 역량이 앞으로 구직자들이 갖춰야 할 중요한 역량 중 하나가 되지 않을까 하는 생각이 듭니다.

이런 이야기를 민간기업이나 공공기관의 인사 담당자들과 해보면 그 부분에 대해서 많은 고민을 합니다. 어떻게 하면 사람을 잘 뽑을 수 있느냐는 얘기를 하죠. 이에 대해 말씀을 드린다면 석의현 대표님이 말씀하신 인턴제도를 좀더 확장했으면 합니다. 현재 인턴 기간이 5개월 정도인데 그렇게 길게 할 필요가 없습니다. IT 기업들은 하루 또는 이틀 동안 함께 일을 하면서 지원자의 일에 대한 열정, 방법 등을 살펴봅니다. 이처럼 인턴을 짧게 하더라도 그 경험을 통해서 사람을 실질적으로 알 수 있는 방법을 강구하는 것이 중요하지 않을까 생각합니다.

석의현

제가 받은 질문은 인턴 채용이 과거와 달리 성공할 수 있겠느냐는 것입니다. 시류에 편승해서 인턴 채용을 확대했다가 눈 가리고 아웅하는 식으로 다시 줄이지 않겠느냐는 염려인 것이죠. 과거로 돌아가지 않기 위해서는 우선 채용 방법을 다양화해야 한다고 생각합니다. 제가 인턴을 확대하자고 한 이유는 대부분의 사람들이 신의 직장이라고 일컫는 금융기관에 2년 동안 정말 열심히 준비해서 입사를 합니다. 그런데 막상 입사하니까 자기랑 전혀 안 맞는 거예요. 조직 문화도 안 맞고 해서 6개월 만에 그만둡니다. 정말 안타깝죠. 그 친구가 그곳에 입사하기 위해 준비한 2년은 사회적 낭비가 되는 것이거든요. 이런 시행착오를 줄일 수 있는 대안이 인턴 채용이 될 수 있겠다는 생각을 했습니다. 그다음에 인턴을 마치면 수료증을 주는 정도로 끝나는 방식이 아니라 보다 내실화하기 위해 정부와 서로 긴밀하게 연계하는 것이 필요하지 않겠나 하는 생각을 해봤습니다.

IBK기업은행의 경우, 채용 전형에 중소기업 전형이 없습니다. 그런데 기업은행은 중소기업 전문 은행이에요. 특별법에 아예 대놓고 중소기업을 지원하는 은행이라고 돼 있는데, 이상하게 채용 전형에는 중소기업 경력자들이 전혀 없습니다. 그러니까 중소기업을 경험해보지 못한 사람이 기업은행에서 중소기업 금융 전문가로 성장하는 상황인 것이죠.

한편으로 중소기업에서는 인력 채용이 너무 힘들다고 하소연을 합니다. 이런 부분을 볼 때 중소벤처진흥공단, IBK기업은행, 정부기관 부처가 협력해서 중소기업에서 몇 년 이상 근무한 사람들에 대해서 특별전형 같은 것을 도입해볼 수 있을 것 같습니다. 그래서 금융권 채용이 필기 중심으로, 시험 잘 치면 붙는 게 아니라 다양한 방법으로 들어갈 수 있게 하는 것이 바람직하다고 생각합니다.

사회자

감사합니다. 제가 더 질문을 드리겠습니다. 금융권 역시 IT 기업처럼 블라인드 채용이 확대되는 것 같습니다. 공기업만이 아니라 국민은행 등 민간금융권도 그런 흐름이 있고요. 그런데 금융권에서

'블라인드 채용의 역설'이 유난히 심한 것 같습니다. 학벌을 보지 않는 블라인드 채용을 통해 적합한 인재를 찾는 과정에서 필기시험이 강조되다보니까 과거보다도 오히려 SKY대 출신을 더 뽑는 것이 아니냐 하는 것인데요. 과거에는 적어도 지역 할당제 등을 통해서 균형을 맞추었는데 지금은 오히려 그런 부분이 적어지는 것이죠.

그렇다면 필기시험이 업무 능력과 연관성이 있는 결정적 전형 요소인가? 즉 필기시험을 통해 금융기관이 어떤 직무 능력을 보고자 하는가? 저희가 보기에는 직무 능력 중심이라고 할 때 첫 번째 직무 전문성이 있고, 또 하나는 직무 역량이 있는데, 직무 전문성과 같은 기술과 지식을 강조하느냐, 직무 역량을 강조하느냐에 따라서 초·중·고 교육뿐만 아니라 취업을 준비하는 사람들이 갖춰야 할 요소가 매우 달라진다는 것을 확인했습니다.

IT 기업은 직무 전문성을 강조할 때는 직무 경력자를 채용하면 됩니다. 그들이 가지고 있는 지식과 기술을 활용하면 되니까요. 그런데 직무 역량, 즉 지원자가 지닌 창의성, 문제 해결력, 품성 등의 잠재적인 능력을 본다면 사실 경력자에게 반드시 그 능력이 있다고 담보할 수 없는 부분이 있습니다. 그래서 필기시험을 유난히 강조한다는 것은 결국 필기시험을 통해서 보고자 하는 능력과 역량이 있을 텐데, 그것이 과연 금융권의 인재상과 일치하느냐 이런 문제 제기를 하는 것이고요.

다음은 저희가 조사한 바에 따르면 출신학교를 보지 않는 블라인드 채용은 서류 전형 단계에서 블라인드를 하느냐, 아니면 서류 전형 단계에서는 출신학교 등을 다 기록하고 면접 단계에서 출신학교를 블라인드하느냐로 나뉘고 서류 전형 단계부터 블라인드를 하는 경우는 조사 기업의 13% 정도이고, 면접 단계에서 블라인드를 하는 기업은 35% 정도였습니다. 그러니까 은행들에서 블라인드 채용을 할 때 블라인드는 서류 전형 단계에서 한다는 의미인지 아니면 면접 단계에서 한다는 것인지 사실 관계만 간단하게 확인하고 첫 번째 드린 질문과 관련해서 토론을 진행했으면 합니다.

김현빈

블라인드 채용 관련해서 서류에 출신학교를 기록하기는 합니다. 그리고 면접 과정에서는 스펙은 가리고 자기소개서만 보고 평가를 합니다.

사회자

그렇다면 은행권의 블라인드 채용을 완전한 블라인드 채용으로 볼 수 있는가 하는 점에 대해서 논란이 있을 수 있겠다는 생각을 합니다. 공공기관의 블라인드 채용에서는 서류 단계에서 아예 출신학교 기재를 안 하니까요. 은행권에서 출신학교를 서류에 기록은 하되 평가는 하지 않는다고 표방할 것이라면 다른 오해를 불러일으키지 않게 기재란을 없애는 것이 좋지 않을까 생각합니다. 그럼 조금 전에 말씀드렸던 금융권 블라인드 채용의 역설에 대한 부분인데, 실제로 그 역설이 어느 정도인지, 그리고 정말 역설이 있는지 말씀해주세요.

윤영돈

금융권 중에서도 공기업 관련 금융기관들은 대학 학벌이 많이 반영됩니다. 사람을 평가하는 데 세 영역이 있습니다. 지식과 기술, 태도 역량인데, 자칫 지식이나 기술 역량을 중시하면 학벌 부분을 볼 수밖에 없는 측면이 있습니다. 그래서 인턴십과 연결 지어 말씀드리면, 아마존의 경우 견습생 제도가 있습니다. 기존 인턴십과의 차이는 실제로 일을 시켜보고 결과가 나올 때까지 해보는 것이죠. 그에 비해 우리의 인턴십은 복사 같은 단순 업무를 하는 거예요. 그러다보니 지원자의 역량을 제대로 확인할 수가 없습니다. 또 외국은 잡 섀도잉(job shadowing)이라고 해서 실제 현장 업무를 경험해볼 기회가 있습니다. 이렇게 경험을 통해서 스스로 그 직무에 대해 판단할 수 있도록 해야 하는데 단순 지식만을 보다보니 정말 역량 있는 사람이 떨어질 수 있습니다. 결국 중요한 것은 평가에 대한 관점을 바꾸어야 한다는 사실입니다.

사회자

네, 감사합니다. 제가 질문한 블라인드 채용의 역설에 대해서, 물론 은행권에 따라서 다를 수 있겠지만, 그 부분에 대해서 말씀해주실 수 있을까요?

석의현

현장에서 학생들을 많이 만나고 이야기를 듣습니다. 그런데 블라인드 채용의 역설이 일어나는 곳은 한국은행 이외에는 없습니다. 한국은행은 실제로 시험을 쳤더니 SKY대 출신이 많이 붙습니다. 그런데 거의 2년을 준비해야 할 정도의 고시급 필기시험이 아니고는 블라인드 채용의 역설은 잘 안 일어납니다. 블라인드 채용을 실시한 이후 가장 극적으로 변한 곳이 농협은행입니다. 농협은행은 철두철미하게 블라인드를 한 다음에 어떤 일이 생겼냐면, 3년 전만 하더라도 연수원에 강의를 가면 "여기 들어온 친구들 학벌이 정말 짱짱하다"라는 얘기를 많이 했습니다. 그런데 블라인드를 하면서 지방대 학생들도 많이 합격한다고 합니다.

정리하면 블라인드 채용의 역설은 필기시험이 굉장히 어려운 상위 몇 곳을 제외하고는 일어나지 않습니다. 이른바 명문대 학생들이 은행 입사를 많이 준비하지도 않고요. 그래서 오히려 은행권에서는 블라인드만 잘 지켜주면 학벌을 무너뜨리는 데 있어 매우 중요한 역할을 할 수 있다고 생각합니다.

사회자

잠깐, 그럼 한국은행이나 코트라(KOTRA), 수출입은행 등 몇 군데를 제외하고는 블라인드 채용에 오히려 순기능이 나타나고 있다는 말씀이신가요? 그리고 명문대가 오히려 은행권에 많이 진입하지 않는다는 것은 제 생각하고는 좀 다릅니다. 왜 그럴까요?

석의현

금융권 업무는 대체로 금융서비스입니다. 그래서 실제로 이야기를 들어보면 학생들이 지점에 근무하는 것을 별로 선호하지 않습니다. 오히려 본점에서 근무하기를 원하죠. 지점에서는 고객들에게 대면 서비스를 해야 하는데, 다시 말해서 세일즈에 대한 압박이라든지 대면 서비스에 대한 두려움이 있는 것이죠.

사회자

그러니까 명문대생이 선호하는 금융기업은 소수이겠군요.

석의현

네. 주로 금융공기업, 은행의 경우는 IB, 글로벌, 아니면 증권사 등에 지원자들이 많이 몰립니다.

김현빈

금융권에서 이러한 문제가 많이 거론되는 것은 이전에 금융권에서 워낙 고학력자를 선호했기 때문입니다. 물론 채용 비리가 발생하면서 금융권에도 블라인드 채용이 전면 도입되고 학벌의 영향력이 많이 약화된다고 하지만 그것 또한 문제가 아니냐는 이야기도 나옵니다.

그렇다면 블라인드의 정확한 의미가 무엇일까요? 블라인드는 정말 아무것도 안 보겠다는 게 아니라 직무와 관련된 능력 외에는 보지 않겠다는 것입니다. 이런 의미 자체를 많은 분들이 잘못 이해하고 있어요. 그래서 어떤 해프닝이 있었냐면, 금융권에서 블라인드 채용이 전면적으로 실시된다고 알려진 직후 수강료가 몇백만 원씩 하는 스피치 학원들이 개원하면서 인기를 끌었습니다. 결코 그렇지가 않거든요.

그런데 제가 걱정하는 부분 중 하나가 NCS입니다. 직업기초능력에 한해서 필기시험을 보는 것인데 애초에 직업기초능력이 시험으로 평가할 성격의 것이 아닙니다. 그런데 이게 평가할 방법이 없다보니까 일괄적으로 시험을 보고, 변별력을 위해 난이도를 높여서 어려워지는 경향이 있습니다. 시험은 기업에서 원하는 부분은 아니거든요. 제가 보기에는 수시 채용으로 점차 채용 문화가 바뀌면 이런 부분도 변화가 있을 것으로 생각합니다. 한 가지 더 추가하면 금융공기업들이 부산에도 내려갔어요. 지역 할당제 때문이죠. 그로 인해 수도권 중심의 채용에서 벗어나는 등 분위기가 달라지고 있습니다.

사회자

공기업은 지역 할당제와 블라인드 채용이 동시에 진행되고 있는 것 같습니다. 그런데 민간기업은 이도 저도 아니거나 블라인드 채용을 한다는 이유로 그동안 중시하던 지역 할당제를 밀어내는 방식으로 진행되는 사례도 있는데, 이에 대해서는 앞으로 추가 조사가 필요할 것으로 보입니다. 그럼 일단 블라인드 채용의 역설은 아주 제한적이라는 전제하에 약간 화제를 바꿔서 필기시험과 면접이 있다고 할 때, 이 필기시험이 은행에서 필요로 하는 인재상 또는 직무 능력과 어느 정도 관련이 있는지, 그리고 시험을 통해서 확인하고자 하는 능력과 정말 은행이 필요로 하는 능력과는 어떤 차이가 있는지 말씀해주세요.

박창동

역설이라는 표현 자체는 관심을 끌기 위한 게 아닐까 합니다. 블라인드 이전에는 학벌, 학력 등 여러 가지 평가 요소들을 보다가 블라인드 이후에는 그러한 것들이 없어져야 하는데 필기시험 결과가 왜 유독 SKY대에 집중되느냐라는 문제 제기인 것이죠. 그 부분은 각 대학의 상황에 따라 다를 수 있습니다. 서울의 10여 개 대학에 금융권 취업 동아리가 있는데, 학내 스터디에서 시험 문제를 공유하는가 하면 금융권에 취업한 선배들을 초대해서 이야기를 듣는 등 활발하게 활동하고 있습니다. 결론적으로 필기시험 결과가 소수의 대학에 집중될 수는 있지만 그 학생들도 열심히 했기 때문에 그 과정을 존중해주어야 한다는 것입니다.

제가 지방대에서 은행 취업을 준비하는 학생들을 대상으로 금융 커리큘럼을 가지고 강의를 제안한 적도 있고, 실제로 그렇게 해서 2개 대학에서 주말 과정으로 16시간씩 강의를 하기도 했습니다. 가장 기억에 남는 것은 한 대학에서 34명이 강의를 들었는데 그중에 2명이 4학년이었습니다. 한 학생이 강의를 들은 지 6개월 뒤에

전화를 해서는 우리나라 10대 그룹의 재무 담당으로 채용이 되었다고 하더라고요. 이처럼 그런 기회를 만들어주는 게 중요하다고 생각합니다. 지방대는 그런 동아리가 없기 때문에 정보 공유가 안 될 수 있습니다. 다시 말해 시험의 난이도가 문제가 아니라 과정에서의 공정성이나 정보 공유의 개념이 더 중요하지 않을까 하는 생각이 듭니다.

금융권 필기시험을 통해 보고자 하는 능력이 실제 은행이 요구하는 역량과 어떤 관계가 있는지에 대해서 질문하셨는데, 사실 시험 문제가 지식을 묻는 수준은 아닙니다. 그보다는 '어떤 상황이 벌어졌을 때 어떻게 해결할 것인가'에 더 집중합니다. 예를 들어 어떤 기업이 자금이 부족하다고 할 때 부도를 낼 거냐 말 거냐 정도의 단순한 문제가 아니라 왜 그 기업이 어려운 환경에 놓이게 되었고, 어떻게 하면 살릴 수 있을 것인가 하는 종합적인 판단을 해야 한다는 것이죠. 아까 말씀드린 문제 해결력이라는 것 자체가 중요한 부분인데요. 시험 문제도 그런 방식으로 간다고 보면 됩니다. 그런데 지방대학생들은 이런 내용을 공유하기 힘든 상황이기 때문에 필기시험에서 어려움을 겪는 것입니다.

시험 문제가 전혀 엉뚱한 것을 질문하는 것은 아닙니다. 은행 또는 기관마다 난이도를 그 직무에 맞도록 조절해서 질문을 하기 때문에 전혀 업무와 관계없는, 단순 지식을 물어보는 수준은 아닙니다. 그래서 지원하고자 하는 은행의 직무를 정확히 이해하지 못하면 쉽게 풀 수 없습니다. 그렇기에 지원하고자 하는 은행을 명확하게 이해하고 그 직무에 대해서 깊이 고민해본다면 필기시험을 준비하는 데 훨씬 도움이 되지 않을까 생각합니다.

사회자

아까 석 대표님께서 필기시험 문제의 난이도가 너무 높은 경우도 있어서 은행권이 공동 출제를 하자는 제안을 하셨던 기억이 나는데요. 그렇게 보면 지금 말씀하신 내용과 좀 안 맞는 것 같습니다. 그러니까 필기시험은 지식 중심이 아니라 문제 해결 역량을 보기 때문에 필기시험이라고 말한 것에 부정적 개념만 걷어내면 오히려 이것은 의미 있는 것이고 필요한 인재를 발굴하기 위한 적합한 도구라고 판단하시는 것 같습니다.

박창동

석 대표님 말씀 중에 제가 동의할 수 있는 부분은 기본적인 공통역량이 있다는 것입니다. 그런 부분은 공동 출제가 가능하겠지만, 은행을 시중은행과 특수은행으로 나눴을 때 각각의 설립 목적과 운영 방식이 다릅니다. 한국은행과 신한은행의 문제가 똑같을 수는 없기에 그런 부분은 논술과 같은 또 하나의 허들이 만들어집니다. 그래서 사실상 공동 출제는 실효성이 낮을 수 있습니다.

석의현

현장에서 실제 시험 종류가 많습니다. 경제학 원론, 경영학 원론처럼 단순히 학문적인 기본을 배우는 게 있고, 논술이 있습니다. 그래서 금융공기업은 종합적인 사고력을 위해서 논술 전형을 하고 있고, 실제로 논술이 가장 최근 이슈들을 중심으로 종합적 사고를 판단하는 부분이기 때문에 꽤 유용하게 이용됩니다. 점수 배점도 높고요. 그래서 그런 부분은 필기시험의 단점들, 단순한 암기 부분을 보완하는 것 같아요. 예전에는 기업은행과 국민은행도 논술 시험을 치렀습니다. 지금은 농협은행 5급에만 논술이 남아 있습니다. 은행 채용 설명회를 가면 지원자들이 필기시험 준비를 어떻게 해야 하느냐고 묻습니다. 대부분의 채용 담당자들은 신문을 보라고 말합니다. 그럼 실제로 시험 문제를 신문 중심으로 시사적인 내용이나 아니면 예전처럼 논술시험을 치렀던 종합적인 사고력이라도 파악할 수 있도록 내야 어느 정도 도움이 될 것 같은데 그렇지 않다는 것입니다. 그래서 학생들은 테셋(TESAT, 한국경제신문이 개발한 국가공인 경제 이해력 검증 시험)하고 매경 테스트(매일경제신문이 개발한 국가공인 경영경제 사고력 시험)부터 해서 경제학, 경영학 원론으로 다시 돌아가고 있는 상황입니다.

결국 필기시험이 필요한가라고 하면 정말 시사적이고 종합적인 능력을 파악하기 위해서라는 전제하에 꼭 필요하다고 보고요. 대신 방법론적인 부분에서 그런 역량을 어떻게 가려낼 수 있는가에 대해 더 연구가 필요하다고 생각합니다.

사회자

이 부분은 이 정도에서 정리하겠습니다. 다만 필기시험 문제를 이야기할 때 대입 시험도 학력고사가 있고 수능이 있지 않습니까? 만약 은행권의 필기시험이 단순 암기 위주의 학력고사가 아니라 수능처럼 문제 해결력이나 사고력을 보려는 것이라고 하더라도 대입 수능의 문제는 매우 심각하거든요. 반복되는 문제 풀이, 오지선다 정답 찾기, 또는 심지어 암기를 해버리는 경우도 있기 때문에 유효성에 대한 진단이 필요합니다. 그래서 금융권 필기시험도 현재의 방식이 인재 선발에 얼마나 적합한가의 문제는 여전히 과제로 남을 것 같습니다. 이 문제는 향후에 좀더 나누어보도록 하고요. 이제 질문하는 시간을 갖겠습니다. 전선희 연구원 질문해주세요.

전선희

블라인드 채용 이후 애초 기대했던 것과는 반대로 가는 현상이 있다고 생각했는데, 그게 한국은행에 국한된 얘기라고 말씀하셨고, 실제로 찾아보니까 관련 기사가 있었어요. 그 부분을 제외하면 저희가 기대하는 방향으로 가고 있는 것 같습니다.

질문을 보충해서 드리면 블라인드를 하기 이전에 학벌과 업무 성과는 관련이 있었는지, 그리고 블라인드 채용 이후, 필기시험이 강화된 것도 함께일 텐데요, 입사한 사람들이 업무 성과를 얼마나 잘내고 있는가 하는 평가가 데이터로 있는지 궁금합니다. 다른 하나는 KSA와 역량은 다르다는 이야기가 지난 포럼에서도 있었는데, 서로 중복되는 부분도 분명 있을 것 같거든요. 거기에 대해서 명확하게 설명을 해주시면 좋겠습니다.

박창동

학벌과 성과, 시험 결과와 성과는 별개의 문제입니다. 그것을 내부적으로 평가한 것은 없고요, 나름대로 구성원에 대한 인사고과가 있어 그걸 가지고 답을 낼 수는 있겠지만 공개된 것은 없습니다. 또 KSA와 관련된 말씀을 하셨는데 그것은 따로국밥이냐 한배를 탔느냐의 문제입니다. 저는 교집합의 개념으로 보고 있습니다. 예를 들어 우리가 의사소통하는 것도 스킬입니다. 얼마나 잘 듣느냐하는 태도인 것이죠. 또 얘기할 때 잘 전달하는 문제는 지식이 쌓여 있어야 가능하기 때문에 의사소통 능력에는 지식과 기술, 태도가 다 들어갑니다. 그렇기 때문에 KSA와 역량은 따로 둘 수 있는 것은 아니라고 생각합니다.

윤지희

김현빈 대표님은 금융권이 점차 경력직 수시 채용을 늘려가고 있다고 하셨습니다. 그렇다면 실제 비중이 어느 정도인지 알고 싶습니다. 그러니까 신입 공채는 주로 잠재력을 보고 채용하고 수시 경력직은 직무 전문성을 보고 뽑는다고 할 때, 카카오와 엔씨소프트는 곧바로 직무에 투입할 수 있는 경력직 중심으로 채용을 해서 급

성장해온 IT 기업들인데, 최근에 들어와서는 신입 공채를 늘려가고 있다고 합니다. 그러나 다른 측면을 보면 공채를 할 때는 자기 적성이 고려되지 않은 채로 채용되면서 진로 적성을 파악 못하는 단점이 있었다고 하면, 수시 채용으로 가면서 직무 적합성을 보는 긍정적인 측면이 있는 것이죠. 그러면서 신입은 경력이 없으니까 취업의 문이 좁아지고 있고요. 말하자면 신입 공채와 수시 경력직 채용이 각각의 장단점이 있다는 것입니다. 금융권에서는 이것에 대해 어떻게 평가하는지가 궁금합니다.

김현빈

사실 예전에는 금융권이 채용에 있어서 보수적이었다고 말한 것은 신입 공채가 저희가 속된 말로 성골, 진골 얘기할 정도로 다른 곳에서 진입하는 것 자체가 어려웠습니다. 그래서 톱다운 방식으로 큰 데를 경험하고 작은 데로 가는 게 일반적이었어요. 요즘은 교육 자체를 거의 하지 않고, 대부분 경력을 쌓은 상태에서 들어옵니다. IT 기업과 금융권이 다른 것은 IT 기업이 개발 중심이라면 금융권은 IT나 디지털 부서를 제외하고는 거의 영업에 특화되어 있습니다. 그래서 당연히 경력이 유리할 수밖에 없습니다. 문화와 리스크테이킹(risk-taking, 위험 감수)이 기업마다 어느 정도 차이가 있지만, 아까 말씀하셨듯이 저축은행에 1년간 있다가 금융권으로 들어오거든요. 제가 외국계 은행에 다닐 때 경력직은 어느 정도 시장에서 검증이 되어 있었어요. 그래서 경력직을 채용할 때는 필기시험 없이 면접 위주로 보았습니다. 저도 수시 채용이 점점 늘 거라고 보는데, 이런 식으로 경력 중심으로 간다면 집단의 평판 조회 등으로 검증이 된다면 시험에 대한 문제는 자연스럽게 사라질 것이라고 생각합니다.

박창동

IT 기업과 금융공기업의 채용 방법은 다를 수밖에 없습니다. 10명 중에 3명이 이른바 올드 루키, 즉 중고 신입 행원입니다. 다른 금융 기관에서 근무하다 온 것이죠. 인사 담당자들을 대상으로 한 설문 조사에 따르면 75%가량이 그런 사람을 원한다고 합니다. 현장에서 바로 활용할 수 있어서 선호한다는 것이죠. 조사를 해보니 신입 사원이 들어와서 현장에 활용할 수 있을 때까지 약 18.3개월이 걸린다고 합니다. 비용으로는 약 6,000만 원이 들고요. 경력직이 가장 활발하게 일하는 시기가 3년 차입니다. 즉 18.3개월에서 6개월 정도 지나면 3년 차가 되기 때문에 그 연차의 경력직을 선호하는 것이죠.

은행이 순혈주의에서 혼혈주의로 바뀐 이유는 크게 세 가지가 있습니다. 첫 번째는 외환위기 때 은행도 망할 수 있다는 것을 경험했습니다. 두 번째는 금융위기이고, 세 번째는 4차 산업혁명 때문에 2010년 전후반에 전문직, 경력직 채용이 많아졌습니다. 그러면서 순혈주의, 아까 말씀하셨던 공채의 기수 개념도 그때 무너졌습니다. 경력직으로 가장 먼저 변호사, 회계사, 세무사가 채용되었습니다. 웰스 매니지먼트가 강화되면서 세무사가 채용되었고, 최근에는 변리사도 뽑고 있습니다. 그러나 아직은 비율 자체가 높지 않습니다. 그럼에도 경력직 채용이 확대될 수밖에 없다고 보는 게 뭐냐면 B2C(기업과 소비자 간 거래) 개념의 저축을 기반으로 하는 부분이 많이 줄어들 수밖에 없습니다. 다시 말해 더 이상 개인의 저축으로 은행을 운영하는 시대가 아닌 것이죠. 그렇기에 수시 채용 비율이 높아질 수밖에 없습니다.

사회자

감사합니다. 줌에서 여러 분이 질문을 하셨는데, 그중에서 몇 가지 질문을 뽑아보겠습니다. 먼저 대학에서 제자들을 가르치는 교수님의 질문입니다. '은행에서 IT 분야 직원을 뽑는 데 공대, 전자공학과, 정보통신 전공 등이 지원할 수 있습니까? 그래서 이른바 전산실에서 근무하게 되는 것은 아닌지요? 아니면 경영학 전공자를 포함해서 인문사회계열 학생이 소프트웨어나 프로그래밍 등을 부전공하거나 강의를 들었다면 지원이 가능한가요?'

박창동

사실 문과냐 이과냐는 정답이 있는 얘기는 아닙니다. 산업은행의 예를 들면 IT 관련 직무는 IT 시험을 별도로 봅니다. 왜냐하면 코딩을 해서 그 알고리즘을 통해서 프로그래밍을 해야 하기 때문에 단순히 그 과목을 들었다고 해서 되는 게 아니라 필기시험을 통과해서 역량을 검증받아야 하는 것이죠.

전자공학이나 다른 분야 전공자가 지원한다면, 산업은행 같은 경우는 기술과 관련하여 특화된 부서가 있습니다. 기술을 바탕으로 벤처 캐피털을 하고 있기 때문에 그쪽 분야에서 일할 수 있습니다. 3년 전에 전라북도에 있는 한 대학에서 강의를 한 적이 있는데, 수학과 학생도 은행 시험을 볼 수 있느냐고 묻기에 가능하다, 다만 시험을 통과해야 한다고 알려주었습니다. 수학과는 IB 금융의 하나의 기초가 될 수 있습니다. 왜냐하면 파생 상품이 수학에 기초하고 있기 때문이죠.

김현빈

공대 출신의 은행권 채용에 대해서 말씀드리겠습니다. 토목학과와 건축공학과는 최근 은행 쪽에서도 경영, 경제에 대한 이해가 있는 경우에는 프로젝트 파이낸스나 인프라 투자 같은 곳에서 많이 채용을 하고, 실제로 일하는 선배들도 많습니다. 예전에 약학과를 졸업한 다음에 회계를 전공해서 벤처 캐피털로 제약 쪽 투자를 담당하는 친구들도 봤고요. 이처럼 이전에 비해서는 취업 영역이 다양해지고 있지만 커리어 모델을 찾기가 힘들다보니까 혼선을 겪는 경우가 있습니다. 그리고 예전부터 증권사의 지식 리서치 분야쪽은 회계나 재무에 대한 지식이 많이 필요한데 현업에 대한 이해도가 없는 경우에는 그것을 분석하기가 굉장히 어렵습니다. 그래서 전공자를 뽑았는데 우리나라에서는 아직 그런 경력을 가진 사

람들이 없어 해외에서 공대 출신이나 특수 분야를 전공하고 MBA
를 갔다 온 친구들을 많이 채용했습니다.

사회자

다음은 취업준비생의 질문입니다. '금융권에 채용 비리가 있었던
것으로 아는데 공정성 확보를 위해서 어떤 변화가 있었는지 궁금
합니다.'

박창동

채용 비리를 예방하기 위해서 여러 가지 보완 장치를 하고 있습니
다. 2018년 6월에 은행연합회가 모범 교안을 만들었고, 2020년 2월
에 6개 금융권이 자율협약안을 만들었습니다. 그 일환으로 프로세
스가 만들어졌고, 처벌 조항까지 마련되었습니다. 어느 정도 보완
이 되었다고 할 수 있습니다.

사회자

추가 질문이 들어왔는데요. '은행권 외에 금융권으로 증권사도 있
는데 증권사 채용도 은행권 채용과 비슷한가요?'라는 질문입니다.

석의현

증권사도 나뉩니다. 주로 금융지주회사 계열의 증권사들이 있습니
다. 그래서 KB라든지 IBK투자증권은 은행과 거의 비슷한 프로세스

로 채용이 이루어집니다. 미래에셋이나 한투 등은 필기시험이 있지만 자체 인·적성 검사 정도로 시험을 쳐서 그렇게 필기 비중이 높지 않습니다. 오히려 직무 적합성이나 산업에 대한 이해도, 면접에서는 증권업에 대해 얼마나 알고 있는지 등을 봅니다.

사회자

또 하나 질문은 카드나 증권, 캐피털 같은 곳도 블라인드 채용이 확대되는 추세인지를 묻는 게 있습니다. 어떻습니까?

석의현

블라인드 채용 확대의 목소리가 가장 높았던 때가 채용 비리 사건이 터졌을 때인데, 그때도 카드, 증권, 보험 쪽으로는 확대가 안 됐습니다. 기업 입장에서는 블라인드 채용을 정부의 지침이다보니까 보조를 맞춰주는 정도의 선택을 한 것이어서 카드, 증권, 보험 같은 경우에는 정부가 그렇게 강력한 드라이브를 거는 상황도 아니기 때문에 거기까지 도입되기는 어렵지 않을까 싶습니다.

사회자

블라인드 채용이 정부의 방침이어서 민간 영역에서도 할 수밖에 없는 측면이 있다고 한다면, 블라인드 채용이 기업에 이익이 된다는 확실한 증거가 없는 한 정부가 강조를 하지 않으면 이 정책은 더 이상 확대되기가 어렵다는 말이겠군요.

석의현

네. 정부는 기업의 블라인드 채용을 장려할 다양한 수단을 가지고 있습니다. 예를 들어 도 금고나 시 금고를 선정할 때, 또 정부 관련된 업무를 추진할 때 블라인드 채용 도입 여부라든지 신입 직원 채용 부분, 인턴제 운영이라든지 이런 것들이 점수에서 평가가 되면 아마 기업들은 알아서 판단할 것입니다. 그런데 지금은 그런 논의 자체가 없다는 게 가장 큰 문제입니다.

사회자

저희 과제이기도 한데요. 블라인드 채용의 취지는 직무 적합성과 관계가 없는 편견 요소를 걸어내고 적격자를 찾아내는 채용 절차라고 할 때 은행권에서 블라인드 채용을 확대하지 않고 싶어 한다는 것은 기존의 채용 방식이 은행업에 이익이 된다고 보는 것이죠. 기업의 비즈니스를 위해 출신학교를 보는 것이 필요하다면, 출신학교가 직무 적합성을 판단하는 데 필요한 요소인지 편견 요소인지에 대한 냉정한 평가를 하는 과정부터 필요한 것 같습니다. 그래야 정부의 드라이브와는 관계없이 블라인드 채용이 갖는 순기능을 기업이 적극적으로 채택할 수 있는 여지가 생길 것입니다. 그 부분에 대해서는 더 깊은 연구 조사가 필요할 것 같습니다.

청 중

저는 특성화고 교사로 일하다보니까 고졸 채용에 관심이 많습니다. 이명박정부 때 고졸 채용이 많이 확대되었고, 그 이후에도 기조는 크게 변하지 않은 것 같은데 실제로는 고졸 채용이 많이 안 되고 있습니다. 그 이유가 정책 때문인지, 아니면 고졸 학생들의 능력과 은행 쪽에서 요구하는 직무 간에 차이가 나서인지 모르겠습니다. 왜 그러냐 하면 특성화고의 교육과정과 관련이 깊거든요. 예전에는 특성화고 학생들의 은행권 취업이 잘 안 되어서 IT 분야로 교육과정 개편이 이루어졌습니다. 그런데 이후에는 은행권 취업 때문에 교육과정이 원래 상태로 돌아가는 경우가 있었거든요. 지금 고졸 채용이 어느 정도 진행되고 있는지, 그리고 직무상 필요하다면 어떤 교육과정의 결합이 이루어져야 하는지 등이 궁금합니다.

김현빈

IT 분야의 경우에 특성화고 전형을 별도로 운영하는 은행들이 있습니다. 그쪽을 통해서 일정 부분 직원들을 정규직으로 채용하고 있습니다.

사회자

국내 금융권 채용과 관련해서 가장 조예가 깊은 분들의 발표와 토론 덕분에 현실적이고 깊이 있는 이야기를 들을 수 있었습니다. 여러 가지 쟁점들 가운데 해소되는 부분이 좀 있습니다. 그중 블라인드 채용의 역설은 아주 제한적이고 오히려 전반적으로는 역설이 없다고 하셨는데, 이 부분에 대해서는 저희가 좀더 팩트 체크를 하겠습니다.

여전히 필기시험에서 무엇을 보기를 원하느냐 하는 부분에서는 직무 능력을 은행권에서는 무엇으로 보고, 또 직무 능력에서 기본적인 역량과 지식의 비율 관계는 어떻게 되며, 거기에 따라서 경력자를 뽑을지 신입을 뽑을지 등이 결정되는 것이라서 이런 연쇄적인 것들에 대한 정확한 규명이 필요합니다. 물론 그 정점에는 은행권이 원하는 인재상이 있으니까 그런 부분들까지 저희가 더 살펴보는 과정이 필요할 것 같습니다. 오랜 시간 수고 많으셨습니다.

5장

대기업

:수시 채용을 주목한다

한국직업능력연구원 채창균 박사는 2016년에 흥미로운 조사를 합니다. 2013년에 EU에서 실시한 대기업의 채용 실태 조사를 바탕으로 우리 대기업의 채용 실상을 비교 분석한 것입니다. 한두 기업이 아니라 100여 개 대기업의 채용 담당자들을 대상으로 실시한 조사이기 때문에 매우 신뢰할 만한 수준입니다. 특히 학벌 중심 채용에 어떤 변화가 있는지 확인하는 조사에서 한국 대기업은 서류 전형에서 출신학교와 전공, 학점, 졸업 시점 이 네 가지를 중시하며 이 중 한 가지라도 부족하면 2단계 필기 전형으로 올라갈 수 없다는 것을 확인하며, 학벌은 서류 전형 통과의 4대 필수 사항임을 말하고 있습니다.

이때 출신학교보다 더 중요한 것은 졸업 시점으로서 SKY대 출신일지라도 특별한 활동 이력 없이 졸업 이후 3년 정도 지나면 지방 사립대 출신과 같이 서류 전형에서 통과될 가능성이 매우 적다는 충격적인 지적을 합니다. 이것은 기본적으로 채용 시장에서 기업이 스펙 좋은 구직자들을 얼마든지 뽑을 수 있다는, 구직자보다 우위에 있는 상황이 반영된 것입니다. 이 사실을 토대로 우리는 왜 대학생들이 졸업 시기를 늦추면서 휴학 상태로 여러 이력을 갖추기 위해 애쓰는지를 비로소 알 수 있었습니다.

그런데 우리가 유념할 것은 채창균 박사의 발표 자료가 2016년 조사 결과이며 지금은 판도가 또다시 달라지고 있다는 점입니다. 즉 당시 조사 자료는 대기업의 대규모 정기 공채를 염두에 둔 것이며, 지금은 상당수 대기업들이 대규모 정기 채용에서 소규모 수시 혹은 상시 채용으로 채용 방식을 전환하고 있습니다. 수시 채용이란 직무에서 결원이 발생할 때 정기 채용 기간까지 기다리지 않고 그때그때 채용 공고를 통해서 뽑는 것입니다. 이는 기업이 이제 스펙 중심의 채용에서 직무 능력 혹은 역량 중심 채용으로 채용의 패러다임을 바꾸겠다는 신호입니다. 채용 인원이 줄어들면서 나타난 현상이기도 하지만, 동시에 기업 간 경쟁이 심화되고 관련 산업의 변화가 극심해지면서 기업이 출신학교와 전공, 학점, 졸업 시점 등 스펙이 기업이 원하는 직무 능력을 보장하지 못한다는 판단도 작용한 것입니다. 그러니 스펙이나 필기시험과 같이 종래 채용 전형의 1, 2단계를 새롭게 설계해서 직무 역량을 확인하는 보다 타당한 방법을 찾겠다는 의미로 이해됩니다.

지금까지 학벌은 대규모 정기 채용 과정에서 적격자를 평가하는 필수 요소였고 이 서류 전형 단계를 통과해야만 다음 단계인 필기시험으로 넘어갔습니다. 그래서 이 채용 과정에서 살아남기 위해서는 학벌을 갖추는 일이 불가피했고 이것이 초·중·고 교육이 학벌 획득을 위한 현재의 입시 경쟁에 집착하게 한 것입니다. 그런데 수시 채용은 이런 허들형 채용의 관행에 균열이 생기고, 학벌이 부족해도 다른 직무 역량이 나은 것이 확인되면 채용의 기회를 주겠다는 신호입니다. 그렇게 될 경우 초·중·고와 대학은 학벌 중심 입시 교육을 넘어 학생들에게 실질적인 역량을 길러줄 교육의 공간이 열리게 될 것입니다.

한편, 채창균 박사의 연구 자료를 해석하는 과정에서 우리가 놓칠 수 있는 부분에 대한 추가 설명이 있었습니다. 그러니까 그분들의 지적은 채창균 박사의 분석은 주로 인문계 출신 구직자들에게 해당하는 사항이며 이공계 출신자들에게는 양상이 다르다는 것입니다. 즉 이공계 출신 구직자들에게는 일자리가 많이 열려 있어 지방 사립대 출신이라도 해당 분야 전문기술을 가지고 있으면 얼마든지 취업의 기회가 주어진다는 것입니다. 이분들의 말씀을 종합해보면, 대기업의 학벌 중심 채용의 문제는 인문계 출신 지원자들에게 해당하는 부분이라고 좁혀서 이해할 수 있습니다.

그렇다고 해서 채용의 병목 현상을 통과하고자 자신의 적성에 맞지 않은 진로를 선택할 수는 없습니다. 대기업에 취업하고자 하는 인문계 출신자들에게 줄어든 취업 기회와 치열한 스펙 경쟁의 문제를 어떻게 해결해야 할지는 큰 과제가 아닐 수 없습니다. 이와는 대조적으로 최근 이공계 출신 지원자들이 대거 진출하는 IT 기업 분야의 채용은 여러 면에서 놀랄 만한 특징이 있는데, 이 부분은 1장에서 다루고 있습니다.

대기업 채용과 관련해서 의미 있는 주제 중 하나는 이렇게 해서 어렵사리 대기업에 들어간 신입사원이 1년 이내에 20~30%나 퇴사한다는 점입니다. 이 문제의 원인에 대해서 발표자들과 청중들 간에는 '면접 시간이 민간기업은 12분, 공기업은 3.8분으로 짧아서 적격자를 찾지 못한 결과다'라는 주장도 있었고, '채용은 잘 했는데 지금 젊은 사원들이 회사에 들어간 후 이를 징검다리로 여기며 급여 조건이 더 좋은 곳으로 가기 위해 시도를 하기 때문'이라는 입장도 있었습니다. 그러나 CJ의 경우는 다른 대기업들보다 퇴사율이 높지 않은데 그 이유는 회사가 채용 공고를 낼 때 회사에서 구직자에게 요구하는 직무 내용을 상세하게 기술함으로써 지원자들이 자신들의 기대와 실제 직무 간의 인식 편차를 많이 줄인 것도 크다는 점이 제기되었습니다. 그러므로 구직자들에게 상세한 직무 설명을 하는 것은 구직자들의 편의와 서비스만이 아니라 기업을 위해서도 의미 있는 과정임을 시사합니다. 그리고 이런 방식으로 직무를 상세하게 기술하고 이 역할에 맞는 사람들을 채용한다는 신호는 출신학교 등의 스펙 준비에만 집중하는 구직 시장과 대학, 초·중·고 교육에 어느 정도 의미를 준다고 할 것입니다.

대기업의 채용 상황이 워낙 급박하게 바뀌다보니 5~6년 전의 정보로 현재를 진단하고 미래를 예측하는 것은 어렵습니다. 수시 채용의 빛과 그림자도 정밀하게 살펴야 할 것이고, 직무 중심의 수시 채용이라 말하면서 그 안에서 구직자를 좌절하게 하거나 학벌 중심 채용 관행이 약화되기를 기대하는 이들을 낙심시키는 지점은 없는지 예리하게 살펴봐야 할 것입니다. 그러나 확실한 한 가지는 과거 1단계 서류 전형에서 학벌 스펙을 필수로 보는 채용에서 벗어나는 일정한 흐름이 만들어지고 있다는 것입니다. 이런 변화가 얼마나 건강하게 진행되는가가 초·중·고 입시 경쟁 교육에 주는 메시지는 작지 않을 것입니다. 교육의봄은 이 부분을 살피며 기업이 바른 방향으로 채용의 변화를 만들어갈 수 있도록 노력하고자 합니다.

SKY대 출신도
졸업 후 3년 지나면 안 뽑는다고?

채창균 한국직업능력연구원 책임연구위원

한국의 청년 채용 시장에 대해서 말씀드리겠습니다. 2016년에 한국의 청년 채용 시장에 대해서 연구를 했는데, 이 연구를 하게 된 까닭은 당시에 스펙 경쟁이 무척 심했기 때문이었습니다. 청년들 사이에서는 '9대 스펙'이라는 말이 떠돌고, '호모 스펙타쿠스'라는 말까지 생겨났습니다. 저는 이런 스펙 경쟁이 야구장에서 다들 자기 자리가 있는데, 전부 서서 경기를 보고 있는 것과 똑같은 상황이 아닌가 하는 생각을 했습니다. 맨 앞줄에 있는 사람이 일어나서 보니까 두 번째 줄에 앉아 있던 사람도 일어나게 되고 세 번째, 네 번째도 줄줄이 일어나서 야구를 보게 되는 것이죠. 누구 하나 편한 사람 없이 모두 다리가 아픈 상황입니다. 그래서 실제로 기업들이 어떤 기준으로 청년을 뽑는지를 연구하게 되었습니다.

EU 9개국 고용주 조사와 한국 고용주 조사

당시 우리도 채용 경쟁이 과도하여 고민이 깊었지만 EU도 마찬가지였습니다. 2013년에 EU에서 고용주 조사라는 것을 합니다. 영국, 프랑스, 독일 등 9개국에서 900여 개의 기업을 조사하여 4년제 대졸자의 채용 실태를 파악한 것입니다. 서류 전형 단계와 면접 단계에서 무엇을 중요시하는지를 2단계로 나눠서 조사를 했는데, 이 내용과 비교되는 연구를 해보면 상당히 유의미하겠다고 생각했습니다. 먼저 EU가 했던 방식과 동일하게 해보았고, 다음으로 EU의 조사 내용이 우리 현실과 맞지 않는 부분이 있어서 기준을 바꾸거나 새로운 기준을 추가했습니다. 조사 대상도 100개 기업 인사 담당자들을 대상으로 했습니다.

EU의 고용주 조사의 내용은 아래와 같습니다.

• **조사 대상**
영국(101), 프랑스(100), 독일(100), 이탈리아(100), 스페인(100), 스웨덴(99), 네덜란드(147), 폴란드(92), 체코(64) 등 9개국 903개 기업의 인사 담당자를 조사   *( )는 조사 기업 수

• **조사 내용 : 4년제 대졸자 채용 과정에 대해 2단계로 파악**
① 서류 전형 단계에서 중시하는 요인 : 학위, 전공의 직무 적합성, 학점, 관련 업무 경험, 해외 유학 경험, 대학의 명성
② 면접 단계에서 중시하는 요인 : 대인관계 능력, 전문 지식, 일반적인 학업 수행 능력, 전략적 행동 능력, 혁신성·창조성, 상업적·기업가적 역량

조사 방식은 이렇습니다. 서류 전형 단계에 필요한 스펙들을 컴퓨터로 랜덤하게 섞어서 가상의 인물을 만듭니다. 예를 들어 학사 졸업에 전공의 직무 적합성은 보통이고, 관련 업무 경험은 없으며, 졸업 평점은 중위권인 스펙을 가진 가상의 A라는 인물을 하나 만듭니다. 다른 조건을 가진 B, C라는 인물을 만든 뒤에 기업 인사 담당자가 실제로 평가를 합니다. A, B, C 중에 어떤 인물의 서류를 통과시킬지 묻습니다. 마음에 드는 인물이 없으면 아무도 안 뽑아도 되고요.

관련 업무 경험에 대해서는 인턴십을 포함해서 직무 관련 경험 경력이 1년 이상인지 미만인지, 경력은 있지만 직무와 무관한지, 경험 자체가 없는지를 파악했고, 어학 능력도 세 카테고리로 나누었으며 해외 취업이나 어학연수를 했던 경험이 있는지와 자격증을 보유했는지를 파악했습니다. 졸업 시점에 대해서도 졸업 예정자인지, 졸업 후 1년이 안 지났는지, 졸업한 지 3년 이내인지, 졸업 후 3년이 넘었는지로 나누어 조사했고 졸업 평점도 4.5점을 만점으로 하여 4단계로 나누었습니다. 출신학교는 EU에서는 상위권이냐 아니냐로 나누었는데 우리 실정에 맞게 상위 10위권 대학, 서울 소재 대학, 지방 국립대, 지방 사립대로 나누어 조사를 했습니다.

서류 단계를 통과한 사람을 대상으로 면접 역시 랜덤하게 가상의 인물을 만들어서 진행했습니다. 예를 들어 전문 지식은 보통인데 대인관계 능력은 상위권이고 혁신성은 하위권인 인물을 설정하는 것이죠. 또 다른 인물은 다른 능력을 부여한 뒤 누구를 뽑을지 묻습니다. 인내력이라는 기준은 EU에는 없는데 추가했습니다. 회사생활이 스트레스를 많이 주는데 인내력을 발휘하여 성실히 하는지, 아니면 뛰쳐나오는지가 우리 기업에선 중요하다고 하더라고요. 도덕성과 인성 기준도 집어넣었습니다.

이런 조사 방법을 콘조인트(conjoint)라고 하는데, 마케팅에서 많이 쓰는 기법입니다. 어떤 제품의 사양을 다양화해서 조사를 하는 것입니다. A, B, C 사양일 때 무엇을 선택하겠느냐? 아니면 아무것도 선택하지 않겠느냐? 소비자들을 대상으로 조사를 하고 그 결과를 제품을 만들 때 반영하는 것이죠.

이 조사에서는 청년을 일종의 상품으로 보고 기업을 구매자의 위치에 놓습니다. 이 방법론은 현실을 상당히 정확하게 파악할 수 있다는 장점이 있습니다. 왜냐하면 실제와 유사한 인물을 가지고 실제 채용 프로세스를 가상으로 해보는 것이니까요. 이때 주의할 점이 있습니다. 예를 들어 어떤 스펙이 중요하냐 하는 것을 따질 때 토익 점수가 고려 대상이 되기도 합니다. 즉 기업이 토익 점수가 높은 사람을 채용했다고 할 때, 사실 토익 점수가 높아서 뽑은 게 아닐 수도 있습니다. 면접 당시 회사에서 중요하게 보는 부분이 면접 당사자에게 뛰어나서 뽑았을 수도 있습니다. 그런데 그 부분이 채용 결과를 알려주는 데이터에는 나오지 않습니다. 토익 점수가 높은 걸로 표기가 되어 있으니까 그걸 분석하는 사람은 '토익 점수가 높아서 채용이 되었군!' 이렇게 단정하는 것이죠. 이 조사 방법으로는 그런 부분도 어느 정도 잡아낼 수 있습니다.

그다음에 사용하는 방법은 기업측에 직접 물어보는 것입니다. 스펙들을 죽 나열한 다음에 사람을 뽑을 때 무엇을 더 중요하게 생각하느냐고 물어보는 것이죠. 그런데 이 문항들을 분석해보면 좀 허무한 게, 다 중요하다고 나옵니다. 그런 점에서 이 조사는 약간 효용성이 떨어지는 면이 있습니다.

EU는 직무 관련 전공, 한국은 학위 중시

이렇듯 EU와 우리 조사 결과는 상당히 차이가 있습니다. 서류 전형 단계에서 무엇을 중요시하느냐고 물었을 때 EU는 전공의 직무 적합성을 가장 중요하게 생각했습니다. 그다음으로 관련 업무 경험, 학위 등이었습니다. 그에 비해 우리나라는 학위를 가장 중요시하고 전공의 직무 적합성, 관련 업무 경험 등의 순이었습니다.

학위를 중요시한다는 말은 학사냐 석사냐 박사냐에 따라서 선호가 뚜렷하다는 의미입니다. EU에서는 석사도 상당히 취업을 많이 합니다. 그러나 연구소와 같이 석사나 박사를 필요로 하는 일자리가 아니라 학사를 주로 뽑는 일자리를 전제합니다. 즉 그 자리에 석사나 박사 출신이 지원했을 때 어떻게 취급하느냐의 문제인 것이죠. EU에서는 석사든 박사든 큰 차이가 없습니다. 그런데 우리는 박사는 쳐다보지도 않고, 석사도 상대적으로 학사에 비해서 덜 선호합니다. 이것은 학사들이 많이 가는 대기업에 취업을 하는 데 있어서 석사 학위가 그렇게 큰 장점이 아니라는 말입니다. 오히려 손해일 수도 있죠.

서울 소재 대학 학생들을 면담해보면 흥미로운 부분이 있습니다. 취업이 이렇게 힘든 상황인데도 1, 2학년 때까지는 진로에 대해서 그리 고민을 하지 않습니다. 고등학교 때까지 힘들게 공부했으니 이제 좀 놀아보자는 심리도 있겠죠. 그러다 3학년이 되면 취업이 걱정되는 거죠. 그래서 지도교수를 찾아갑니다. "제가 진로를 어떻게 설정했으면 좋겠습니까?" 교수 열 명 중 아홉 명은 "대학원이나 가." 이렇게 얘기한대요. 그런데 교수들은 학생들이 대학원에 들어오면 좋거든요. 손발이 생기는 것이니까요. 만약 그 친구들이 계속 연구와 관련된 일자리를 갖고자 한다면 그 선택은 문제가 안 됩니다. 그렇지 않고 대기업에 취업하고자 한다면 대학원에 가는 것은 오히려 시간 낭비일 수 있습니다. 기업도 그 경력을 좋게 보지 않고요.[19]

다음은 학점입니다. 우리는 기업에 취업하기 위해서는 학점이 평균 이상이면 됩니다. 평균보다 아주 잘하는 건 크게 메리트가 없다는 말이죠. 그런데 EU는 학점이 높을수록 취업할 확률이 높아집니다. 다음은 한국과 EU의 서류 전형 시 학점 선호도를 조사한 것입니다. EU는 평균 이상의 학점을 보유한 지원자들에게 가산점을 부여하는 경향이 두드러진 반면에 한국은 상위 10%와 평균 이상, 평균 수준의 지원자 간의 선호 차이가 거의 존재하지 않는 것으로 나타났습니다. 그러나 한국과 EU 모두 평균 이하 학점 보유자에 대한 선호 수준은 매우 낮았

---

19 이 점은 직군에 따라 양상이 조금씩 다를 수 있다. 가령 IT 기업은 기술 경쟁력을 높이고자 학부 출신보다는 석사 이상의 고학력자를 우대하기도 한다. -편집자

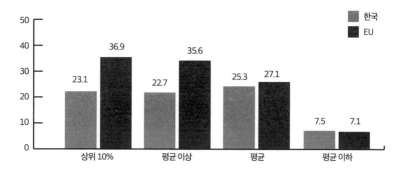

서류 전형 시 학점 선호도

습니다.

만약 자신의 전공이 기업이 뽑고자 하는 직무 영역에 맞지 않다면 사실 취업하기가 쉽지 않습니다. 이것을 보완하는 방법 중 하나가 그 일과 관련해서 경험을 많이 해보는 것입니다. 그러면 내가 전공은 좀 안 맞더라도 실제 그 일을 해본 경험이 있으니까 취업에 도움이 될 수 있습니다. EU는 직무와 무관한 전공이라고 해도 관련 업무 경험이 1년 정도 있으면 좋습니다. 그런데 우리는 그렇지 않습니다.

면접에서도 차이가 큽니다. EU 기업들은 전문 지식, 대인관계 등을 중시합니다. 그다음으로 얼마나 혁신적이냐, 창조성이 있느냐, 기업가적 역량이 있느냐 등을 봅니다. 그런데 우리는 대인관계 역량만 압도적으로 높고 전문 지식은 조금 떨어집니다. 대인관계 능력을 굉장히 중요시하고 혁신성, 창조성, 기업가적 역량은 그리 중요하게 생각하지 않습니다. 이것은 기업의 혁신과 발전이라는 측면에서는 오히려 부정적일 수도 있습니다. 너무 튀는 사람보다는 잘 어울려서 함께 일할 수 있는 사람을 더 선호한다고 보면 될 것 같습니다.

또 하나 특징적인 것을 말씀드리면 EU 기업들은 직무가 탁월하면 거기에 맞게 임금을 올려줄 용의가 있습니다. 많게는 17%까지 더 주겠다고 합니다. 예를 들어 전문 지식이 상위 25%라면 이 사람한테는 임금을 17% 더 주겠다는 오퍼도 가능하다는 것이죠. 반면에 우리 기업들은 아무리 능력이 뛰어나도 임금에서는 그리 차이가 없었습니다.

서류 전형 4대 필수 요소 : 출신학교, 전공, 학점, 졸업 시점

이제부터는 EU와 비교하지 않고 우리 상황에 맞는 질문지로 조사한 것입니다.

그림을 보면 우리 기업이 지원자의 스펙으로 가장 중요하게 생각하

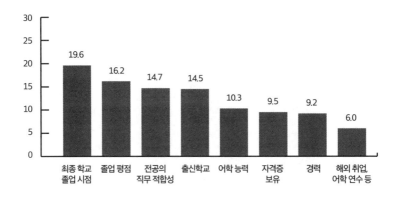

서류 전형 시 스펙별 중요도(500대 기업 기준, 100점 만점)

는 것은 최종 학교 졸업 시점입니다. 다음으로 졸업 평점, 전공의 직무 적합성, 출신학교 순이고요. 어학, 자격증, 경력 등은 별로 중요하게 생각하지 않습니다.

최종 학교 졸업 시점과 관련해서는 졸업 예정자는 가장 우대하고, 졸업하고 1년까지는 괜찮지만 1~3년은 선호도가 좀 떨어집니다. 그리고 졸업 후 3년이 지나면 쳐다보지도 않습니다. 그렇게 재수, 삼수해서 취업하기 어려운 구조이다보니 졸업을 유예합니다. 요즘은 50% 가까운 대학생들이 한 학기든 1년이든 휴학을 합니다. 별다른 준비 없이 사회에 나가는 게 불안하기 때문입니다. 졸업하고 3년이 지나면 대기업에 취업을 못하니 그전에 승부를 보려는 것이죠. 실제로 졸업 유예자들이 일반 졸업자들보다 스펙이 더 높고 취업도 잘 됩니다.

지금까지의 내용을 정리해보면 다음과 같습니다. 500대 기업 중에서 100개를 조사했습니다. 그 결과 졸업 시점이 가장 중요했고, 다음으로 평점이 중요했습니다. 평균 이상이면 차이가 크지 않지만 평균 이

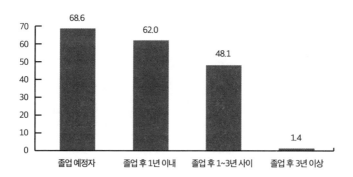

서류 전형 시 최종 학교 졸업 시점 선호도(500대 기업 기준, 800점 만점)

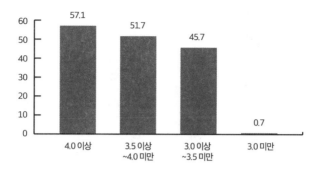

서류 전형 시 졸업 평점 선호도(500대 기업 기준, 800점 만점)

하는 안 된다는 것이죠. 그래서 학생들이 학점에 신경 쓸 수밖에 없는 구조입니다. 그렇다고 해서 1등을 할 필요는 없습니다. 학교에서 강의를 해보면 제가 학교 다닐 때와는 달리 학생들이 성적에 매우 예민합니다. 성적을 고쳐달라는 전화가 많이 오고 직접 찾아오기도 합니다. 그래서 이 연구를 한 후에는 강의 시간에 이 슬라이드를 보여주고 학점이 평균이 넘으면 별 차이가 없다고 말을 해줍니다. 그렇게 하니 학점 정정 요청이 10분의 1로 줄어들었습니다.

직무와 관련해서는 직무와 관련된 전공이 중요하지만 다소 연관된 전공도 어느 정도는 통할 수 있습니다. 그러나 직무와 관련이 없으면 서류에서 쳐다보지도 않습니다.

이제 출신학교 관련 결과입니다. 지방 사립대는 쳐다보지 않습니다. 물론 상위 10개 대학 출신이 가장 뽑힐 가능성이 큽니다. 그다음에 상위 10개 대학을 제외하고 서울 소재 대학과 지방 국립대는 큰 차이가 없는 것 같습니다. 그러나 지방 사립대는 2016년 당시에는 서류에

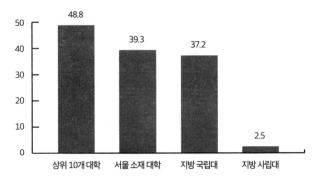

서류 전형 시 출신학교 선호도(500대 기업 기준, 800점 만점)

서 통과될 가능성이 거의 없었습니다.

앞에서 졸업 시점, 졸업 평점, 전공, 직무 적합성, 출신 대학이 중요하다고 했습니다. 이 중 어느 하나라도 하위 25%면 다른 스펙이 아무리 좋아도 서류에서 통과될 가능성이 낮습니다. 그러니까 4개 모두 평균 이상은 되어야 서류에서 통과된다는 얘기죠.

만약 평점이 4.0으로 매우 좋은데 졸업 후 3년이 지났다면 취업 가능성이 낮습니다. 내 전공이 직무와 관련이 있지만 졸업 후 3년이 지났다면 그 역시 어렵겠죠. 상위 10개 대학을 나왔는데 3년이 지났다면 그 역시 안 돼요. 평점이 4.0인데 전공이 맞지 않다면 그 역시 힘듭니다. 상위 10개 대학을 나왔는데 전공이 안 맞는다면 그 역시 안 되죠. 또한 상위 10개 대학을 나왔는데 학점이 3.0이 안 된다면 서류 심사 단계에서 걸러지겠죠. 그러니까 서류에서 통과하려면 앞에서 말한 4개의 스펙이 적어도 평균 이상은 되어야 합니다.

서류를 통과하면 면접을 봅니다. 우리 기업의 경우 인성을 매우 중

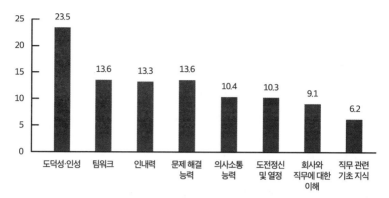

면접 단계 시 속성별 중요도(500대 기업 기준, 100점 만점)

요하게 생각합니다. 인성 다음으로는 팀워크, 인내력, 문제 해결 능력 등을 고려합니다. 나머지는 별로 중요하게 안 봅니다. 그러니까 도덕성·인성에서 부정적인 평가를 받으면 다른 능력이 아무리 뛰어나도 통과될 가능성이 거의 없습니다. 도덕성이 하위 25%고 팀워크가 상위 25%라면 취업이 힘들겠죠.

두 가지 요소를 가지고 결정하고자 할 때, 지원자 A는 어느 하나가 하위 25%, 다른 하나가 상위 25%이고, 지원자 B는 둘 다 평균일 경우, 둘 다 평균 정도의 사람이 조금 더 선호됩니다. 그러니까 어떤 것이 아주 안 좋은 게 있으면 안 된다는 얘기죠. 두 항목 모두 평균이면 아예 안 뽑겠다는 반응이 훨씬 많습니다. 그러니까 어느 하나가 좋고 다른 하나가 나쁜 것보다는 둘 다 평균이 좋은데, 그렇다고 다 평균이면 그리 매력적이지 않다는 말입니다. 따라서 하위 25%에 들어가지 않으면서 뛰어난 게 있어야 합니다. 그래야 면접 단계에서 통과할 수 있습니다. 이상이 제가 2016년에 연구한 주요 내용입니다.

2016년 이후 대기업 채용이 확 달라졌다

2016년부터 지금까지 대기업 채용에서 가장 큰 변화는 대규모 정기 채용에서 소규모 수시 채용으로의 전환입니다. 이것은 삼성전자를 제외하고 SK, 현대자동차, LG전자 등 거의 모든 대기업에서 나타나는 공통된 현상입니다. 수시 채용이란 해당 부서에서 인력이 필요할 경우 정기 채용 시즌까지 기다리지 않고 공고를 내서 뽑는 것을 말합니다.

이렇게 되면 정기 채용에서 진행되던 채용 방식에 큰 변화가 찾아옵니다. 즉 정기 채용에서는 1단계에서 지원자들의 서류를 걸러냅니다. 이때 채창균 박사가 제시한 출신학교, 전공, 학점, 졸업 시점이라는 4개 필수 요소를 중시하고, 이 중 하나라도 기준 미달이면 다음 단계인 필기시험의 기회가 주어지지 않습니다. 그런 의미에서 대기업의 정기 채용을 '허들형 채용'이라고 말합니다. 그런데 수시 채용으로 전환되면 이런 허들형 채용 중 1단계 서류 전형에서 필수 요소였던 스펙이 부족해도 뽑고자 하는 직무의 역량이 탁월하면 채용을 하는 시대로 바뀌는 것입니다. 즉 대규모 정기 채용에서 출신학교 스펙이 '필수 요소' 중 하나였다면, 수시 채용에서는 '선택 요소'로 그 비중이 약화됩니다.

수시 채용이 대기업에 확대되는 것은 두 가지 이유 때문입니다. 첫 번째는 채용 인원이 줄어들었기 때문입니다. 전통적으로 대기업의 채용은 수천 명, 1만 명 이상의 대규모 정기 채용 방식이 흔했습니다. 그래서 10~30배수 이상 밀려드는 지원자들을 효과적으로 걸러내기 위해 양적 평가 요소인 스펙 위주 서류 전형과 필기시험이 불가피했습니다. 학교나 공공시설을 빌려 수십만 명이 시험을 보는 방식으로 인해 채용 비용도 만만치 않았습니다. 그러나 채용 인원이 줄어들게 되니 그런 방식의 고비용 절차가 필요 없게 된 것입니다.

두 번째는 기술의 발달이 가속화되고 기업 간의 경쟁이 심화되어 직무에 적합한 유능한 사람을 찾는 일이 매우 중요해졌기 때문입니다. 특정 부서에서 기술 인력이 필요할 때, 대규모 공채 시즌까지 기다리면 그사이에 기술의 진보가 빨라져 다른 회사와의 기술 경쟁에서 뒤처지게 됩니다. 그러니 필요한 인력은 그때그때 뽑아야 합니다. 또한 이들에게 그 기업이 요구하는 특정 직무 능력이 있는지 확인하기 위해서 채용의 주체도 채용 파트가 아니라 현업 부서로 이동하게 되었습니다. 현업 부서에서는 필기시험이 아니라 지원자의 업무 경력, 포트폴리오 등을 살피고 실기 면접을 보면서 능력을 확인합니다.

정기 채용에서는 채용 부서가 맡아서 진행했기 때문에 이런 과정을 거칠 수가 없었습니다. 그래서 1차 서류 전형에서 출신학교, 전공, 학점, 어학 점수 등을 기준으로 계량적으로 평가해서 지원자를 걸러내고, 필기시험을 통해 다시 부적격자를 걸러내는 방식을 취했던 것입니다. 즉 이전 방식은 수많은 지원자들 중에서 적격자를 찾는 데 적합한 방식이라기보다는 부적격자들을 걸러내는 데 타당한 방식이었습니다. 그러므로 회사가 필요로 하는 적격자를 찾았느냐는 별개의 문제였습니다. 그런데 그때마다 필요한 적은 인원을 채용하고 유능한 사람을 찾는 일이 절박하다보니 학벌과 점수 위주의 채용 방식이 유효하지 않다는 판단을 하게 된 것입니다.

이런 채용 방식은 여러 장단점을 갖습니다. 장점은 기존의 학벌 중심 채용에 변화가 생겼다는 것입니다. 직무 역량이 있다고 확인되면 출신학교 스펙이 충분하지 않아도 채용 가능성이 높아집니다.

실제로『한국경제신문』에 따르면[20] 대기업이 실무 역량을 중시하는 수시 채용을 확대하면서 지방대 합격자가 눈에 띄게 늘었다고 합니다. 학점, 공인 영어 점수, 직무 적성 평가 등이 중요한 정기 공채에서는 서울 주요 대학 졸업자와 경쟁하기가 버겁지만 수시 채용에서는 밀릴 이유가 없다는 것입니다. 경제계에서는 현대자동차, LG전자 등 수시 채용으로 전환한 대기업의 신입 직원 가운데 지방대생 비중이 크게 늘고 있는데, 2년 새 합격자가 5~7배가량 늘어난 곳도 있다고 합니다. 부산의 사립대인 동아대의 경우 현대자동차가 공채로 신입사원을 뽑던 2018년까지만 해도 입사에 성공한 졸업생은 연평균 1~2명에 불과했지만 수시 채용으로 전환한 2019년 4명, 2020년엔 7명으로 늘었습니다.

---

20 『한국경제신문』 2021년 2월 1일자 기사(https://www.hankyung.com/economy/article/2021020207191).

미국 자동차업계에서 1년간 실무 경험을 쌓을 수 있는 인턴십 프로그램을 운영한 것이 주효했다는 게 학교측 설명입니다.

수시 채용의 또 다른 이점은 출신학교 스펙이 절대적인 기준이 아니다보니 초·중·고 교육도 변화를 꾀할 만한 여유를 갖게 되었다는 점입니다. 그동안 역량 교육을 하고 싶었는데 학벌 스펙을 갖추는 입시 교육의 압박 때문에 운신의 폭이 좁았습니다.

물론 부작용도 예상됩니다. 첫째, 직무 능력 중심의 수시 채용을 하게 되면 경력직 혹은 직무 경험이 있는 중고 신입이 유리하고, 학교를 갓 졸업하고 마땅히 입증할 경력이 없는 새내기 지원자들은 취업 기회가 줄어들 것입니다. 이렇게 되면 구직자들은 인턴이나 중소기업 경력을 쌓아 동종 업계로 수평 이동하는 방식으로 채용의 경로를 다양하게 모색해야 합니다. 둘째, 누구에게나 채용 정보가 오픈되어 있는 정기 채용과는 달리 수시 채용은 수시로 채용이 이루어지므로 채용에 대한 정보를 잘 알기 어렵습니다. 회사 입장에서도 적격자를 찾는 인재 풀이 좁아집니다. 따라서 사내 추천이나 지인 추천 등을 통해 적격자를 찾는 방식이 유력한 특징이 되어, 인적 네트워크가 풍부한 지원자들에게 유리할 것입니다. 또한 과연 수시 채용이 이전 정기 채용이 안고 있는 학벌 중심 채용에서 얼마나 벗어나고 있는지, 무늬만 직무 역량 중심 수시 채용이지 사실상 학벌이 과거와 같이 여전히 큰 비중을 차지하는 것은 아닌지에 대한 의구심도 있을 수 있습니다.

그러나 한 가지 확실한 점은 수시 채용은 갈수록 확산될 것이며, 이럴 경우 과거와 같이 서류 전형 단계에서 학벌을 필수 요소로 보고 이

스펙이 부족할 경우 그다음 전형을 거칠 기회조차 부여하지 않은 폐단은 사라질 것이라는 점입니다. 가장 바람직한 것은 수시 채용의 부작용으로 지적되는 문제가 개선되면서 수시 채용이 더 확대되는 것입니다.

취업의 미래, BBIG를 알아야

마민형 더빅스쿨 멘토

　요즘 인문계 졸업자들의 취업이 매우 어렵습니다. 제 이야기를 해 드릴게요. 저는 대학 3학년 때인 2014년 하반기부터 취업을 준비해서 거의 졸업 유예하지 않고 4학년 2학기에 취업을 했습니다. 제가 멘토로서 만나는 취업준비생들도 저와 스펙이 비슷합니다.

　아쉬운 것은 점수에 맞춰서 대학에 갔기 때문에 전공이 취업하는 데 얼마나 중요한지를 잘 몰랐다는 점입니다. 제 전공이 컨벤션경영인데, 회의를 조직하고 운영하는 것이잖아요. 그래서 지원 분야와 조금은 상이한 전공이었지만, 학점이 4.28점으로 비교적 높았고, 토익도 935점으로 그렇게 꿀리지 않는 편이었습니다. 학교도 서울 수도권에 있는 대학이었고요. 당시 인문계 취업준비생이었던 저는 30여 곳의 기업에 지원해서 최종 합격한 롯데를 비롯하여 현대백화점, CJ, LG, 현대

등 여러 곳에 합격했습니다. 물론 서류 전형에 통과했으나 인·적성 필기시험 일정이나 면접 일자가 겹쳐서 안 간 곳도 있습니다. 그리고 롯데를 포함해서 총 3곳에 최종 합격이 됐고요. 그런데 두 회사는 포기해야 하는 상황이었습니다. 당시에 저 같은 스펙을 가진 지원자는 30곳 중에서 서류 전형에서 30% 정도는 합격했습니다.

왜 이런 말씀을 드리냐면 지금 인문계 출신이 저와 같은 스펙으로 30곳의 기업에 지원한다면 서류 합격률이 10%나 될지 모르겠습니다. 그에 비해 이공계 출신, 즉 전기, 화학, 기계, 컴퓨터공학 출신은 훨씬 취업률이 높습니다.

롯데그룹의 채용 프로세스를 간단하게 살펴보겠습니다. 그리고 롯데그룹을 비롯한 대기업들의 전반적인 채용 분위기를 짚어보겠습니다. 4차 산업 시대에 이공계보다 취업 문이 좁은 인문계 출신 구직자들이 채용 시장에서 살아남기 위해서 어떻게 해야 하는지 고민하는 시간이 되었으면 합니다.

'꼬깔콘'과 '설레임'을 컬래버하다

롯데는 크게 세 가지 방식으로 채용 절차를 진행합니다. 먼저 일반공채(A grade), 그리고 공채가 끝난 2개월 후 채용 공고가 열리는 인턴십과 스펙태클(Spec-Tackle)입니다. 모두 정규직을 뽑는 공식 채용 절차라고 보시면 됩니다. 이외에도 JA 전형이라고 해서 초대졸 전형이나 영업직 공채 등도 실시합니다.

공채는 일반 공채와 하계 공채로 나뉩니다. 일반 공채는 학사 이상의 학위가 있으면 지원 가능합니다. 사실 몇 해 전만 해도 이런 말이 없었습니다. 롯데의 경우 지원 자격이라고 하면 다 학사 이상이었죠. 그리고 지원서에도 학교를 기재하라고 되어 있지만, 지원 자격 자체에서 학사 이상으로 제한을 둔 것은 얼마 안 된 일입니다. 또한 그전에는 '지원 분야에 대한 열정이 있는 자' 정도로 제한을 뒀는데, 구체적으로 명시를 하는 게 특징이라고 보면 됩니다. 서류 전형은 다른 대기업과 같습니다. 지원 서류를 내고 인·적성 검사와 면접을 하고 합격을 하는 가장 일반적인 채용 절차를 따릅니다.

삼성에서 그룹 계열사 채용을 진행하면 한 계열사에 한 개씩만 지원이 가능합니다. 물론 LG처럼 그룹 공채를 진행했을 때 세 계열사에 지원이 가능한 곳도 있습니다. 그에 비해 롯데는 여전히 수시 채용이 아닌 정기 공채를 하고 두 부문에 지원이 가능합니다. 취준생들을 배려하는 요소라고 할 수 있겠죠.

제가 이 전형으로 합격했습니다. 롯데제과에 들어갈 때는 제 전공을 살려서 갈 수 있는 곳이 많지 않았습니다. 그래서 전공과 관련없는 영업으로 들어가서 1년 정도 일을 하고 본사 사업부에서 회계 일을 1년 하다가 나왔습니다. 면접은 구조화 면접, 임원 면접, 그리고 PT 면접을 봅니다.

PT 면접 때 받았던 질문을 말씀드릴게요. 당시만 해도 수입과자, 세계과자 전문점들이 많이 생기고 있었어요. 면접 주제는 이에 대응하기 위해 회사는 어떤 전략을 가지고 나아가야 하는가라는 것이었어요. 너무나 쉬운 주제잖아요. 롯데제과에 들어오고자 하는 분들이라면 당연히 공부했을 만한 내용이니까요. 그래서 좀 튀어야겠다는 생각에 인성이나 도덕성이 중요하다는 것을 간과한 채로 답변을 했습니다.

그때나 지금이나 롯데제과에서는 과자와 아이스크림을 같이 판매합니다. 그래서 우리만 할 수 있는 것, 즉 과자만 수입하고, 아이스크림만 수입하는 경쟁 업체를 이기기 위해서는 이미 우리가 가지고 있는 두 품목을 컬래버하는 게 어떨까 생각한 것이죠. 즉 '설레임'과 '꼬깔콘'을 컬래버해서 '꼬깔콘'을 '설레임콘'으로 만들고, 먹는 방법 또한 '꼬깔콘'에다가 '설레임'을 짜서 먹는 방법을 제안했습니다. 그랬더니 면접관이 "평상시에 무슨 생각을 하면서 사나요?"라고 물으시더라고요. 그때 뭔가 잘못되었다고 생각했습니다. '아, 이건 안 된다!'라고 자포자기상태로 이후의 면접을 봤습니다. 그런데 결과는 합격이었습니다.

왜 이 이야기를 하느냐면 면접관이 누구냐가 중요하다는 걸 강조하기 위해서입니다. 만약 형식에 얽매이고 체제를 중요하게 생각하는 면접관이었다면 저는 바로 떨어졌겠죠. 이처럼 때로는 두려움을 이기고 차별화된 구직 전략을 사용해볼 필요가 있습니다.

인턴 채용도 하는데, 채용 전형은 다른 대기업과 동일합니다. 다만, 인·적성 검사를 하지 않고 언어, 수리, 추리 능력을 보는 필기시험을 치르지 않는다는 것이 특징입니다. 인턴 70% 정도가 직원으로 채용됩니다. 그렇게 최종 합격을 하면 대졸 신입으로 입사했을 때 최초로 부여되는 등급인 A grade가 됩니다.

스펙태클 전형은 블라인드로 진행되어 지원자의 이름과 연락처 외에는 기본적인 이력을 알 수 없습니다. 오로지 직무 역량을 보고 뽑겠다는 것이죠. 이 전형을 제외하고는 학교, 영어 등을 모두 보고, 서류 전형에서부터 필터링을 합니다. 그다음에 필기시험을 통해 지식을 파악하고, 면접을 통해서 인성과 조직에 대한 생각 등을 묻습니다.

스펙태클 전형은 지원자를 정규직으로 바로 뽑거나 아니면 인턴을 한 번 더 시켜보고 채용하는 전형도 있습니다. 이력, 학교, 학점 등을 일절 보지 않기 때문에 회사 입장에서는 우리 회사에 적합한 사람인지 아직 모르겠다고 생각해서 그런 것입니다. 물론 이 둘은 채용 공고를 낼 때부터 구별해서 안내하고 있습니다. 똑같은 계열사지만 어떤 계열 사는 어떨 때는 정규직으로 뽑고, 어떨 때는 인턴십으로 뽑기 때문에 지원자가 확인하고 지원해야 합니다.

스펙태클 전형 일정이 나오면 회사 홈페이지에 관련 사항을 올립니다. 그리고 하반기에 스펙태클 전형 주제가 나옵니다. 그러면 지원자는 파일을 작성해서 업로드를 합니다. 그게 서류 전형을 대체하는 것이죠.

이런 블라인드 채용을 실시하는 대기업들이 있습니다. 동아와 애경, 한샘도 일부 하고요. 그런데 CJ 같은 경우는 일종의 블라인드 전형인 리스펙트 전형을 실시합니다. 롯데와 CJ는 과제가 있는 블라인드 전형입니다. 물론 학교, 학력, 과거 이력 등을 안 보는 것은 동일합니다. CJ에서는 자기소개서를 작성하라고 하고, 롯데는 이 주제를 줄 테니 과제를 만들어서 업로드를 하라고 합니다. SK와 KT, 현대백화점은 네

이야기를 한번 보여주라고 하는데, 롯데와 CJ보다는 내용 제한이 적습니다.

'BBIG'에 주목해야 하는 이유

아시다시피 삼성에서는 매우 많은 인력을 채용합니다. 2018년부터 3년간 180조를 투자해서 4만 명을 신규 채용한다고 발표했습니다. 롯데도 2019년 9월 하반기에 일반 공채 때 33개의 계열사에서 채용을 진행했습니다. 2020년 3월에도 32개 계열사에서 채용을 했습니다. 그런데 2020년 3월부터는 코로나19로 인해서 어려움을 겪고 있습니다. 유통업이 중심인 회사이다보니 여느 기업에 비해 타격이 크다고 할 수 있습니다. 그럼에도 10개 계열사에서 채용을 진행했습니다. 채용 과정 자체에 변화는 아직 없지만 일단 채용 규모가 3분의 1 정도로 축소되었습니다.

주식을 하는 분들이라면 'BBIG'라는 키워드를 들어보셨을 것입니다. 바로 바이오, 배터리, 인터넷, 게임의 약자입니다. 주식시장에서 이 부분이 뜬다는 것은 바로 이 분야 산업이 클 것이라는 의미입니다. 앞으로 4차 산업 시대에 국민을 먹여 살릴 4개의 산업군이라고도 볼 수 있는데요. 당연히 이 산업군에 인력이 많이 필요합니다.

그런데 BBIG 산업에서 인문계 출신은 생산자보다는 소비자로서의 비중이 큽니다. 반면에 이공계는 이 산업을 이끌어갈 인재로서 채용 시장에서 수요가 있을 것입니다. 앞으로의 산업 발전을 내다볼 때 이 공계가 채용이 훨씬 더 잘 되고, 앞으로도 이 현상이 줄어들지 않을 것입니다. 인문계 출신자들을 대상으로 취업 컨설팅을 하는 제 입장에서는 고민이 되는 대목이기도 합니다.

대기업의 채용, 달라지고 있는가?

이병철 시너지컨설팅 대표
채창균 한국직업능력연구원 책임연구위원
마민형 더빅스쿨 멘토
전선희 교육의봄 연구원

사회자

지금까지 대기업의 채용과 관련해서 발표한 내용을 정리해보면 몇 가지 특징이 있습니다. 우선 채용에 있어서 구직자보다는 기업이 압도적으로 우위에 있다는 점입니다. 기업의 채용 인원, 즉 수요가 워낙 적다보니까 구직자 입장에서는 취업 과정에서 여러모로 고통을 겪을 수밖에 없습니다. 두 번째는 채용에서 인문계와 이공계의 양극화 현상입니다. 산업의 형태나 업종에 따라서 인문계와 이공계의 채용 양극화 현상 또한 뚜렷했습니다. 세 번째는 기업이 여러 가지 스펙을 요구하고 직무 능력 중심으로 관심이 이동하고 있지만 여전히 핵심 스펙을 본다는 것을 알 수 있습니다. 특히 졸업 시점을 중요하게 보는데, 이는 요즘 학생들이 왜 졸업을 미루고 스펙 쌓기에 열중하는지 알 수 있는 지점입니다. 그럼에도 여전히 대기업 채용에서 출신학교는 중요했습니다.

교육의봄이 채용 영역의 변화에 관심을 갖는 것은 다음과 같은 이유 때문입니다. 학생들이 입시 경쟁에서 이기기 위한 점수 따기 경쟁에 올인하면서 오히려 기업이 원하는 직무 역량을 키우지 못하는 기현상, 악순환이 반복되고 있습니다. 만약 기업의 채용 과정에서 출신학교의 간판을 따는 경쟁이 완화되거나 사라지면 초·중·고 교육에 신호를 주어 직무 역량을 갖춘 인재를 더 많이 채용할 수 있는 선순환의 길이 되지 않을까 생각합니다.

그런데 기업 채용 과정에서 지원자의 출신학교를 중요한 스펙의 요소로 본다고 할 때, 저희가 의아한 것은 학벌이 과거처럼 중요하지 않다는 해석과 충돌하는 것 같습니다. 두 가지 쟁점인 것이죠. 하나는 출신학교 필수론, 즉 간판만 좋으면 다 뽑는 시대는 지났지만 출신학교는 여전히 채용의 중요한 기준이라는 입장입니다. 이와는 반대 입장도 있습니다. 출신학교로 지원자들을 뽑았더니 그 친구들에게서 회사가 요구했던 퍼포먼스가 나오지 않더라는 것입니다. 그래서 출신학교를 보지 않으려고 하거나 줄인다는 것이죠. 특히 구글, 마이크로소프트 같은 세계적 기업들이 그렇게 천명했습니다. 구글은 출신학교는 보지 않고, 학점도 적격자를 찾는 데 의미는 있지만 3년까지만 쓸모가 있다고 합니다. 그렇다면 우리 기업은 어떨까요? 기업이 요구하는 능력을 출신학교 스펙이 여전히 강력하게 설명하고 있기 때문에 중시하려는 것인지, 아니면 다른 대체 수단이 없어서 계속 중시하려는 것인지 이와 관련해서 발표자들의 생각이 궁금합니다.

이병철[21]

대기업이 채용에서 출신학교를 보느냐의 문제인데, 이걸 두 부분으로 나눠야 합니다. 서류 전형에서는 출신학교를 100% 봅니다. 지원자가 많기 때문이죠. 한두 명의 인사 담당자가 수천 명의 지원자들의 서류를 일일이 살펴보고 직무 내용을 확인할 수가 없습니다. 출신학교 요소를 채용 프로그래밍해서 어떤 학교가 1등급이고 2등급인지 봅니다. 다만 서류 전형을 통과한 후에 면접 과정에서는 비교적 직무를 중심으로 두기 때문에 출신학교를 덜 보는 편입니다.

사회자

모든 기업이 서류 전형에서는 출신학교를 보는데 면접 전형에서는 덜 본다는 것이죠? 저희가 살펴본 자료에는 35%의 대기업이 면접에서 출신학교를 보지 않는 경향이 있었습니다. 채창균 박사님은 어떻게 생각하시는지요?

---

21 이병철 대표는 '시너지컨설팅' 대표로서, 본 대기업 채용 실태 포럼에 토론자로 참여했다.

채창균

과거보다는 학벌이 덜 중요해졌다고 할 수 있습니다. 반면에 전공은 더 중요해졌고요. SKY대라고 해도 취업이 잘 안 되는 전공이 있는가 하면 비SKY대라고 해도 취업이 잘 되는 전공이 있습니다. 이병철 대표님이 말씀하신 것처럼 어느 대기업의 경우 출신학교별로 등급 점수가 있습니다. 심지어 지방대를 나와서 서울에 있는 대학원으로 편입했다면, 그 사람을 서울에 있는 대학을 나온 것으로 점수를 주는 것이 아니고 지방대 출신으로 점수를 줄 정도로 사실은 학벌을 보고 있는 것이죠.

구글을 비롯하여 외국계 기업들이 출신학교를 보지 않는다고 말씀하셨는데, 국내 기업과는 상황이 다릅니다. 외국 대학들은 대학 간의 수준 차이가 크지 않고 서열화 정도도 심하지 않습니다. 그리고 수능 점수로 대학이 서열화되어 있지 않아서 역량이 있는 학생들이 대학마다 흩어져 있어 대학의 스펙을 안 봐도 전혀 문제가 없다고 생각합니다. 그러나 우리처럼 재학생들의 학업 능력에 따라 대학이 서열화된 구조에서는 기업도 출신학교를 보지 않기가 어려울 것입니다.

사회자

발표자들께서 말씀하신 것처럼 이공계는 출신학교를 거의 보지 않는다는 것은 기술직 파트에서 출신학교 스펙을 보지 않는 것과 맥을 같이하는 것 같습니다. 그러니까 이것은 영역별로 쪼개서 봐야 하지 않을까 싶습니다. 어찌 되었건 채용 공고의 구비 서류에 출신학교 항목을 넣는 순간 반영 비중의 정도 문제는 있겠지만 이를 참고한다는 것은 미루어 짐작할 수 있습니다.

마민형

저는 토익이 935점에 토스가 레벨 7이었는데도 외국인을 만나면 영어를 못했습니다. 서울관광재단에서 1차 면접, 외국어 면접에서 떨어졌습니다. 외국인 채용 담당자와 대화를 하는데 질문이 단순해요. "지난주에 영화를 봤다고 하니 그것 좀 소개해줄래?" "취미가 뭐야?" "좋아하는 음식이 뭐야?" 이런 정도의 질문이었어요. 그런데 대답을 제대로 못해서 떨어졌습니다. 그러니까 학교 간판이나 토익 점수가 의미하는 바가 무엇일까에 대해서 고민을 해봐야 할 것 같습니다.

많은 구직자들과 이야기를 하는 게 뭐냐면, 일단 출신학교는 바꿀 수가 없잖아요. 예를 들어 삼성이 출신학교를 보는데 삼성이 원하는 출신학교 스펙을 내가 갖추지 못했으면 지원을 안 하면 됩니다. 취업을 준비하는 입장에서는 거기에 따를 수밖에 없습니다. 그런데 학교 명성이 의미하는 바가 무엇일까? 기업이 왜 나의 출신학교를 볼까? 물론 학교 간판에 따른 후광효과가 있겠지만 출신학교나 토익 점수가 나타내는 것은 이 친구가 우리 사회에 얼마나 잘 순응하고 적응해왔는가 하는 점입니다. 수도권 대학에 들어가기 위해서는 고등학교 때부터 공부를 잘해야겠죠. 그런데 고등학교 때부터 공부를 하고 싶은 사람이 어디 있습니까? 놀러다니고 싶은 것을 꾹 참고 대한민국 교육 현실의 틀 안에서 공부를 하고 시험을 봐서 대학에 들어간 것이거든요.

전선희

최근 채용에서 가장 중요한 것이 '직무 중심' 채용인 것 같습니다. 그렇다면 과연 직무 능력이란 무엇일까요?

채창균 박사님의 2016년 자료는 직무가 실제적으로 그렇게 중요하지는 않다고 언급하고 있습니다. 그리고 서류 단계에서 직무 적합성에 맞는 항목을 '전공'에서 찾는데요. 면접에서 요구하는 직무 적합성은 직무에 대한 지식이나 직무 내용을 얼마나 충분히 이해하는가 하는 점인데요. 이것은 이른바 '직무 역량'과는 또 다른 개념인 것 같습니다. 직무 역량은 역량 모델링을 통해서 뽑아낸, 그 직무를 수행하기 위한 실질 능력 같은 것이잖아요. 그냥 단순히 전공이나 직무에 대한 기초 지식을 넘는 것 말이죠. 그래서 기업이 채용 과정에서 '직무가 중요하다'고 할 때, 그냥 뭉뚱그려서 그렇게 이야기를 하는 것인지, 아니면 실제적으로 직무가 중요하다면 어떤 기준으로 이 사람의 직무를 뽑아내는지가 궁금했습니다. 직무 종합 검사라는 게 있습니다. 대기업들이 만들어냈고 국가는 그에 대응하는 NCS를 만들어 보급하고 있고요. 그렇다면 그것이 지원자들의 직무 역량을 제대로 찾아내고 있는지, 만약 그렇지 않다면 기업이 직무가 중요하다고 할 때 그 말의 의미는 결국 또 다른 스펙일 뿐인가 싶은 생각도 듭니다. 이에 대해서 어떻게 생각하시나요?

전선희 연구원의 질문은 이것입니다. 이병철 대표님은 면접관들이 직무 능력을 중요하게 본다고 설명하고 있다면, 채창균 박사님은 직무 능력보다는 기본 인성을 중시하고 필요한 직무 역량은 나중에 입사해서 가르치면 된다고 말씀하십니다. 이것이 개념의 차이 때문에 비롯된 현상인지에 대한 질문인 것 같습니다.

직무 능력을 보는 건 서류 단계에서입니다. 면접과는 구별해야 합니다. 입사 후 사람들이 중시하는 직무 능력은 '관계'입니다. 기업에서 직원 중에 누군가가 마음에 안 든다고 할 때는 그 사람의 직무 능력이 아니라 태도를 말하는 것입니다. 선발할 때나 채용할 때 쓰는 직무 능력 개념과는 다르죠. 입사 후에 중시하는 직무 능력은 조직 적응력, 조직 적합성, 태도, 가치 등입니다.

다소 불행한 연구 결과가 있는데요, 명문대생이 일을 잘한다는 것입니다. 이유는 인지 능력이 뛰어나서입니다. 이들은 어떤 지시를 받았을 때 이를 수용하고 이해하는 능력이 뛰어납니다. 그래서 대기업에서 출신학교 서류를 통해서 이들을 찾고자 하는 것이죠. 그리고 아까 질문하신 것과도 연관이 있는데요. 누군가를 선발할 때,

면접 과정에서 사실 인성을 보기가 어렵습니다. 어떻게 인성을 직접 측정합니까? 힘들어요. 그래서 지원자에게 "내가 전 직장의 상사에게 전화해서 당신이 그 회사에 근무할 때 얼마나 일을 잘했는지를 물어볼 때, 그분이 당신에게 업무와 관련해 몇 점을 줄 것이라고 보십니까?" 그렇게 물어보는 것입니다. 이른바 '평판 점검 압박(TORC, Threat of Reference Check)' 기법으로 인성이나 태도를 측정하는 새로운 기술인 것이죠.

역량 면접을 하려면 한 사람당 90분이 확보되어야 합니다. 그런데 우리나라에서 면접 시간 평균이 공기업은 고작 3.8분, 민간기업은 12분이에요. 이렇게 짧은 시간에 인성 평가를 못 해요. 공채가 사라져야 사람을 잘 뽑게 됩니다. 공채에서는 짧은 기간에 많은 사람을 평가해야 하니까 시간이 부족한 것입니다.

이병철

기업 경영자 입장에서 보면 신입을 뽑으면 훈련비용이 들어갑니다. 그런데 경력직을 뽑으면 그럴 필요가 없습니다. 남의 회사에서 쌓은 경력을 내가 돈 안 들이고 쓸 수 있잖아요. 그래서 회사에서는 2~3년 차 경력자를 좋아합니다. 옛날의 조직 문화는 '관계'였습니다. 우리가 함께 의기투합하자, 그런 리더십이 필요했죠. 그런데 지금은 리더들의 직무 능력이 뛰어나야 합니다. 훌륭한 리더는 가장 적절한 피드백을 통해 리더십을 발휘합니다.

사회자

감사합니다. 시간이 많지는 않지만 청중들에게 기회를 드릴 테니까 궁금한 점을 질문해주시면 좋겠습니다.

청 중

저는 경영학과 교수로 재직하고 있습니다. 인사관리와 관련해 현장 얘기를 듣는 것을 좋아하고 또 실제 채용이 어떻게 이루어지는지 궁금해서 참석했습니다. 오늘 몇 가지 이야기가 되고 있는데, 고용정책 기본법에서 채용 때 출신학교를 보는 것을 막고 있습니다. 만약 기업이 출신학교 등급제 등을 적용한다면 미국 같으면 소송감이에요. 예를 들어 삼성 지원자가 내가 학교 배경 때문에 떨어진 것 같다 그러면 소송에 들어가요. 회사에서도 그렇지 않다는 것을 증명해야 합니다.

미국의 인사제도가 발달한 이유는 소송 때문이에요. 굉장히 많은 소송이 들어옵니다. 인사관리 교재를 보면 면접은 신뢰도가 가장 떨어지는 부분이라 하지 말라고 합니다. 그런데도 하고 있거든요. 왜 그것을 하느냐? 신뢰도, 타당도가 높은 방법을 만들어놓았어요. 20여 년 전에 대법원에서 판결을 내렸습니다. 면접을 볼 때는 신뢰도, 타당도를 다 검증하라, 검증 안 된 면접을 통해서 채용하는 것은 무효다. 그런데 우리나라는 타당도, 신뢰도를 검증하는 곳이 없어서 갑갑합니다.

면접에 대해서 더 말씀을 드리면, 면접 과정에서 면접관의 역할이 중요합니다. 아무리 훈련받은 면접관이라고 해도 실제로 그의 면접 결과가 신뢰할 만한지 검증해야 합니다.

그다음에 면접 타당도를 검증해야 합니다. 학생들에게 자주 얘기해요. 네가 진짜 억울하면 소송하라고. 소송하면 반드시 이긴다고. 왜냐하면 검증된 게 단 하나도 없어요. 이전 세대는 졸업 후에 면접이 아니라 필기시험으로 회사에 들어갔습니다. 면접은 그냥 들어가서 얼굴 확인하고 얼굴에 칼자국 없으면 합격하는 수준이었죠. 그런데 IMF를 지나면서 면접 전형이 생겼는데, 우리나라 기업 경제 경영 시스템을 미국식으로 전환하면서 면접을 본 것입니다. 삼성전자가 먼저 면접을 실시했습니다.

이병철 대표님이 얘기하신 것처럼 공기업 3.8분, 민간기업 12분 만에 면접을 보고 쓸 만하다고 판단하면 뽑잖아요? 그런데 삼성전자에서 1년 내 이직률이 30%나 돼요. 어렵게 입사해서 1년 뒤 30%가 나가버려요. 미리 철저하게 준비하지 않은 면접제도 때문에 이런 일이 벌어지는 것이죠.

앞에서 공채에 대해서 말씀하셨는데, 미국에도 공채가 있습니다. 대학생들이 졸업할 시기가 되면 공채를 실시합니다. 물론 공채라는 말을 쓰지는 않지만요. 대기업들이 졸업 시즌에 맞춰서 이런 과정을 운영합니다. 한국과 차이가 있다면, 미국은 해고가 비교적 자유롭기 때문에 왕창 뽑았다가 안 맞으면 내보내고 그때그때 수시 채용을 합니다.

물론 공채 자체가 나쁜 것은 아닙니다. 대학 졸업생들이 3월에 한꺼번에 나오는데 뽑아야지 어떡해요? 그런데 인사팀에서 안 뽑습니다. 빈자리가 생겨도 3월에 들어온 직원이 5월에 나가도 인사팀은 하반기까지 기다리라고 합니다. 이 부분만 유연하게 해준다면 우리의 인사제도도 크게 바뀔 것 같습니다.

이병철

면접 과정이 타당도가 떨어지는 것은 알고 있습니다. 가장 큰 문제는 시간이 절대적으로 부족하다는 것입니다. 저희가 공무원 승진 과정을 대행하는데 AC(Assessment Center, 역량 평가)로 하거든요. 한 사람당 한 시간 반이 걸립니다. 그럼 신뢰성이 상당히 높아집니다. 그런데 대규모 공채로 사람을 뽑을 때는 면접에 한 사람당 10분을 못 씁니다. 면접 과정에서의 타당도를 높이려면 AC 기법을 써야 하는데 시간 부족 때문에 그게 쉽지 않습니다.

청 중

저 역시 대학교수로 재직하고 있습니다. 기업이 채용 과정에서 출신학교별로 가산점을 주면서 걸러내는 것이 쉽고 보수적인 방법이긴 합니다. 그래서 1년 내에 이직하는 비율이 30%에 이르는 것이잖아요. 이런 학벌 중심 채용을 넘어서는 방법이 필요합니다.

이병철

기업은 이직률에 따른 원인을 분석합니다. 삼성의 경우 이직률이 정확히 27%입니다. 1년 만에 나가는 직원이 그만큼 된다는 것이죠. 그게 사실은 잘못 뽑아서가 아닙니다. 직원들의 인식이 바뀌었습니다. 최고 연봉이고 최고 기업인데 그 직장이 자기의 꿈과 다르다면 과감히 버립니다. 다시 말해 세대가 바뀐 것이지 채용에 문제가 있는 것은 아닙니다. 많은 분들이 퇴사율과 면접을 연결하는데요. 그게 잘못이 아니라 상명하달, 강제, 구속, 업무 스타일 같은 조직의 문화 때문에 나가는 것입니다. 누구나 입사할 때는 의지가 강해요. 처음부터 그만둘 생각으로 입사하는 사람이 어디 있겠어요? 그 어려운 경쟁률을 뚫었는데 말입니다. 그런데 일을 해보니 자신이 생각한 것과 다릅니다. 사실 대부분의 기업에서 지원자들에게 직무 정보를 상세하게 제공하지 않습니다. 그런데 CJ는 좀 다릅니다. 직무 기술서가 아주 상세합니다. '당신이 들어오면 이런 일을 할 것인데 들어와보시겠습니까?' 이런 메시지를 정확히 주는 것이죠. 그래서 퇴사율이 비교적 낮습니다. 회사에 들어올 때부터 내가 구체적으로 무슨 일을 하고, 회사는 어떤 조직 문화를 갖고 있는지 등을 알아야 합니다. 요즘 젊은이들은 돈이 전부가 아닙니다.

사회자

기업이 정보를 잘 제공하지 않는 이유는 굳이 친절하게 설명하지 않더라도 입사하려는 사람이 많기 때문이 아닌가 싶습니다. 지금 말씀을 들어보니 정확한 채용 정보를 제공하는 것이 퇴사율을 막는 길이라면 오히려 기업을 위해서도 유익하겠네요.

이병철

참고로 이웃 나라 일본은 채용 공고에 들어갈 내용이 법률로 정해져 있습니다. 특히 근로 조건, 근로 환경, 근로 문화는 반드시 채용 공고에 명시해야 합니다. 그런데 우리나라는 '나 삼성이야, 나 현대야, 그러니까 들어오려면 오고 말려면 말아' 이런 식이에요. 어쨌든 27%나 되는 직원들이 나간다는 것은 기업으로도 손해입니다. 실패한 채용이죠. 취업을 원하는 세대의 의식이 변했다면 기업도 거기에 맞춰서 뽑아야 합니다. 새로운 세대의 의식이 바뀐 결과라면 내부 문화를 바꾸거나 그 문화에 적응할 수 있는 사람을 뽑아야 합니다. 그냥 단순하게 편한 방법으로 뽑아서 그런 게 아닌가라는 생각이 듭니다. 물론 말씀하신 것처럼 공채를 하니까 너무 많은 사람들을 봐야 하고 그래서 면접 볼 시간도 적은 것 또한 사실입니다. 이 시간을 늘리는 방향으로 투자를 하는 것도 필요합니다. 기업 채용이 주는 시그널은 대학을 움직이고, 더 나아가 초·중·고를 움직입니다.

사회자

이쯤에서 아쉬운 대로 정리를 하겠습니다. 지금까지 대기업에 초점을 맞춰서 채용 문제를 접근하다보니 채용의 봄이 아니라 아직 겨울을 벗어나지 못하고 있는 게 아닌가 싶습니다. 그러나 최근 대기업들 역시 직무 중심 수시 채용으로 변화해감에 따라 출신학교 스펙을 보는 경향이 약화되고 있는 것도 확인할 수 있었습니다.

대기업 채용에서 취준생을 힘들게 하는 상황을 어떻게 개선할 수 있을까, 스펙 중에서 학벌을 중시하는 관행을 개선할 수는 없는가 하는 부분을 전향적으로 생각해야 할 것 같습니다. 왜냐하면 그렇게 하는 것이 기업에도 유익하지 않으니 말입니다. 또 동시에 몇몇 대기업만을 좋은 일자리로 생각하는 구직자들의 관점의 전환과 그에 걸맞은 정부의 지원책 등도 필요합니다.

6장

새로운 모색
: 채용이 바뀐다 교육이 바뀐다

새로운 모색 :
채용이 바뀐다 교육이 바뀐다

송인수 교육의봄 공동대표

지금까지 5장에 걸쳐서 각 업종별로 발표한 채용 상황을 요약하고 이를 교육의 측면에서 해석해보고자 합니다. 먼저 제 소개부터 간단히 드리겠습니다.

저는 1989년에 서울 관악구 신림고교에서 교사 생활을 시작했습니다. 제 인생에서 가장 행복했던 시간, 그래서 다시 인생을 시작한다면 언제로 가겠는가라고 한다면 그 시절로 가고 싶습니다. 아이들이 저를 좋아했고 제 수업에 놀랄 만큼 집중했습니다. 아침에 출근하면 아이들로부터 꽃다발과 선물, 이름 모를 편지가 와 있곤 했습니다. 편지를 보낸 주인공이 궁금했습니다. 그래서 수업 시간에 숙제 검사를 한다며 노트를 펴라고 하고는 필체 주인공을 찾기도 했습니다. 아이들로부터 사랑받는 교사! 제 인생에서 가장 행복했던 시기였습니다.

그런데 저는 행복한데 아이들은 행복하지 않다는 사실이 저를 곤혹스럽게 했습니다. 아이들은 시험 준비로 힘겨워했고, 아침 0교시 보충 수업과 야간 강제 학습 등으로 인해 고단해했으며, 삶의 활력을 찾지 못했습니다. 더러는 그 고통을 견디지 못해 목숨을 끊기도 했습니다.

도대체 교사의 성공은 무엇입니까? 아이들이 불행하지 않고 자신의 미래를 건강하게 잘 개척해가는 것을 보는 것입니다. 아이들이 행복해야 교사인 저도 사는 보람이 있습니다. 그런데 아이들은 저렇게 고통스러워하는데 나는 행복하다면 그 행복이 정상이겠습니까? 그래서 그 불행의 문제를 풀기 위해서 수업을 바꾸려고 노력했고, 교실을 넘어 동료 교사들과 학교를 바꾸려고 노력했습니다. 그것으로 충분하지 않아서 '좋은교사운동'이라는 단체를 만들어 대한민국 모든 교사들과 학교를 변화시키는 일에 뛰어들었습니다. 급기야 그 일이 규모가 너무 커져 이사회에서는 학교를 그만두고 그 일에 전념해달라고 요청했습니다. 아내와 여러 날 고민 끝에 2003년 3월 2일자로 13년 동안 근무했던 공립학교 교사직을 사직하고 좋은교사운동 대표직을 5년 동안 수행했습니다.

이제 그 일도 어느 정도 지나서 임기 만료가 1년 남아 거취를 고민할 때, 저희 단체 이사회가 좋은교사운동 과제, 즉 교사를 바꾸는 일보다 더 본질적인 주제를 붙들고 새로운 일을 하라고 요구했습니다. 저와 이사회는 그 과제가 '입시 경쟁과 사교육 문제로 힘들어하는 우리 아이들을 자유롭게 하는 일'이라는 것을 알았습니다. 그러나 저는 우물쭈물했습니다. 왜냐하면 그것은 해결 불가능한 일이었기 때문입니다.

2007년 5월 어느 날, 교회에서 중고등부 학생들과 예배를 드리고 있었습니다. 그런데 중고등부를 지도하던 젊은 목회자가 '비전'이라는 주제로 설교를 하다가 시험 공부하느라 피곤해서 졸던 아이들에게 뜬금없이 이런 이야기를 했습니다.

"시험 공부하느라 힘들지? 그 시험의 고통이 무엇 때문인 줄 아니? 바로 입시 경쟁 때문이야. 그 문제가 해결되어야 너희도 쉴 수 있어. 그런데 그 문제가 왜 해결되지 않는지 아니?"

목회자의 느닷없는 질문에 놀랐습니다. 그것은 아이들에게 한 질문이기도 하지만 저 자신도 고민하다가 끝내 풀지 못하고 머뭇거리던 질문이었기 때문입니다. '목사님이 무엇을 아신다고 아이들에게 그런 질문을 하십니까? 교육운동을 십 수 년 한 저도 해결하지 못한 문제인데 말입니다.' 그런 마음으로 그분을 똑바로 쳐다보았습니다.

잠시 후 목회자가 말했습니다.

"그것은 바로 그 입시 경쟁 문제를 자기의 과제로 끌어안고 인생을 던진 사람이 대한민국 교육 40년 역사에서 단 한 명도 나타나지 않았기 때문이야."

그 이야기를 듣고 충격을 받았습니다. 저는 그 문제가 복잡해서 풀리지 않는다고 생각했지만, 그분은 그 일을 끌어안고 자기 생을 던진 사람이 없어서 풀리지 않았다고 했습니다. 사람이 길이라는 것입니다. 그 말이 가슴 깊숙이 꽂혔습니다. 그 말이 계기가 되어 입시 경쟁과 사교육 문제를 해결하기 위한 새로운 운동을 시작하기로 결심했습니다. 그리고 학부모 교육운동을 하면서 저와 같은 고민을 하던 윤지희 선생님과 함께 2008년 6월 12일 '사교육걱정없는세상'을 창립했습니다.

사교육걱정없는세상의 목표는 분명합니다. '입시 경쟁으로 죽는 아이들이 한 명도 없는 세상, 부모들이 사교육비를 1만 원도 쓸 필요가 없는 세상을 우리 세대 어른들의 손으로 만들어 그것을 자녀들에게 유산으로 물려주는 것을 목표로 하는 운동'입니다. 매우 실현하기 어려운 목표입니다. 그러나 지금까지 단 한 번도 이 운동이 실패할 것이라고 생각한 적이 없습니다. 그리고 12년 동안 제 인생을 던졌습니다. 많은 성과도 거두었습니다. 다만, 대입 경쟁과 사교육 고통의 문제를 아직 해결하지 못했습니다. 교육계 안에서 제게 있는 것을 다 쏟아붓고 나니, 이 문제를 풀기 위해서는 교육 바깥의 사회와 기업의 채용을 변화시키는 일이 병행되어야 한다는 것을 깨달았습니다. 그 후 30대 후반 여성 대표들에게 사교육걱정없는세상을 넘기고 2020년 10월 '교육의봄'을 만들었습니다.

교육의봄은 사교육걱정없는세상의 목표를 계승하되, 기업의 채용을 바꾸어 교육을 변화시키는 것에 초점을 맞추고 있습니다. 지금까지 대한민국에서 채용을 통해 교육을 변화시키려는 시도는 어느 누구도 한 적이 없습니다. 그러나 저희는 피할 수 없는 일이었습니다. 그렇다면 채용을 바꾸기 위해서는 무엇이 필요할까요? 바로 채용의 현실을 아는 것입니다. 그래서 11회에 걸쳐 포럼을 진행하여 드디어 기업 채용에 대한 전반적 상황을 확인했습니다. 이것은 대한민국 최초의 일입니다. 채용과 관련하여 자신의 직장 경험이나 주변에서 들은 에피소드를 단편적으로 이야기할 뿐 통계와 데이터로 전반적 상황과 흐름을 말해

주는 곳은 없었습니다. 특정 업계의 채용 현황은 알 수 있어도 업계를 아우르는 종합적 채용 현황을 알려주는 곳은 더더욱 없었습니다. 저희 가 알아낸 그 귀한 진실을 여러분에게 알려드리고자 합니다.

기업별 채용 현황을 요약하다

이제부터 5장에 걸쳐 살펴본 채용의 흐름을 간단하게 정리해보도록 하겠습니다. 그리고 그 결과가 학교와 가정에 주는 교육적 메시지를 제시하도록 하겠습니다.

먼저 IT 기업의 채용입니다. IT 업계는 지금 대세입니다. 어떤 전문가는 예측하길, 우리나라 기업 전체 채용 인원 중 40%를 IT 인력이 차지하게 될 것이라고 합니다. 그만큼 수요가 많습니다. IT 업계뿐만 아니라 쿠팡이나 배달의민족 같은 온라인 유통 기업조차 스스로를 IT 기업이라고 말합니다.

이들 기업의 채용 특징은 우선 개발자를 채용할 때 블라인드를 실시하는 기업이 나타나기 시작했다는 점입니다. 예컨대 카카오의 경우 개발자를 뽑을 때 이름과 이메일, 휴대전화 번호, 지원 부서만 입력하게 합니다. 그리고 코딩 테스트를 실시하고 합격하면 몇 가지 개인 정보를 추가적으로 요구하고 면접으로 들어갑니다. 카카오 채용 책임자인 이진원 이사에 따르면, 출신학교 스펙을 요구하지 않는 이유는 학벌이 적격자를 판단할 때 편견 요소로 작용할 우려가 있기 때문이라고 합니다. 즉 코딩 테스트에서 낮은 점수를 받아도 서울대 출신이라면 너그러워지고 아무리 점수가 높아도 지방대 출신이라면 평가절하할 수 있기 때문에 편견을 가지고 지원자들을 판단하는 것이 옳지 않아서 실력만으로 평가한다는 것입니다.

두 번째는 스펙을 보지 않고 역량을 중시한다는 것입니다. 은행권에서는 블라인드 채용을 할 때 필기시험을 중시한다면 IT 업계에서는 역량을 중요하게 보는 것이죠. 마이다스아이티를 예로 들겠습니다. 고층 빌딩에 지진 방지 소프트웨어를 필수로 설치해야 하는데, 전 세계 시장의 90%가량을 독점하는 회사가 바로 한국의 마이다스아이티입니다. 이 회사는 인재를 중시해서 직원들에게 하루 세 끼 5성급 호텔의 뷔페 식사를 대접합니다. 얼마나 많은 구직자들이 이 회사에 들어가고 싶겠습니까? 채용 경쟁률이 1000:1일 때도 있었습니다. 원하면 스펙 좋은 사람을 뽑을 수 있는데도 이 회사는 학벌 대신 긍정성, 적극성, 전략성, 성실성을 중요하게 봅니다. 그리고 실제로 이런 성과 역량을 확인할 기술도 있습니다.

세 번째는 현업 부서 중심 채용입니다. 기업에서 개인의 역량을 중요하게 본다면 그 역량을 누가 판단할 수 있을까요? 채용 담당자는 그 역량을 확인할 전문성이 없습니다. 따라서 역량 중심 채용이 진행될 경우 채용의 중심은 현업 부서로 넘어갈 수밖에 없습니다. 저희가 예상하건대 IT 기업의 이러한 채용은 앞으로 우리나라 모든 기업에서 나타날 일반적 흐름이 될 가능성이 높습니다.

다음은 외국계 기업의 채용입니다. 외국계 기업은 국내의 일반 기업하고는 상황이 다릅니다. 구직자나 학부모에게 외국계 기업은 선망의 대상입니다. 브랜든 리 컨설턴트의 통계에 따르면, 우리나라 기업에서 외국계 기업이 차지하는 비중이 6%라고 합니다. 공기업이 차지하는 비중이 9%라고 볼 때, 결코 무시하지 못할 규모이며, 회사 숫자도 1만 4,000개가 넘습니다. 외국계 기업의 채용 특징은 세 가지로 나눌 수 있습니다.

첫 번째는 학벌은 단순히 참고 사항이라는 것입니다. 그 말에 의구심이 생겼지만, 브랜든 리 컨설턴트의 설명을 듣고 납득할 수 있었습니다. 최근 외국계 기업 채용의 결정권은 외국 본사와 아태지역본부로 넘어가는 추세라고 합니다. 그러니 핀란드나 네덜란드, 독일 본사의 채용 담당자들 입장에서는 한국의 지원자가 어느 대학 출신인지가 하등 중요하지 않다는 것입니다. 여기에 유럽의 경우 대학들이 대체로 평준화되어 있기 때문에, 한국 지원자들의 대학 졸업 이력도, 그저 대학을 졸업했다는 수준으로 참고할 뿐입니다. 그 대신 우리나라 IT 기업과 같이 역량을 봅니다.

구글코리아의 채용 책임자인 민혜경 인사총괄이 구글 채용의 시작이 직무 기술서에 있다고 했는데 이는 시사하는 바가 매우 큽니다. 직무 기술서를 홈페이지에 올리면 그 키워드를 중심으로 이력서 내용을 검색하고 그 키워드에 적합한 이력서를 중심으로 채용이 진행된다는 것이죠. 그만큼 직무 능력이 중요하다는 의미입니다.

토드 로즈는 저서 『평균의 종말』에서 구글의 채용 과정에서 고민에 빠졌던 인사부 토드 칼라일 이야기를 소개합니다.[22] 구글 채용팀에서 유능해 보이는 입사 지원자들의 서류를 해당 부서 팀장들에게 나눠주었습니다. 그랬더니 팀장들이 이에 만족하지 않고 자꾸 추가 자료를 요구했습니다. 지원자가 프로그램 개발 경진대회에 참가했느냐, 체스나 밴드 활동 같은 취미생활을 해본 적 있느냐 같은 정보를 요구했던 것이죠. 이에 채용팀은 자신들이 준 정보가 무엇이 불만인가 싶어서 이참에 모든 팀장을 대상으로, 지원자들의 스펙을 300가지로 정리하고 업무 전문성을 판단해달라고 설문 조사를 했더니 다음과 같은 결과가 나왔다고 합니다.

먼저 SAT 점수와 출신학교 명성은 재능을 알려주는 지표가 되지 못한다는 것입니다. 이것을 우리에게 대입하면 높은 수능 점수와 SKY대 출신이라는 사실이 기업에 필요한 인재라는 것을 확인시켜주는 지표가 안 된다니, 놀랄 만한 일이 아닌가요? 프로그램 경진대회 우승 실적도 마찬가지입니다. 대학 성적은 그나마 중요한 지표이지만 졸업 후 3년 정도 유효하고 3년이 지나면 A학점이나 B학점이나 똑같아진다는 것입니다. 그래서 구글은 대학 학점을 중시하지 않고, 출신학교도 과거처럼 그렇게 비중 있게 취급하지 않는다는 것입니다.

그럼 구글은 무엇을 볼까요? 먼저 빠른 학습 능력과 문제 해결력을 보고, 둘째로 해당 분야 전문 지식을 보고, 셋째로 리더십을 본다고 합니다. 이때 리더십의 내용이 아주 독특한데, 다른 팀원의 성공에 기여

---

22 토드 로즈, 『평균의 종말』, 21세기북스, 139~140쪽.

할 수 있느냐입니다. 우리가 생각하는 일반적인 리더십과는 의미가 다르죠. 넷째로 구글다움입니다. 구글다움의 첫째는 지적인 겸손, 즉 모르는 것이 있을 때 누구에게든지 배우려고 하는 겸손한 자세가 있느냐는 것입니다. 둘째는 모호한 상황에서 길을 찾는 능력입니다. 어차피 기업은 지금 한 치 앞을 내다볼 수 없기 때문에 장래를 알 수 없는 상황에서도 길을 만들어가는 힘이 필요한 것이죠. 셋째는 열정입니다. 구글이 요구하는 직무 능력은 국내 다른 기업에 주는 시사점이 많은 것 같습니다.

외국계 기업의 두 번째 채용 특징은 구직자들에게 외국계 기업에 대한 채용 정보가 부족하다는 점입니다. 우리는 외국계 기업이라고 하면 구글, 마이크로소프트, 넷플릭스, 스타벅스 등 누구라도 알 만한 기업을 떠올립니다. 그러나 그런 기업들뿐만 아니라 국내에는 해당 업계에서 세계 랭킹 10위권 안에 드는 기업들이 많이 진출해 있습니다. 국내 구직자들은 이들 회사에 대한 정보가 부족해서 지원을 잘 하지 않는다고 합니다. 그래서 세계에서 아주 잘나가는 기업임에도 지원자가 미달되어 직원들에게 추천을 요청하는 방식으로 채용이 진행됩니다.

다음은 공기업의 채용입니다. 아시다시피 문재인정부 들어서 공기업과 공공기관 대부분은 학벌과 전공, 학점을 요구하지 않는 완전한 블라인드 채용을 실시하고 있습니다. 블라인드 채용이란 학벌과 전공과 학점이 지원자의 능력을 판별하는 데 편견 요소로 작용한다고 보고 이를 지원 서류에 기록하지 않는 것은 말할 것도 없고 채용 전 과정에서 이 정보를 요구하지 않는 방식을 의미합니다. 대신 NCS 필기시험이나 면접 및 AI 역량 검사 등을 활용해서 적절한 직무 능력을 갖춘 이를 찾기 위해 힘씁니다. 이 제도는 저와 윤지희 대표가 사교육걱정없는세상을 책임질 때 각 당 대선 후보들에게 공약으로 채택할 것을 요구했고, 문재인 대통령 후보가 이를 수용해서 이행한 것입니다.

공기업의 블라인드 채용에 대해 일부에서는 깜깜이 채용 전형이라고도 비판하지만, 공기업 채용 담당자들과 합격자들에게 대대적 설문조사를 실시한 결과, 98%가 공정한 전형이라고 응답했습니다.[23] 공기업 취업 경쟁률도 과거에 73:1이었다가 완전한 블라인드 채용이 실시되고 나서 89:1로 대폭 뛰었습니다.[24] 이른바 가방끈이 짧아도 해볼 만한 공정한 채용임을 시사한다고 할 것입니다. 실제로 블라인드 채용을 통해 합격한 이들의 출신학교 배경을 보니, 블라인드 채용 이전보다 SKY대 출신 지원자들의 합격률이 15.3%에서 10.5%로 줄어들었고, 비수도권 대학 출신이 38.5%에서 43.2%로 늘어났습니다.[25] 합격자의 출신학교 수도 10개 대학에서 13개 대학으로 늘었고요.

특히 탈락자들에 대한 배려도 참 인상적입니다. 한국남부발전은 필기시험과 면접 전형에서 탈락한 지원자들에게 왜 탈락했는지를 지원자의 강점과 약점으로 정리해 보고서를 만든 후 제공합니다. 그래서

24 고용노동부, 「공정채용정책 현장실태 조사 및 정책이슈 분석」, 2020.11.
25 한양대 산학협력단, 「편견 없는 채용·블라인드 채용 실태조사 및 성과분석 최종보고서」, 2018.11.
26 한양대 산학협력단, 「편견 없는 채용·블라인드 채용 실태조사 및 성과분석 최종보고서」, 2018.11.

구직활동에 참고하라는 것입니다. 어느 기업이 우리 아이들과 청년들을 이렇게 인간 대접을 해준다는 말입니까? 저희는 민간 대기업도 이런 채용 방식을 따라 해야 한다고 보고, 확산을 위한 전략을 고심 중에 있습니다.

아무튼 공기업과 공공기관에서 시작된 블라인드 채용은 민간기업으로도 확산되고 있습니다. 앞서 살펴본 IT 기업은 물론 한겨레와 경향신문 같은 언론사, 농협과 국민은행 같은 민간 은행에서도 블라인드 채용을 실시하고 있습니다. 앞으로 이런 채용은 더욱 확산될 것입니다. 채용에서 불공정 시비에 대해 예민한 시대이기도 하고, 기업에서 필요로 하는 진짜 실력을 확인하지 않으면 생존할 수 없는 시대이기도 하니까요.

그런 직무 중심의 공정한 채용의 시작점을 공기업과 공공기관이 열었습니다. 문제는 이 블라인드 채용이 현재 법률적 지원을 받지 않고 정부 정책으로 진행되고 있다는 점입니다. 이 말은 정부가 바뀌면 얼마든지 이 제도가 폐지될 수 있다는 것을 의미합니다. 과거에 참여정부 시절에 KBS가 블라인드 채용 정책을 적용하다가 이명박정부 들어서 폐지된 사례를 보아도 알 수 있습니다. 그래서 정치에 영향을 받지 않고 최소한 공기업과 공공기관만이라도 블라인드 채용 정책이 유지되려면 법률적인 뒷받침이 필요합니다. 이를 위해 재단법인 교육의봄이 현재 '공기업의 공정 채용을 위한 법률'을 제정하는 서명운동[26]을 전

---

26 서명하기 : 교육의봄 누리집(bombombom.org)에 들어가면 확인할 수 있다.

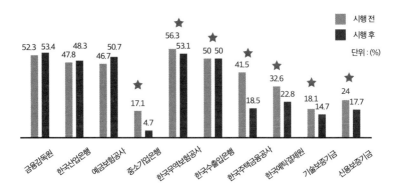

블라인드 채용 전후 SKY대 출신자 합격률

출처 : 사교육걱정없는세상(2020)

개하고 있으니 참여해주시면 감사하겠습니다.

다음은 금융권의 채용입니다. 특징을 살펴보면, 첫 번째는 4차 산업 혁명으로 은행 창구 직원의 채용이 크게 줄어든 것입니다. 2015년에 비해서 은행지점 수가 줄어들면서 직원의 채용 역시 줄어들고 있습니다. 두 번째는 블라인드 채용입니다. 몇 해 전 금융권에서 출신학교 등급제를 운영하다가 사회적 물의를 빚었는데, 자정 차원에서 주요 시중은행의 50%가 블라인드 채용을 실시했습니다.

세 번째는 필기시험의 비중이 높아진 것입니다. 출신학교 스펙을 더 이상 볼 수 없게 되자 그 대안으로 필기시험의 비중을 높였습니다. 2020년에 기업은행에서 채용 공고를 내자 2만여 명이 지원했는데 이들 중 90%가량이 필기시험에서 탈락했습니다. 그렇다고 해서 필기시험을 잘 본다는 SKY대 출신에 유리하다는 선입견은 잘못된 것입니다.

교육단체인 사교육걱정없는세상의 조사 결과 한국은행을 포함한 4개 금융사에서 블라인드 채용 이전보다 SKY대 출신자가 미세하게 늘었을 뿐 대부분은 SKY대 출신이 의미 있게 감소하거나 큰 폭으로 감소하는 현상을 보였습니다.[27]

네 번째는 IT 인력의 대거 확충입니다. 스마트폰으로 결제하는 시스템이 정착하면서 개인 정보 보호와 디지털 마케팅 등을 위해 IT 전문가들을 대거 뽑기 시작한 것이죠.

마지막으로 대기업의 채용입니다. 채용은 3단계, 즉 서류 심사, 필기시험, 면접으로 진행됩니다. 요즘 대기업들이 서류 심사 때 학벌을 과거처럼 많이 보지는 않는다고 말합니다. 그런데 이상하게 구직자들은 스펙 쌓기에 열중하고 학교와 가정에서는 학생들의 출신학교 스펙을 위해 올인합니다. 도대체 대기업은 학벌 스펙을 옛날만큼 보지 않는다고 하는데 왜 우리 청년들과 학교와 가정은 출신학교 스펙을 쌓는 일에 그토록 집착할까요? 이에 대해 저희가 확인해보니 취준생들의 입장은 이렇습니다.[28] 기업이 스펙을 안 본다고 하지만 실제로는 본다는 것입니다. 그렇다면 누구의 말이 진실일까요?

앞에서 한국직업능력연구원 채창균 박사가 2016년에 연구한 결과

---

27 한국은행, 금융감독원, 한국산업은행, 예금보험공사를 제외하고 대부분의 은행에서 블라인드 채용 이후로 SKY대 출신 합격자들이 줄어든 것이 확인되었다.(사교육걱정없는세상, 2020)
28 대통령 직속 청년위원회 2014년 조사. 취준생들이 스펙 쌓기 열풍에 참여하는 이유로 '기업이 스펙을 안 본다고 하나 실제로는 보기 때문에'가 47%로 1위를 기록했다.

를 보셨죠? 한국의 500대 대기업의 채용 실태인데요. 거기에 보면 기업은 서류 단계에서 출신학교, 전공, 학점, 졸업 시점을 중시한다고 했습니다. 이 네 가지가 필수 요소인데 그중에 하나라도 부족하면 다음 단계인 필기시험을 볼 기회가 주어지지 않습니다. 20~30년 전에는 대기업 채용에서 서류 단계에서는 출신학교를 가장 중시했고 그것만 좋으면 다음 단계는 크게 걱정할 필요가 없었습니다. 그런데 지금은 출신학교뿐만 아니라 전공, 학점, 졸업 시점까지 보니까 필수 요소가 이제는 네 가지로 늘어난 것입니다.

기업 입장에서는 출신학교 스펙이 차지하는 비중이 과거에는 80~90%였다면 지금은 4분의 1인 25%로 줄어들었습니다. 그러니 과거와 같은 비중으로 보지 않는다는 말이 아예 근거가 없지는 않습니다. 그러나 구직자들 입장에서는 4분의 1로 줄어들었다고 해석하기보다는 출신학교 스펙은 여전하고 전공, 학점, 졸업 시점까지 포함되니까 그 부담이 4배가 되었다고 느끼는 것이죠. 그중에서 가장 중요한 판단 기준이 졸업 시점이라는 말은 참 의외였습니다. 그러나 가만히 생각해보면 채용 인원은 줄어들고 지원자는 많고 SKY대 출신도 많으니 SKY대 출신이더라도 졸업을 언제 했느냐가 중요하게 된 것입니다. 그래서 졸업하고 나서 3년까지는 마땅한 경력이 없어도 봐주는데 그 이후로도 경력을 입증할 자료가 없으면 지방 사립대 졸업생과 똑같이 취급해서 탈락시킨다는 이야기입니다. 그러니 인서울권 대학생들조차 대학 시절에 휴학을 여러 번 하면서 스펙 쌓기에 열중하게 되는 것이죠.

어쨌든 서류에 통과하면 필기시험, 면접으로 이어지는 3단계 채용이 있지만 이것은 '허들형 채용'입니다. 즉 1단계 서류 심사에서 4개 스펙이 부족해서 떨어지면 2, 3단계 채용 절차로 들어갈 기회를 잃는다는 것입니다. 그러니까 대기업이 1단계 서류 진형에서 출신학교를 4대 필수 요소 중 하나로 삼는 이상 출신학교를 필수로 본다고 판단할 수 있습니다.

잠정 결론 및 새로운 변수 : 대기업에서 최근 불어오는 채용의 바람

업종별 학벌 중심 채용 상황은 이렇게 정리할 수 있습니다. 공기업은 학벌 스펙, 즉 출신학교를 아예 기입하지 않습니다. IT와 스타트업, 외국계 기업은 학벌을 참고 사항 정도로 취급합니다. 그래서 역량이 뛰어나면 학벌의 한계를 얼마든지 극복하고 취업할 수 있습니다. 금융권은 블라인드 채용과 학벌 중심의 채용이 혼재하면서 학벌을 덜 보는 추세입니다. 그러니까 조사한 전체 업종 가운데서 대기업만이 아직도 출신학교 스펙을 필수로 중시하는 셈입니다.

그런데 대기업도 최근 변화하고 있습니다. 위의 대기업 상황은 채창균 박사의 2016년 연구 자료를 근거로 한 것이고, 그로부터 5년이 지난 지금 대기업의 채용 상황은 많이 달라졌습니다. 삼성전자를 제외하고 대부분의 대기업이 인력이 부족하면 정기 대규모 채용까지 기다리지 않고 그때그때 필요한 인력을 채용하는 수시 채용을 도입했습니다.

그 이유는 두 가지인데, 먼저 채용 인원이 줄었기 때문입니다. 5,000명, 1만 명 뽑던 시절에는 지원자들을 학벌 등으로 걸러서 필기시험과 면접을 치르는 방식이었습니다. 그런데 이제 뽑는 인원이 줄어들자 대규모 채용 때처럼 막대한 비용을 지출할 필요가 없게 되었습니다. 다음은 국내외 기업 간 경쟁이 심화되고 산업의 변화가 극심해서 내일 어떤 상황이 벌어질지 모르기 때문입니다. 그러다보니 우리 회사의 미래를 책임질 역량 있는 사람을 찾는 일에 몰두할 수밖에 없습니다. 대규모 정기 채용에서 중시하는 학벌, 학점, 토익 점수 같은 스펙을 중심으로 양적으로 평가해서 인재를 찾지만, 그렇게 찾아낸 합격자가 인재라는 보장도 없고 나아가 학벌은 떨어지지만 다른 역량이 뛰어난 사람을 찾아내지 못하는 부작용이 나타난 것입니다.

두 사람의 지원자가 있습니다. 정기 채용 1차 서류 전형에서는 지원자 A처럼 모든 부분에서 일정한 커트라인을 만족시키면 통과가 되었습니다. 반면에 지원자 B처럼 직무 역량이 뛰어나도 출신학교 스펙이

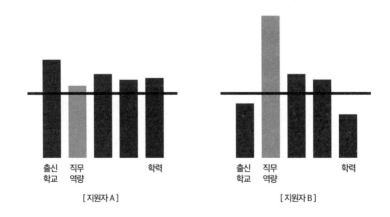

부족하면 서류 전형에서 탈락했습니다. 그런데 수시 채용으로 전환한다는 것은 이런 스펙을 통한 양적 평가 방식에 의존하지 않는다는 것을 의미합니다. 서류 전형에서 학벌 비중이 약화되고 경력이 중시되며, 현업 부서 팀장이 지원자의 이력 포트폴리오와 경력을 토대로 필기시험 없이 면접으로 적합한 지원자를 찾아 채용하겠다는 것입니다.

그러니까 수시 채용은 학벌을 서류 전형 합격의 필수로 보는 종전의 채용과는 다른 구조입니다. 그렇다고 해서 출신학교 스펙을 안 본다는 것은 아닙니다. 그러나 직무 능력이 뛰어나면 출신학교 스펙이 다소 낮아도 그 지원자를 뽑는 방식으로 채용 방식이 바뀌게 되었습니다. 누군가는 말합니다. 이 경우에도 여전히 학벌은 중요하다고요. 같은 직무 능력을 가진 지원자라면 학벌이 좋은 쪽을 뽑을 것이라는 점에서 그렇다는 것입니다. 여기에서 전제는 '같은 직무 능력을 가졌다면'이라는 것입니다. 그러나 학벌을 쌓기 위해 몰두했던 지원자와 실제 직무 능력을 쌓기 위해 시간을 쏟았던 지원자가 직무 능력에서 같을 수는 없습니다.

수시 채용으로 인한 변화를 소개하겠습니다. 긍정적인 측면은 학벌 중심 채용 흐름이 깨져간다는 것입니다. 『한국경제신문』에서 보도한 내용인데요.[29] 현대자동차가 공채로 신입사원을 뽑을 때는 부산지역 사립대인 동아대에서 매년 한두 명 정도의 졸업생이 현대자동차에

---

29 『한국경제신문』 2021년 2월 2일자 '실무 중시 수시 채용… 지방대엔 '기회의 사다리'' 기사 참고.

입사했습니다. 그런데 최근 수시 채용으로 전환하면서 합격자가 몇 배로 늘었습니다. 동아대가 자동차학과 학생들을 미국 자동차 업계에 보내서 실무 경험을 쌓게 했더니 많이 뽑혔다는 것입니다. 물론 수시 채용에도 문제는 있습니다. 고등학교와 대학교를 갓 졸업한 경력이 전혀 없는 구직자들이 대기업에 들어갈 가능성이 줄어들 수 있습니다. 결국 인턴 활동을 하거나 중소기업에 가서 관련 경험을 쌓고 수평 이동하는 수밖에 없습니다.

이렇게 대기업의 최근 채용 상황을 살펴보니 의미 있는 변화가 나타나고 있습니다. 즉 대기업이 출신학교를 1단계 서류 전형에서 필수 요소로 보는 기업군에서 빠지게 된 것입니다. 그렇다고 대기업 채용 방식이 IT 기업이나 외국계 기업처럼 출신학교 스펙을 참고하는 정도로 완전히 바뀌었다고 아직 단정할 수는 없습니다. 이 부분은 저희가 향후 면밀하게 확인해볼 예정입니다. 그러나 적어도 출신학교와 학점 등 양적 기준으로 평가해서 직무에 적합한 사람을 뽑던 방식에 균열이 생기고, 다른 방식으로 직무에 적합한 인재를 찾고자 하는 흐름이 찾아왔다는 점은 분명합니다.

직무 역량의 내용 : 눈에 보이지 않는 역량을 주목하다

기업이 채용 과정에서 중시하는 직무 역량에 대해서 살펴보겠습니다. 이 부분은 저희가 이후에 더 구체적으로 조사할 예정입니다만, 지금까지 저희가 파악한 내용을 중심으로 말씀드리면 다음과 같습니다.

기업들은 채용 과정에서 확인하고자 하는 직무 역량의 요소에 대해서 어느 정도 합의를 봤습니다. KSA(Knowledge, Skill, Attitude)[30], 즉 지식과 기술, 태도를 중시한다는 것입니다. 이 중에서 기술과 지식은 정해진 시간 동안 열심히 준비하면 어느 정도 습득이 가능합니다. 이에 비해 태도는 어린 시절부터 가정과 학교에서 배워서 서서히 누적되어 나타나는 어떤 습관과 경향 같은 것입니다. 당연히 지식과 기술에 비해 눈에 잘 띄지 않고요. 과거에 기업들은 눈에 보이는 기술과 지식 역량을 중심으로 보았지만, 이제는 태도도 무척 강조하는 시대로 바뀌고 있습니다.

앞에서 구글이 채용을 할 때 네 가지 직무 역량을 중시한다고 했습니다. 예컨대 리더십을 다른 직원의 성장에 기여하는 능력으로 본다고 할 때, 이는 지식과 기술보다는 태도 역량에 가깝습니다. 구글다움의 특징인 '지적 겸손', 즉 내가 모르는 게 있을 때 누구에게든지 배움을 청하는 자세 역시 태도 역량과 관계가 깊습니다. 모호한 상황에서 길을 찾을 수 있는 능력은 태도 역량이라고 단정할 수는 없지만 그렇다고 해서 전통적 의미에서 몇 달 배워서 익힐 수 있는 기술이라고 보기도 어렵습니다. 물론 구글도 해당 분야의 전문 지식을 요구하기는 하지만, 구글코리아 민혜경 인사총괄이 말씀하신 것처럼 업무와 관련된 전문 지식이 부족해도 빠르게 학습할 수 있는 능력이 있으면 취업

---

30 한국표준협회 홈페이지.

을 할 수 있다는 점에 유의해야 합니다. 어차피 기업 환경이 빠르게 변하기 때문에 2년 전에 자기가 입사할 때 있었던 그 부서가 갑자기 없어질 수도 있고, 그 경우에 입사할 때 가진 지식이 쓸모없게 되면서 새로운 부서가 자신에게 요구하는 지식을 빠르게 학습하는 능력이 더 중요하다는 지적은 충분히 설득력이 있습니다.

여기에서 직무 역량과 관련해서 꼭 짚고 가야 할 부분은 이소영 마이크로소프트사 이사가 소개한 내용입니다. 빌 게이츠(Bill Gates)가 회장직을 내려놓은 후 스티브 발머(Steve Ballmer)가 회사를 책임지고 10년을 이끌었습니다. 그는 회사의 성장을 위해 GE의 잭 웰치 회장이 사용했던 인사 방식을 도입했습니다. 즉 직원들을 한 줄로 세워 상대평가한 후 상위 20%에게 상을 주고 하위 10%를 해고한 것이죠. 이런 인사 방식이 중간의 70% 직원들에게 주는 메시지는 분명합니다. 경쟁에서 탈락하면 해고되고 이기면 급여가 올라가니 팀원들과의 경쟁에서 이기라는 것입니다. 이것은 직원들 간의 경쟁 총합이 기업 이익으로 수렴된다는 가설이 반영된 인사 정책입니다. 우리나라의 성과연봉제도 그런 정책 중 하나죠.

자, 이렇게 되면 어떤 일이 벌어질까요? 직원들을 상대평가로 줄을 세워 경쟁을 시키다보니, 직원들은 자신이 갖고 있는 정보를 팀원들과 나누지 않습니다. 또한 팀원들이 가진 특급 정보를 내 것으로 만들고자 경쟁이 벌어집니다. 그 결과 스티브 발머가 회장으로 있는 동안 직원들은 경쟁사인 구글과의 경쟁을 멈추고 회사 내 직원들과 경쟁하면서 회사가 쇠락해갔습니다.[31] 결국 이사회는 스티브 발머를 해고하고 사티아 나델라를 회장으로 세웠습니다.

사티아 나델라 회장은 인도의 중위권 공과대학 출신에 미국 중위권 주립대학에서 박사 학위를 받았습니다. 전임자 스티브 발머는 하버드대 출신입니다. 그는 전임자와 전혀 다른 인사 정책을 실시했습니다. 채용과 승진의 기준, 유능함의 기준을 바꾸었던 것입니다. 이소영 이사가 말씀하신 것처럼 자신의 개인 성과에 집착하는 사람이 아닌 다른 사람의 성장을 위해 헌신할 수 있는 사람을 채용하고 승진시켰습니다. 다른 사람의 성장을 위해서 노력한다는 것은 무슨 뜻일까요? 그와 끊임없이 협력해야 한다는 말입니다. 그가 어느 부분이 부족한지 발견하고 그와 소통하면서 부족한 것을 메우기 위해 자기 것을 주어야 합니다. 내부에서 자신이 이기기 위해 서로 총질하는 게 아니라 다른 회사와의 경쟁에서 이기기 위해 머리를 맞대고 협업해야 합니다.

협업은 상대평가와 맞지 않습니다. 그래서 사티아 나델라 회장은 상대평가 정책을 폐기했습니다. 평가를 연상할 수 있는 '피드백'이라는 말조차 사용하지 않고 대신 '관점'이라는 표현을 쓴다고 합니다. 상대평가를 폐기하고 협업을 강조하며 다른 사람의 성공을 위해 팀원을 돕는 리더십이 중시되면서, 직원들은 비로소 개인의 역량을 넘는 팀워크의 힘을 느낀 것입니다. 그 후 마이크로소프트사의 주식이 20달러대에

---

31 MICROSOFT'S DOWNFALL: INSIDE THE EXECUTIVE E-MAILS AND CANNIBALISTIC CULTURE THAT FELLED A TECH GIANT, *VANITY FAIR*, JULY 3, 2012.

서 220달러대로 뛰고 4년 만에 주가 총액 세계 1위를 탈환했습니다. 이 것은 사람과 사람을 경쟁시키지 않고 협력을 시킨 정책의 힘입니다.

지금은 수많은 국제 기업들이 마이크로소프트사의 이러한 정책을 따라 하고자 합니다. 미국의 경제지 『포춘』에서 선정한 500대 국제 기업의 70%가량이 상대평가를 폐지했습니다. 기업들이 갑자기 교육적으로 선해져서가 아니라 경쟁에서 살아남기 위해서는 그 길밖에 없기 때문입니다. 외국 기업들이니까 그렇다고 말할지 모르겠지만 그들과 경쟁해야 할 국내 기업들도 생존을 위해서는 따라가지 않을 수 없습니다.

교육의 입장에서 보면 이런 변화가 참으로 역설적입니다. 기업이 평가와 관련해서 교육적으로 바뀌고 한국 교육은 상대평가를 유지하는 기현상 말이죠. 이렇게 20년간 상대평가 체제에 익숙해진 아이들이 나중에 어떻게 되겠습니까? 지금 우리 교육은 아이들에게 20년간 수업 평가를 통해 '네 친구의 성공을 막아야 네가 성공한다. 그래야 네가 살아남는다'라는 메시지를 끊임없이 주고 있는 셈입니다. 그것에 익숙한 나머지 경쟁의 DNA를 갖추고, 남과 협력할 줄 모르는 존재로 기업으로 들어가게 되는 것입니다. 그런데 기업 문을 노크하니 기업이 아이들에게 '너와 같은 경쟁형 DNA는 필요 없어!' 이렇게 말한다면 얼마나 당혹스럽겠습니까?

저는 기업이 우리 아이들에게 기대하는 직무 역량에 관해서 말하고 있습니다만, 마이크로소프트와 구글 외에도 국제 사회는 이미 미래 사회의 핵심 역량에 관해서 합의를 봤습니다. OECD 2010년, 2030년 보고서에 의하면, 미래 사회 핵심 역량 중 첫 번째는 자율적으로 행동할 수 있는 능력, 즉 자립심이고, 두 번째는 지식을 활용할 수 있는 능력, 세 번째는 이질적인 집단에서 소통하는 능력입니다.

그런데 이 세 역량을 길러내는 데 있어 한국 교육과 가정이 매우 인색합니다. 지금 우리 사회는 스펙은 화려하지만 학원과 부모에게 의존하는 사람들을 양산하고 있습니다. 지식을 통해 문제를 풀어가는 창의적인 존재보다는 주어진 질문에 대한 정답을 찾기 위해 암기하는 교육에 열중하고 있고, 성적이 비슷하고 집안 경제 수준도 비슷한 동질 집단에서 공부하는 것을 선호합니다. 그러다보니 이질적인 집단 속에서 길러지는 소통 능력을 키울 기회가 없습니다. 그렇게 해서 좋은 출신학교 스펙을 갖추고 번듯한 직업을 갖게 되었다고 합시다. 환자들을 만나거나 학생들을 돕고, 나아가 다양한 계층의 소비자들에게 제품을 기획하고 판매해야 하는데, 그들과 소통하는 능력이 부족하다면 어떻게 그들의 필요를 알아차리고 채울 수 있을까요? 결국 직업의 영역에서 성공할 수 없습니다.

물론 우리의 교육과정은 이런 세계적인 추세에 맞추어 역량 중심으로 전환되었습니다. 2015 개정 교육과정이 그렇고, 2025년부터 모든 고등학교에 적용될 학점제 교육과정이 그렇습니다. 문제는 그런 교육과정에 따라 학교가 실제로 그렇게 돌아갈 것이냐라는 점입니다.

지금까지 저는 기업이 채용 과정에서 역량을 중시하는 태도를 취하기 시작했다고 했습니다. 기술과 지식과 같은 역량 외에 태도 역량도 중시한다고 했습니다. 그렇다면 이슈는 무엇입니까? 그 직무 역량을 찾을 방법이 있느냐는 것입니다. 일반적으로는 면접이 가장 좋은 방법

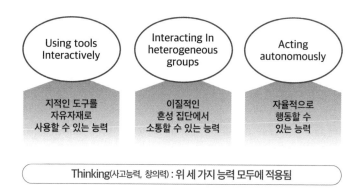

Using tools Interactively	Interacting In heterogeneous groups	Acting autonomously
지적인 도구를 자유자재로 사용할 수 있는 능력	이질적인 혼성 집단에서 소통할 수 있는 능력	자율적으로 행동할 수 있는 능력

Thinking(사고능력, 창의력) : 위 세 가지 능력 모두에 적용됨

OECD 2010 및 2030 보고서의 미래 핵심 역량

이라고 합니다. 외국계 기업이 다단계 면접을 하는 것도 그 때문입니다. 그런데 유감스럽게도 우리나라에서 면접에 할애하는 시간이 민간 기업은 12분, 공기업은 3.8분[32]밖에 안 됩니다. 그 짧은 시간 동안 무엇을 확인할 수 있을까요? 그래서 혹자는 면접을 통해서 적절한 후보를 발견할 가능성이 10% 미만이라고 말합니다.

그런데 최근 들어 보이지 않는 태도 역량을 확인할 수 있는 새로운 기술이 나타났습니다. AI 채용이 바로 그것인데요. 마치 거짓말 탐지기가 사람의 심장 박동 등을 살펴서 그 말이 진실인지 아닌지를 판별하듯이, AI가 지원자의 눈에 보이지 않은 역량을 여러 가지 온라인 공간 활동 등을 통해서 판단하는 것입니다. 이를 개발한 업체에서는 그

---

32 교육의봄이 개최한 「대기업 채용의 실태를 살핀다」 포럼 자료집 215쪽에서 이병철 시너지컨설팅 대표는 '역량 면접을 하려면 1인당 90분이 확보되어야 한다. 그러나 면접 시간이 사기업은 12분, 공기업은 3.8분이다. 그 짧은 시간 동안 어떻게 평가가 가능한가?'라고 주장한다.

렇게 해서 파악하는 정확도가 60% 이상이라고 합니다.[33] 이 부분에 대해서는 보다 정확한 점검이 필요하겠습니다만, 앞으로 채용의 한 방식으로 AI 역량 검사가 한 축을 차지할 가능성이 매우 높습니다.

기업의 역량 중심 채용에 대한 교육의 응답 : 언제, 어떻게 기를 것인가?

지금까지의 내용을 간단하게 정리해보겠습니다. 기업의 채용이 출신학교 같은 스펙보다는 실제 직무 능력을 중시하는 방향으로 달라지고 있습니다. 또한 그것을 확인할 수 있는 기술까지 갖추게 되었습니다. 그렇다면 교육의 고민은 무엇일까요? 학교와 가정이 이를 어떻게 대비하느냐입니다. 물론 기업이 찾아내고자 하는 직무 역량이 반교육적이고 아이가 살아갈 세상에서 불필요한 것이라면 기업의 채용 흐름에 맞서 싸워야 합니다. 그런데 기업이 팀원의 성공에 기여하는 품성을 갖춘 사람을 인재라고 규정하고 이를 채용 과정에서 중시하는 등 과거와는 다른 방식으로 채용 문화가 전환되고 있다면 이는 교육적으로도 의미 있는 현상이며, 따라서 교육도 이에 대비하는 것이 마땅합니다.

만약 기업이 이런 방식으로 채용을 바꾸게 되었다면 이제는 부모님

---

33 마이다스아이티 'AI 역량 검사 백서'(https://www.midashri.com/aicc-07#aicc701).

이 학교에 "좋은 기업에 들어가기 위해서는 학벌이 필요합니다. 그러니 입시 교육을 시켜주세요. 생존에서 이기는 것이 우선 아닙니까?"라고 말할 수는 없게 될 것입니다. 오히려 "우리 아이들이 직업의 세계에서 제 역할을 감당하기 위해 학벌이나 점수가 아니라 진짜 능력을 키워주세요"라고 말할 것입니다.

또는 아이들이 학벌과 역량 모두 갖추었으면 좋겠다고 말하는 부모님도 있을 것입니다. 그러나 둘 다 갖추는 교육이 가능할까요? 중학교 1학년에게 학벌 교육을 시킨다는 말은 무엇입니까? 중학교 1학년 자유학기에 자기를 탐색하는 시간 대신 학원에 보내서 2학년 내신을 대비해야 합니다. 특목고나 영재고를 가기 위해서는 한 학기 내신이라도 미끄러지면 낭패입니다. 그런데 역량 교육은 내가 누구인지를 찾고, 내가 무엇을 좋아하고 잘하는지를 발견해서 그 위에 기술과 지식을 입힐 준비를 하는 교육입니다. 그러므로 아이들에게 끊임없이 네 자신이 누군지를 알아볼 것을 촉구합니다. 그런데 자기를 안다는 것이 머릿속 공상으로는 가능하지 않습니다. 구체적인 상황 속으로 들어가야 합니다. 그 속에 들어가 수많은 시행착오를 거치며 자신에게 적합한 것이 무엇인지를 찾아야 합니다. 내가 좋아하는 것과 잘할 수 있는 것의 교집합을 찾고, 그 속에서 내가 어떤 존재인지를 알아차려야 합니다. 그 과정에서 몰입해야 합니다.

그렇다면 한 번 몰입했다고 해서 나를 찾을 수 있을까요? 무수한 실패를 반복해야 합니다. 역량 교육은 그런 과정을 실패나 손실로 보지 않고 자신과 역량을 찾기 위해 필요한 과정이라고 말하고 격려합니다.

그런데 학벌 교육은 그 과정을 낭비라고 말하며, 상급학교 진학을 위한 내신 관리에 집중하며, 절대 시간을 낭비하지 말 것을, 한 번 낭비하면 인생이 끝장이라고 겁을 줍니다.

따라서 학벌 교육과 역량 교육은 공존이 불가능한 교육 방식입니다. 그런데 어떻게 아이들에게 이 두 가지를 동시에 주겠다는 것입니까? 둘 중에 하나를 선택해야 합니다. 즉 학벌을 주겠다고 결심하고 역량은 있으면 좋고 없어도 좋다는 마음을 갖거나 혹은 그 반대로 역량을 중시하고 학벌은 있으면 좋지만 없어도 할 수 없다는 마음을 갖는 것입니다. 두 가지를 함께 강조할 수는 없습니다. 이 두 가지를 동시에 쥐는 것이 어렵다면 결국 역량을 중심에 세우고 그것을 키우는 교육에 초점을 맞추는 것이 기업의 채용 추세에도 맞고 아이들의 발달 단계에도 맞습니다.

그럼 이 역량을 언제, 어떻게 키울 것인가의 문제입니다. 대부분의 교육학자들은 이런 태도 역량은 유아 및 초·중·고 시절에 어느 정도 갖춘다고 말합니다. 꼭 학자들 이야기가 아니라도 세 살 버릇이 여든까지 간다고 하지 않습니까? 제가 처음에 IT 기업 가운데 마이다스아이티 채용 사례를 언급하면서 적극성, 긍정성, 전략성, 성실성 등의 역량을 키우는 것이 중요하다고 했습니다. 앞서 최원호 이사의 발표를 듣고 놀란 것은 학벌보다 더 중요한 기준인 역량이 초·중·고 시절에 어느 정도 완성이 된다고 밝힌 점입니다. 그의 말이 맞다면 이 시기에는 역량을 키워주고 대학에 가서 그 위에 기술과 지식을 얹어주어야 하는데, 오히려 이때 기술과 지식을 강조하는 교육을 한다면 역량은 언제 길러낼 수 있을까요?

저는 지난 13년간 교사들과 부모들에게 진로 교육과 관련해서 다음 표를 소개했습니다. 즉 학교 급별로 길러내야 할 중점 능력이 따로 있다는 것입니다. 초등학교 때는 공감 능력과 좋은 습관을 키우고, 중학교 때는 내가 누군지를 발견하는 과정을 거치면서, 좋아하고 잘할 수 있는 영역이 무엇인지 확인하고, 스스로 공부하면서 약간의 성취감을 경험하는 것이 필요합니다. 고등학교에 올라가면 그에 기초해서 자아와 지식을 확장합니다.

그런데 우리 사회는 아이들에게 발달 단계별로 필요한 능력을 키워주지 않고 오히려 앞당기도록 요구합니다. 고등학교 때 필요한 지식의 확장을 중학교에서 하라고 합니다. 선행 교육이 바로 그것입니다. 그렇게 지식을 미리 당겨서 배우라고 요구하면 발달 단계에 맞지 않기 때문

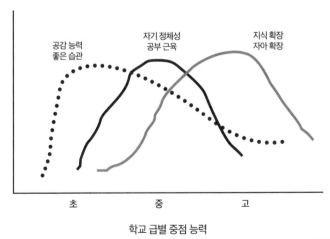

학교 급별 중점 능력

출처 : 사교육걱정없는세상

에 결국 학원에 의존해야 합니다. 스스로 공부하는 근육이 생기지 않습니다. 또한 과도한 학습량 때문에 아이들이 자기를 탐색할 시간이 없게 되고 결국 스펙은 갖추었지만 내가 누군지 모르는 사람이 됩니다.

중학교 이전, 초등학교 때는 부모로부터 사랑을 많이 받아서 자존감이 강한 아이로 키우고 그 사랑을 다른 사람들에게 흘려보내서 타인에게 관심을 갖는 존재로 키워야 합니다. 공감 능력은 이렇게 기술이 아니라 사랑의 결과인 것입니다. 부모가 아이를 생존에 능한 존재로 키우겠다고 압박하게 되면 스펙을 갖추게 되더라도 자기 인생을 어떻게 끌고 갈지 모르는 존재로 망가집니다. 그게 무너지면 중·고등학교의 발달 단계도 훼손됩니다.

진로 발달 단계도 유의해야 합니다. 진로 발달 단계에 있어서 초등학교 때 목표는 진로 인식이고, 중학교 때는 진로 탐색, 고등학교 때는 진로 계획입니다.

진로 '인식'이란 우리 사회에 어떤 일자리가 있는지 알아보는 것입니다. 주변을 봤더니 의사, 경찰, 가수, 교사 등의 직업이 있다는 것을 인식하는 것이죠. 중학교 때는 진로 '탐색'입니다. 그 일자리가 과연 나와 맞는지를 찾아보는 것입니다. 이 시기에 자기 정체성이 길러지니, 나를 발견하는 과정에서 그에 어울리는 진로의 길을 찾는 것입니다. 이때 유의할 것은 이 시기의 진로 발달 단계의 목표가 진로 탐색이라는 것입니다. 탐색한다는 것은 과정적 개념입니다. 즉 결정하지 말고 계속 찾아보는 것이죠. 고등학교 때는 진로 '계획'입니다. 진로를 결정했다면 그 위에 계획을 세워야 합니다.

그런데 우리나라 고등학교 입시는 중학생에게 진로 탐색에 머물지 말고 진로 결정을 해서 계획을 세우라고 요구합니다. 즉 고등학교 시절의 진로 발달 단계를 중학생에게 기대하는 것입니다. 앞으로 과학자가 될지 의사가 될지, 또는 외국어나 예체능, 기술 등으로 진로를 밟을지를 중학교 때 다 결정하라는 것입니다. 중학교 시절은 아이들이 자신의 정체성을 정립하는 과정에 있습니다. 내가 누구인지, 내가 무엇을 좋아하고 잘하는지를 알기 위해 부단히 탐색해야 하는 시기인 것이죠. 그런 아이들에게 부모와 학교가 무리한 요구를 하며 진로에 대해 압박하게 되면, 아이는 내가 누구인지도 모른 채 진로 결정을 하고 정

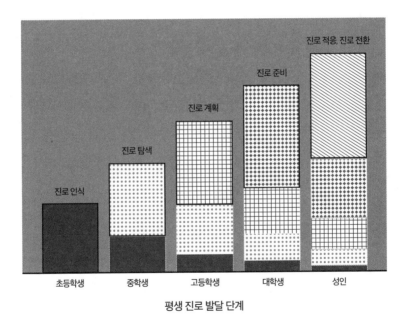

평생 진로 발달 단계

출처 : 정연순 박사(한국고용정보원)

신적으로 허약해집니다. 따라서 우리는 아이들의 발달 단계를 지켜주고 잘못된 고등학교 진학 정책을 바로잡을 것인지, 아니면 진학 정책에 순응하면서 아이들의 발달 단계를 내다버릴지 선택해야 합니다.

저는 두 아이를 키우면서 발달 단계를 지켜주고자 했습니다. 사교육걱정없는세상은 고등학교 입시제도의 흐름에 대해서 상세한 정보를 갖고 있습니다. 자사고와 특목고, 영재고가 어떤 입시 정책을 펴는지 잘 알고 있습니다. 자부하건대, 대한민국에서 저희만큼 고교 입시 정보를 많이 가지고 있는 곳도 흔치 않을 것입니다. 그러나 단 한 번도 그 입시 정보를 집으로 가져와서 아이한테 설명한 적이 없습니다. 아이를 그 세계 속으로 집어넣으려면 발달 단계상 지켜주어야 할 것들을 상당수 포기해야 하는데 그렇게 하고 싶지 않았습니다. 우리가 불안에 쫓겨 아이들을 윽박지를 때, 아이들의 영혼은 이렇게 외칠 것입니다. "엄마 아빠, 그렇게 할 필요 없어요. 선생님도 그렇게 할 필요 없어요. 그렇게 몰아붙이지 않아도 제 나름대로 살아갈 거예요. 저에게 자유를 주세요."

우리는 잘못된 입시에 순응하면서 거기에 들어오지 않은 아이들과 다투기 쉽습니다. 그러나 정작 싸워야 하는 대상은 아이들이 아니라 잘못된 입시 정책입니다. 자사고, 특목고, 영재고로 나뉘는 이 고등학교 체제는 역량 교육과 배치됩니다. 똑같은 아이들을 한곳에 모아놓고 공부를 시키는데 아이들 속에 나와 다른 사람들과 소통하고 공감하는 미래 핵심 능력이 키워질까요? 결국 아이들에게도 손해로 돌아옵니다. 저는 그런 사례를 너무도 많이 봤습니다. 겉으로는 성공하는 것 같지만 그 내면이 병들어가는 아이들의 모습을 말이죠. 수능 전형을 40% 이상으로 확대하는 대학입시 정책도 역량 중심 평가와는 정반대입니다.

그러니 우리는 입시 정책을 고치는 길로 나서야 합니다. 아이들을 지켜주면서 제 결대로 살아가는 것을 막는 잘못된 환경과 제도를 고치고, 그 제도를 옹호하는 우리의 의식을 고치는 일에 나서야 합니다. 저는 아이가 중학교 1학년 때 내신 시험 문제지에 채점이 하나도 안 된 것을 보고 아이가 어떤 상태인지를 알았지만 고등학교 3학년 졸업할 때까지 단 한 번도 성적과 등수를 물어본 적이 없습니다. 진로를 강요한 적도 없습니다. 아이는 그 여백과 공간 속에서 자기가 하고 싶은 것들을 찾아 부딪혀보고 씨름하면서 후회 없는 학창 시절을 보냈습니다. 그 결과, 중심이 분명하고 정신 세계가 깊은 아이로 자랐습니다. 나중에 대학에 들어갔더니 자기 과에 특목고 출신 학생들이 많다고 하더군요. 언젠가 교수님이 교육사회학 수업에서 방금 배운 교육학적 개념을 가지고 자신의 과거를 재해석하라는 과제를 내주었다고 합니다. 저희 아이는 그 주제를 너무도 흥미로워했습니다. 학교를 싫어하던 아이가 교육학을 공부하게 되었으니 그 모순과 대립을 글로 설명한다는 것은 정말 매력적이고 한 번 꼭 거쳐야 하는 일이었으니까요.

그러나 친구들은 달랐습니다. 적지 않은 아이들이 그 과제를 무척이나 힘들어하더라는 것입니다. "교수님, 저는 특목고 입시 준비 때문에 어린 시절부터 학원 다니고 입시 준비하는 것 외에 별것 없는 삶을 살았어요. 교육학적 개념으로 해석할 유의미한 과거가 없습니다. 교재에서 시험 문제를 출제해주세요. 그게 더 편합니다." 이런 반응이었다는 것입니다.

아이들은 지식을 익히면서 그 배운 것으로 자신을 부단히 해석합니다. 자기를 탐색하는 존재는 지식을 배워도 그 지식이 자기 내면의 어느 부분과 맞닿는지 알 수 있습니다. 지식 따로 내면 따로가 아니라 지식과 내면을 통합할 줄 압니다. 꼭 좋은 일자리에 필요한 학점 관리를 위해 지식을 쌓는 것이 아니라, 자신과 지식이 통합되어 자아가 확장되고, 그 속에서 나를 필요로 하는 곳으로 뻗어가는 선택을 하기 위해 공부를 합니다. 그 결과로 진로를 선택하는 과정에서 결코 자신을 잃어버리지 않게 됩니다. 그런 사람은 직장에 들어가도 쓸모 있는 인간이 될 것입니다.

아이들을 그런 존재로 키우기 위해서는 여백을 주어야 합니다. 어제 심은 묘목이 밤사이에 싹을 틔워 어제와는 다른 모습을 보여주듯이, 부모는 아이들이 생명의 고투를 하는 여백의 시간을 주어야 합니다.

그리고 학교가 입시 교육에 매몰되어 아이들의 역량과는 별 관계가 없는 암기와 정답 찾기 교육에 집중하지 말 것을 요구해야 합니다. 아이들은 학교에만 머무는 존재가 아니라 직업의 영역으로 나가서 끊임없이 성장해야 할 존재입니다. 따라서 그 직업의 영역에서 자신을 발견하고 타인의 성장에 기여하며, 직업을 통해서 만나는 수많은 사람들의 필요를 채우며 삶을 풍요롭게 하는 일에 필요한 능력을 키워달라고 촉구해야 합니다. 지금 자유학기제, 학점제 교육과정, 혁신교육, 미래교육, 대안교육 등과 같이 그런 역량을 키우기 위한 교육이 활발하게 진행되고 있습니다. 이런 교육 흐름도 나름의 한계와 풀어야 할 숙제가 있겠지만, 기업의 역량 중심 채용에 맞는 흐름인 것만큼은 분명합니다. 그런 교육의 흐름을 적극적으로 도입하며 내실을 도모해야 합니다.

기업과 학교가 다른 말을 하니 아이들은 혼란스럽다

동시에 지금의 고입과 대입 제도를 바로잡는 일을 해야 합니다. 아이들은 기업 채용 추세와 초·중·고 교육 및 입시 체제 사이에서 혼란을 겪고 있습니다. 가정과 학교와 기업을 끌고 가는 어른들에게 불만이 있습니다. 아이들은 초·중·고 시절에 선생님과 부모님의 말씀에 순종하면서 입시 경쟁에서 승리하기 위해 열심히 공부했습니다. 그런데 그렇게 해서 문제 풀이 능력, 남과의 경쟁에서 이기는 능력, 암기하는 능력, 상대평가에서 이기는 능력을 길렀는데, 정작 졸업을 하고 기업 문을 노크하니 기업은 그 능력이 필요 없다고 말합니다. 아이들을 스펙은 화려하지만 쓸모없는 인간이라고 말하는 것입니다. '네가 어떤 색깔의 존재인지 네 자신을 잘 알고 그에 근거한 역량이 있는지 보여달라'는 것입니다. 그런데 학교와 가정에서는 그런 요구를 하지 않았습니다. 오히려 그 노력을 묵살했습니다. 내가 누군지 알고 싶어서 한때 내 마음을 사로잡은 어떤 것에 몰두하고자 했을 때 부모는 공부에 방해된다며 막았습니다. 그 욕구를 꺾었고, 그 후 또 다른 욕구가 찾아왔을 때 또다시 참았습니다. 그렇게 자신을 부정하며 오직 부모님의 기준에 맞추어 출신학교 스펙과 성적 관리를 해왔는데, 이제는 기업에서 '네가 누구인지 보여달라'는 것입니다.

아이들은 억울합니다. 아이들의 잘못은 부모님과 선생님 말씀에 순종한 것밖에 없습니다. 그런데 직업 세계로 진출하려 하니 내 존재가 부정당합니다. "기업과 학교, 가정에서의 어른들의 말이 다 다릅니다. 제발 한목소리로 이야기해주세요. 그럼 그 말에 따르겠습니다." 아이들은 이렇게 말합니다.

우리는 아이들의 그 소리를 들어야 합니다. 지금 기업은 역량 중심 채용으로 변하고 교육도 역량 중심 교육으로 전환하려고 합니다. 그런데 고입과 대입이 떡하니 중간에서 벽을 치고 흐름을 막고 있습니다. 입시를 고쳐야 합니다. 당장 대입도 지금 국가가 도입하려는 학점제 교육과정과 맞지 않습니다. 그에 호응하는 입시제도는 누가 알아서 만들어주지 않습니다. 아이들에게 역량을 교육하는 실천과 입시제도를 도입하라고 주장하고 외쳐야 할 사람은 누구입니까? 아이들을 지켜야 할 부모이고 교사입니다. 입시제도를 고치는 힘은 정부와 정치인에게 있는 것 같지만 그들도 유권자들이 움직인 만큼만 움직입니다.

앞으로 교육의봄은 10년 동안 이런 흐름을 바꾸는 일을 할 것입니다. 기업의 채용이 학벌 중심에서 역량 중심으로 더 선명하게 바뀌도록 애쓸 것이고, 교육계가 그 흐름에 맞추어 역량 교육을 실시하고 또 국민들이 역량 교육을 지지하게끔 할 것입니다. 이를 위해 채용과 교육과 진로와 관계되는 정보를 종합적으로 정리해서 나누어주는 정보의 저수지 역할을 할 것입니다. 그 저수지의 물을 마시고 국민들이 각성해서 변화를 만들어내게끔 할 것입니다. 그런데도 학교 교육이 학벌을 얻기 위한 입시 경쟁에 몰두한다면, 그것은 채용과 교육 사이에 있는 대학 체제가 문제일 것입니다. 우리는 대학이 학벌 랭킹에 안주하지 않고 좋은 교육을 서비스하는 노력을 경주하도록 체제를 바꾸는 일에도 나설 것입니다. 동시에 그런 모든 흐름이 안정을 찾도록 미래교육 10년 플랜, 채용에서 출신학교를 차별하지 않도록 법률로 이를 막는 입법 운동도 할 것입니다.

이런 목표가 성공할 것이냐고 스스로에게 묻습니다. 저는 2007년 사교육걱정없는세상을 시작하기 전 목회자의 그 말을 기억합니다. "입시 경쟁 문제가 해결되지 않는 것은 그 문제를 자기의 과제로 끌어안고 인생을 던진 사람이 지난 40년 교육 역사에서 나타나지 않았기 때문"이라는 그 말씀 말입니다. 저는 그 말을 믿습니다. 이제 그 일을 위해 자신을 던지는 사람들이 많이 나타났으니 어찌 성공하지 않는다고 비관만 할까요?

제가 사교육걱정없는세상을 시작할 때가 45세였습니다. 당시에는 검은 머리가 무성했으나 이제는 백발이 되었습니다. 제 생명이 다하는 날까지 아이들이 입시 경쟁으로 죽지 않는 세상, 저마다 하늘로부터 받은 생명에 깃든 뜻을 따라 직업 속에서 타인을 위해 기여하는 삶을 살며 자신도 복된 삶을 누리는 그 세상을 위해 최선을 다할 것입니다. 그 대열에 여러분도 참여했으면 좋겠습니다. 교육의봄이 든 깃발을 함께 들어주십시오. 아이들을 입시 경쟁의 노예로 구속했던 지난날을 벗어나 자유를 주는 일에 뛰어들어주십시오. 입시 경쟁으로 죽는 아이들이 한 명도 없는 세상, 사교육비를 단돈 1만 원도 쓸 필요가 없는 세상을 부모들과 교사들과 어른들의 손으로 만들어 우리 아이들에게 유산으로 물려주는 자랑스러운 존재가 되어봅시다. 저는 그 일을 위해 제 인생의 방향을 정했습니다. 여러분은 어떻게 하시겠습니까?